영어과 교육과정 입문

박경자 · 이재근 · 장복명 지음

KM 경문사

머리말

우리나라 영어교육은 국가정책적 공교육 시스템에서 추진되는 큰 특징을 내포하고 있다. 1800년대 말에 영어를 도입한 이후 외국어로서의 영어(English as a Foreign Language)로 대한민국 초·중등학교 교육에 정식교과 과목으로 채택하기까지 많은 우여곡절이 있었다. 영어 교육과정은 구한말에 태동하여 오늘날 제7차 교육과정이라는 시기에 이르기까지 많은 변화가 있었다. 제7차 교육과정의 가장 큰 특징은 급격하게 변화하는 국제사회에 잘 적응하기 위해서 국가 정책적 차원에서 '수시개정'을 할 수 있다는 점이다. 이에 따라 2007학년도에는 영어과 내용 개정을 하였고 2008학년도에는 초등학교 영어과 교육과정의 시수확대 개정과 2009학년도에는 총론 개정과 더불어 2011학년도에는 내용 개정을 통한 변화를 추구하고 있다.

본서는 우리나라의 영어과 교육과정 발달에 관한 시대적 고찰을 제공하며 건국 이후 영어과 교육과정의 변천 시기에 대한 통찰과 함께 그 시대적 특징들을 안내하고 있다. 또한 본서는 영어과 교육과정 내용과 교육철학의 소개와 영어 교재에 관한 독자의 이해를 도모하고 독자들이 영어과 교육과정 정책과 교과서 정책에 대한 통찰력을 가질 수 있도록 영어과 교육과정의 기초적인 개념들을 안내하였다. 더 나아가서, 본서는 영어교육에서 쟁점화되어온 여러 가지 이슈들을 안내함으로써 독자들에게 그러한 쟁점들에 대한 각자의 입장을 가질 수 있도록 노력하였다.

오늘날 첨단 통신기기의 발달로 모바일 영어교육시대가 도래하고 있고 국제사회의 책임 있는 국가로서 선도적 역할을 해야 하는 우리나라는 세계를 웅비하는 영어교육을 추진해야 한다. 본서는 급격하게 변화되어 온 영어과 교육과정에 대한 체계적인 안내와 더불어 가장 최근에 개정된 2009 개정 영어과 교육과정의 내용도 안내하고 있어 임용시험을 준비하는 초·중등 영어교사 지망생이나 예비교사 그리고 더 나아가서 대학원에서 영어과 교육과정을 연구하거나 전공하는 분들에게 매우 유용한 지침서가 될 것으로 확신한다.

2012년 12월

저자 일동

차례

제 1 부 한국 영어교육 발전사

제 1장 한국 영어교육의 태동기 …3

제 2장 한국 영어교육의 침체기 … 15

제 2 부 영어과 교육과정 이론

제 1 부

한국 영어교육 발전사

제 1 장

한국 영어교육의 태동기

1.1 관립영어교육기관

1.2 사립학교

한국 영어교육의 역사는 한국의 근현대사의 역사적 사실에 근거하여, 우리나라 최초로 영어교육이 시작되는 구한말, 일제침략 시기와 우리나라 교육과정이 최초로 제정되는 해방 이후로 구별하는 것이 타당하다. 이번 장에서는 한국에서 근대화의 시대적 흐름을 타고 영어교육이 최초로 시작되는 구한말 시기를 영어교육의 태동기로 설정하고, 그 시기의 영어교육기관 및 그 교육내용의 특징을 관립영어교육기관과 사립학교로 구분하여 그 특징을 정리하고자 한다.

1.1 관립영어교육기관

한국에서는 구한말에 최초의 영어교육기관이 설립된다. 그 당시는 소수의 관립영어교육기관과 선교활동을 위해서 설립된 기독교 계통의 사립학교에서 외국인 교사들에 의해서 직접 영어를 배워서 비교적 영어교육의 성과가 높았다고 평가된다.

1.1.1 동문학(同文學)

한국에서는 1883년에 동문학이 설립되면서 최초의 영어교육이 시작되었다. 고종 19년인 1882년에 미국·영국·독일과 수호통상조약을 체결하여 구미 각국과 통상을 하게 되자, 개국 이전에는 사역원(司譯院)을 두어서 역관을 양성해 오던 조선정부에서는 구미 각국어의 역관이 절실히 필요하게 되었다. 사역원에서는 중국어, 여진어, 일본어의 역관을 양성[1]했기 때문에 구미 각 국어의 역관을 양성하기 위하여 동문학을 설립하게 되었다.

동문학의 명칭은 청나라의 동문관(同文館)[2]에서 본딴 것이다. 조선정부에서는 1882년 12월 5일 통리교섭통상사무아문 내에 동문학을 설치하기로 하고, 청나라의 추천을 받아서 묄렌도르프(P. G. Möllendorff, 목인덕)를 아문의 협판으로 임명하여 그로 하여금 동문학을 설립하도록 했다.[3] 이와 같은 과정을 거쳐서 1883년 9월 종로구 제동

1) 이종배(1969). "한국의 영학발달에 관한 연구: 1945년 까지의 영어교육을 중심으로"(문학박사학위논문, 우석대학교), p. 7.

2) "동문관"이란 청의 동치중흥의 진취적 정책의 결과로 1863년에 청의 역관과 외교관 양성을 주요 목적으로 북경에서 설립한 일종의 외국어 학교였다.

3) 이종배(1978). "구한말의 영어교육과 교수법", 「영어교육」, 15: 2.

에서 동문학교가 개설되었다. 교관들은 중국 사람과 영국 사람으로 구성되었는데 영국인 전신기술자였던 핼리팩스(T. E. Halifax)는 유일한 영어의 모국어 화자라는 점에서 영어교사의 중요한 자질을 갖추었었고, 중국 사람인 당소의와 오중현 중에서 당소의는 미국 대학에서 유학했었다는 사실로 보아서 교관들의 자질은 훌륭했다고 볼 수 있다.

입학요건은 출신의 귀천을 따지지 않고[4] 15세 이상의 총명한 자를 뽑는다고 했으며 그 수는 29~40여 명이었다. 학생들이 학교에 갈 때 종이·연필·묵 등은 자신이 준비하고 교과서는 아문에서 지급하며 성적이 우수한 학생에게는 식비도 지급했다[5]는 내용을 보면 정부가 영어교육에 적극적인 지원을 했다는 사실을 알 수 있다.

교육내용은 영어와 영문으로 나누어 가르쳤는데 영어는 구어로 듣기와 말하기를 가르쳤고 영문은 문어로 읽기와 쓰기를 가르쳤다.[6] 교육방법은 하루는 문·구·단어를 배우고 단락·이야기의 이해와 활용을 배우며 하루는 어구만을 학습한 것으로 나타났다.[7] 그 당시의 외국어 교수법의 동향을 보면 직접교수법(Direct Method)이 점차 많이 활용되는 시기였고 동문학의 교수법도 직접교수법이 활용되었다는 사실을 알 수 있다. 교관들이 한국말을 하지 못했으므로 한국어의 번역은 불가능했다. 그러나 교관 중에서 중국 사람이 있었다는 점을 미루어 보아서 번역식 수업을 하지 않아도 필요한 한자는 사용했을 듯하다. 또한 핼리팩스 교관은 영어를 모국어로 사용했고, 당소의는 미국유학을 했었던 사실로 미루어볼 때 발음 면에서는 좋은 효과를 거둘 수 있었을 것이다.

동문학은 육영공원(育英公院)이 설립되기 전까지 3년 동안 운영되었다. 동문학은 한국의 근대교육을 위한 기초적 작업의 시발로서 외국문화의 수입에도 좋은 영향을 끼쳤으나 교육목표가 역관양성이라는 근시적인 성향을 띤 점은 동문학의 단점으로 지적될 수 있겠다. 초창기부터 모국어 화자를 확보하여 국가의 관리하에 영어를 학습할 수 있었다는 점에서 한국의 영어교육의 출발이 비교적 양호했다고 판단되며, 서세(西勢)·서학동점(西學東漸)의 물결을 뒤늦게 접한 조선이 설립한 최초의 서양어 교육기관이라는 점에서 가장 큰 의미를 발견할 수 있다.

4) 국사편찬위원회(1970). 「고종시대사」 제3권 (서울: 탐구당), p. 411.
"農工商賈의 아들이라도 亦是 學校에 入學할 것을 許諾하며 出身의 貴賤을 論하지 말로 오직 才學의 如何를 볼 것."
5) 이종배(1969), p. 9.
6) 이종배(1978), pp. 4-5.
7) 이종배(1978), p. 5.

1.1.2 육영공원(育英公院)

1886년 9월 23일 서울 중구 정동에서 동문학의 뒤를 이어서 우리나라 근대식 교육의 명맥을 이어갈 육영공원이 설립되었다. 그 당시의 조선은 아직도 전통적 보수주의에 젖어 있었지만 진취적 인사들이 서양식 교육기관 설립의 필요성을 인정하여 적극적인 보고와 진언으로 개교를 적극 추진했으며 또한 주한 미국공사관과 미국국방성은 협력을 아끼지 않았다. 육영공원은 영재를 양성하여 구미의 문화를 직접 체득함으로써 나라의 근대화를 효율적으로 성취하려는 목적에서 세워진 근대식 교육기관이었다. 또한 전문 18조의 육영공원의 구성·관리·수업에 관한 설학절목(設學節目)[8]이라는 한국 최초의 근대식 학칙을 채택하였다. 육영공원의 수업 연한은 원래 3년이었으나 2년 후에는 3년 예비과정, 4년은 대학의 본과과정인 7년으로 연장하였다.

학급은 좌원(左院)과 우원(右院)으로 구분하여, 좌원에는 연소한 문무관원 10여 명이 통학을 하면서 학교에 다녔고 우원에는 15세~20세의 선비들 20여 명이 기숙사생활을 했는데, 우원의 학생들은 출세하기 위하여 열심히 공부했으나 좌원의 학생들은 고관의 자제들로서 학습에 열의가 없었다고 한다. 육영공원은 학생들을 사색당파를 안배하여 명문 출신의 총명하고 준수하고 연소한 문무관원과 선비들을 선발하였는데 이와 같은 학생들은 학습에 커다란 흥미를 느끼지 못하여 육영공원의 발달에 학생 선발기준이 커다란 장애요인이 되었다는 평가를 받는다.

학습과목으로는 "학습차제(學習次第)"[9]라 하여 12개의 과목을 제시하였으나 실제는 영어교육에 전력했고 학생들의 영어 이해력이 증진함에 따라 다른 학과목도 학습하게 되었다.

교관들은 처음에는 외국인 교관 3명과 각 교관에 딸린 조교가 3명이었으나, 외국인 교관들의 뜻에 따라서 육영공원 건립 후 한국인 조교 3명을 해임시켰다. 외국인 교관들은 헐버트(H. B. Hulbert, 활보), 번커(D. A. Bunker, 방거), 길모어(G. W. Gilmore, 길모)들로 미국대학을 졸업하고 신학교에 재학 중이던 학식과 신앙을 겸비한 청년이었다.[10]

그 당시에는 벌리츠(Berlitz)가 미국과 유럽에 분교를 설치하여 분교의 총 수가 399개에 달했고 육영공원의 교관들도 직접교수법에 상당한 자신감을 갖고 있었다는 사실

8) 이종배(1969), pp. 18-19.
9) 설학절목에 포함되어 있음.
10) 이종배(1969), p. 17.

을 알 수 있다. 즉 ① 교관들의 교육 수준과 의욕이 높았던 점, ② 교관들에 대한 미국정부와 교육당국의 기대와 지원이 컸다는 점, ③ 교관들이 조선에서 영어교육에 직면하게 될 것이라는 사실을 인식했던 점, ④ 교관들이 조선어를 전혀 모른 상태에서 영어를 전혀 모르는 조선 학습자에게 영어를 가르쳐야 했던 점, ⑤ 갑신정변으로 인하여 출발이 1년이 지연되었기 때문에 한국에 도착하기 전에 충분한 준비 기간이 있었다는 점 등을 고려해볼 때 육영공원의 교관들은 직접교수법에 대한 충분한 실력과 자신감이 있었다는 사실을 알 수 있다.

육영공원의 영어교육을 간단히 살펴보면 ① 미국인 교관을 확보했던 점, ② 교관들의 자질이 우수했던 점, ③ 집중적으로 영어교육을 실시했던 점, ④ 모든 교과서는 영어로 저술된 것을 사용했던 점, ⑤ 모든 수업을 영어로 진행했던 점, ⑥ 직접교수법을 사용했던 점, ⑦ 학생의 수가 많지 않았다는 점 등을 그 특징으로 찾을 수 있다. 이러한 사실들을 바탕으로 판단해 볼 때 육영공원은 영어교육의 성과가 매우 높았다는 사실을 추측할 수 있다.

그러나 육영공원도 시간이 흐름에 따라서 문을 닫고 "영어학교"로 개편되는 운명을 맞이하게 된다. 육영공원이 문을 닫게 된 요인들 중에서 가장 큰 요인은 학생선발 기준이었다. 교관의 자제들을 선발하여 교육하였는데 학생들은 교육에 열의가 없었고 이에 실망한 교관들도 학교를 떠나게 되었다. 또한 관원들의 부패와 안일주의도 육영공원의 쇠퇴에 큰 요인으로 작용했으며 청나라와 일본의 구한말 영어교육의 발달 견제도 큰 몫을 담당하였다. 육영공원은 한국 최초의 근대식 교육기관으로서, 특히 영어교육의 측면에서는 자질이 우수한 교관들에 의해서 직접교수법으로 집중적으로 영어를 가르쳤다는 점에서 역사적 의의가 크다고 평가할 수 있다.[11)]

1.1.3 관립외국어학교

1893년 해군무관학교에서 영어를 가르쳤던 영국인 허친슨(W. F. Hutchinson)에게 육영공원을 영어학교로 개편하고 그 교육을 담당하게 함으로써 1886년부터 약 7년간 한국의 영어교육의 발전에 큰 도움을 준 육영공원은 사실상 문을 닫게되는 상황에 처

11) 차석기(1970). "한국 민족주의 교육의 연구" 「우석 문리·정경대 논문집」 제5집: 36. 동문학과 육영공원에 대해서 차석기 교수는 다음과 같이 논평하고 있다. "근대학교 설립을 위한 국가의 최초의 노력은 1883년의 동문학교와 1886년의 육영공원의 설립으로 나타났다. 그러나 이것은 종래의 성균관에 준하는 귀족학교의 성격을 벗어날 수 없었으며 그것은 육영공원의 제 특징 중에서 지적할 수 있다."

했다. 1894년 갑오개혁이 단행되면서 예조(禮曹)를 없애고 그 대신에 학무아문(學務衙門)을 두어 문교행정을 담당하게 했으며 1895년 "외국어학교관제"가 공포되어 그 전에 설립된 영어학교와 일어학교를 법적으로 통합한 것이 소위 "외국어학교"이다. 그 후 법(불)어학교(法(佛)語學校), 아(노)어학교(俄(露)語學校), 한(중)어학교(漢(中)語學校), 덕(독)어학교(德(獨)語學校)가 설립되어서 1898년에는 여섯 개의 언어학교가 분립되었다.[12)]

수업연한은 동양어는 3년, 서양어는 5년이었으나 1902년에 동양어의 수업연한을 4년으로 연장했고, 1906년에는 모든 수업연한을 3년으로 단축했다. 또한 1909년에는 일본인이 교장으로 취임하고 매주 일어를 두 시간 씩 강요함으로써 일본이 조선의 국제적인 외교활동과 서양문물의 직수입을 방해하려 했다.

육영공원과의 차이점은 외국어학교의 학생선발에서 크게 두드러지는데 육영공원이 학생들의 입학자격을 제한했던 점에 비해서 외국어학교는 갑오경장으로 신분제도가 철폐되어서 신분에 관계없이 널리 학생을 모집했고 후에 지원하는 학생의 수가 증가하자 영어학교와 일어학교는 입학시험을 거쳐서 학생들을 선발하게 되었다.

수업내용은 〈표 1 외국어학교 영어부 학과과정 및 매주 교시시수〉 중에서 영어과목을 살펴보면 독본, 번역, 작문, 회화, 받아쓰기 등을 중시하였음을 알 수 있다.

〈표 1〉 외국어학교 영어부 학과과정 및 매주 교시시수(영어과목)

학년		제1학년		제2학년		제3학년	
과목명		시수	정도	시수	정도	시수	정도
영어	독방(讀方)·역해(譯解)	7	일상수지일상수지(日常須知)의 문학급 보통문	8	동좌	7	일상수지의 문학 급 보통문 급 고등 보통문
	회화(會話)	2	독방·역해를 준거함	1	동좌		동좌
	서취(書取)	6	동상	6	동좌		동좌
	작문(作文)·문전(文典)	2	보통문	2	통문 급 초등문전		서간문 급 고등문전
	습자(習字)	2	초서				

출처: 이종배(1978), p. 18.

12) 이종배(1978), pp. 29-31.

교과서는 반스(C. J. Barnes)의 『National Readers』와 샌더스(Sanders)의 『Union Readers』를 사용했는데 이 두 교과서는 모두 그 당시 미국에서 사용하던 교과서였다. 교관들의 자질과 인원수는 육영공원시절에 비해서 부족했으나 한국인 교관이 등장했다는 점이 육영공원과 다르다. 한국인 교관의 등장 이유를 찾는다면 개항 후 20여 년 동안의 조선에서 이루어진 영어교육, 외국유학생의 파견, 대외접촉 등을 통해서 한국 사람들의 영어 실력이 향상되었고 그 결과 영어실력이 우수한 교관들을 확보할 수 있었다.

영어교수 방법은 직접교수법을 사용하기도 하고 한 한국인 교관은 칠판에 그림을 그려서 비교 설명하기도 하며 회화·서취라 하여 독본에서 학습한 것에 대해서 회화 연습을 하고 독본의 이미 학습한 부분을 교재로 하여 받아쓰기 연습을 이용하기도 하였다.

외국어학교는 비교적 영어교육을 잘 실시했다. 그 당시 한국인의 발음이 일본인에 비해서 훌륭하다는 사실이 당시의 한국의 외교관이었던 신부순평(信夫淳平)이 『한반도』란 그의 저술에서 다음과 같이 기술하고 있다.[13]

> "其間(기간) 홀로 比較的(비교적) 隆盛(융성) 赫赫(혁혁)하게 發展(발전)한 것은 外國語學校(외국어학교)뿐이었다. … 따라서 英語教育(영어교육)의 進步(진보)로 말하자면…. 京城(경성)에 있어서는 一人(일인)으로서 不完全(불완전)하나마 數個(수개)의 外國語(외국어)를 兼(겸)해 自由自在(자유자재)로 말하는 者(자)는 韓人中(한인중)에 珍貴(진귀)한 것이 아니다. 그런데 其熟達(기숙달)의 迅速(신속)한 것과 發音(발음)의 純麗(순려)함은 생각건대 本邦人(日本人)((본방인(일본인))이 몇 걸음 讓步(양보)하지 않을 수 없다. …"

그러나 외국어학교는 영어를 통해서 서구문화의 능동적·적극적 수용을 도모하지 않고, 역관·외교관 양성에만 치중한 목표의 근시성과 성적이 우수한 학생에게 외국유학의 제도를 마련되지 못하여 서구 문화의 흡수가 미비했고 중도에 탈락하는 학생이 많아져서 영어교육의 계속적인 발달을 모도하는 데 크게 이바지하지 못했다. 또한 일본의 우민화(愚民化) 정책으로 완전 폐교하게 된 것은 한국의 근대사상 안타까운 일이 아닐 수 없다.

---

13) 문용(1976). "구한말의 영어교육고" 「영어교육」, 12: 8.

1.2 사립학교

앞 절에서는 한미수호통상조약이 체결된 1883년부터 1910년까지 27년간의 관립 영어교육기관에 대해서 고찰해 보았다. 이 기간 중에는 계속하여 사립학교가 설립되었고 1910년 5월 통계에 의하면 각종 사립학교의 수는 2,225개에 달하였으며 그중에서 종교 계통의 학교는 823개교에 해당되었다. 이 중에서 선교활동을 목적으로 설립한 기독교 계통의 학교는 한국의 영어교육에 공헌한 바가 크다. 한국의 영어교육의 발달에 공헌한 종교계 사립학교의 교육을 학교별로 분류하면 다음과 같다.

1.2.1 배재학당

선교활동을 목적으로 한국에 도착한 아펜젤러(H. G. Appenzeller)가 1885년에 학생 2명으로 수업을 시작한 것이 오늘날의 배재학당의 모체가 되었다. 그 후 1889년에는 학칙을 제정했는데 입학 자격에 제한을 두지 않아서 후에 발전을 기하는 데 많은 도움이 되었다고 평가된다.

초기에는 교사가 외국인 9명, 한국인 6명으로 구성되었다가 1909년 학부의 허가를 받아서 배재고등학당이 개설된 후에는 외국인 8명, 한국인 4명으로 구성되었다. 초기에는 아펜젤러 자신이 영어와 만국 역사를 가르치다가 후에는 한문·수학·물리 등 학과목이 추가되었으나 주요과목은 영어였다.[14] 교관의 자질이나 철저한 직접교수법 사용 면에서 볼 때 육영공원과 비교해 보면 배재학당이 뒤떨어져 있었다. 그럼에도 불구하고 배재학당이 커다란 발전을 이룩한 요인으로는 다음과 같은 사항을 들 수 있다. ① 학생 모집에 제한을 두지 않아서 진취성과 학구 의욕이 있는 청소년을 모집할 수 있었다는 점, ② 학당의 설립자가 미국선교사여서 외국 세력의 간섭에서 벗어 날 수 있었다는 점, ③ 보수적 세력의 저항이 없었다는 점, ④ 관리자의 부패가 없었다는 점.

그 당시 배재학당의 교육과정은 〈표 2〉에서 알 수 있듯이 예비과정과 교양과정부로 나뉘어서 진행되었다(권오량 외, 2010).

14) 이종배(1969), pp. 44-49.

〈표 2〉 배재학당의 교육과정

배재학당의 교육과정(1889)
1) 예비 과정부(preparatory department) ① 1학기-영어 독본 1권, 한문, 언문 ② 2학기-영어 독본 2권, 철자, 한문, 언문 2) 교양 과정부(academic department) ① 1학년: 영어 기초문법, 산수 초보, 독본 3권, 4권, 철자, 쓰기 및 노래부르기, 한문, 언문 ② 2학년: 영문법, 산수(10진법까지), 일반화학, 독본 5권, 철나, 번역, 쓰기 및 노래부르기, 한문, 언문 ③ 3학년: 영문법, 영작문, 산수, 한문, 언문, 일반화학, 지식의 계통, 어원학, 미술, 노래부르기

출처: 권오량 외(2010), p. 25.

1.2.2 이화학당

1885년 스크랜턴(M. Scranton) 여사가 선교사로 내한해서 처음으로 학생을 가르치기 시작한 이화학당은 한국의 여성교육뿐만 아니라 영어교육에도 커다란 공헌을 하였다. 처음에는 스크랜턴 여사 혼자서 교육을 담당했으나 후에는 미국인 선교사 파견을 요청하여 교육선교사 1명과 여의사 1명이 교육을 담당했고 한국인 교사 이경숙[15]도 교육을 담당했다.

초창기의 교육은 초보적인 내용의 영어·성경·지리·산술 등의 과목을 가르쳤으나 주로 찬송가를 배우고 예배를 보는 것이 주요 교육내용이었던 점[16], 그리고 교수용어가 영어였던 점으로 보아서 영어교육에 중점을 두었다는 사실을 알 수 있으나 영어교육의 목적은 종교교육이었다.

그러나 한국 최초의 여성교육기관인 이화학당이 다른 교육기관에 비해서 초창기에는 영어교육에 커다란 공헌을 하지 못했는데 그 까닭으로 여성교육이 가지는 다음과 같은 문제점들이 지적되었다.

① 교육목표가 기독교를 바탕으로 한 “보다 나은 한국인”을 양성하는 데 있었던 점. 이 사실을 다음과 같은 기록에서도 찾아 볼 수 있다.[17]

15) 이종배(1969), p. 51.
16) 곽덕영(1973), p. 65.
17) 이종배(1969), p. 64.

"한국 여아를 그들이 생활을 영위해야 하는 조건 밑에서 모범적 주부로 만드는 동시에 그들의 친척과 동료 사이에 기독교 선교사가 되도록 만드는 데 있다."

② 학업을 중도에서 포기하는 학생들이 많았던 점.
③ 보수적 사회에서의 비난 때문에 1907~1910년 사이에 영어교육을 중단했던 점.

이상과 같이 보수적 사회에서 설립된 최초의 여성교육기관이었던 이화학당은 초창기에는 많은 어려움을 겪었으나 그 후에 지속적인 활동의 결과로 한국 교육사에서 영어교육의 측면뿐만 아니라 교육적인 측면에서도 매우 중요한 역할을 수행하는 기관이 되었다.

1.2.3 경신학교

1886년 미국인 선교사 언더우드(H. G. Underwood)가 정동에 고아원을 창설하고 곧 이어 학당을 병설했는데 이것이 경신학교의 모체가 되었다. 경신학교는 "언더우드 학당", "예수교 학당", "민로아 학당" 등으로 명칭이 바뀌다가 1905년에 중학교를 설립하고 "경신학교"로 명명되었다. 영어교육은 경신학교 시절에 활발해졌다. 그 후 1915년 언더우드는 중앙기독청년회관에서 "대학부"를 개설했는데 이것이 연희전문학교의 모체가 된다.

1.2.4 정신여학교

1886년 여의사 엘러스(A. J. Ellers)가 왕실·고관 가족 중의 여자 환자들을 간호할 목적으로 한국 정부의 정식 초청을 받아서 내한하였고 그 다음 해에 정동에 본인의 숙소에 전원 수용하여 숙식을 같이 하는 고아원 성격의 구세학교(救世學校)를 설립했는데 이것이 정신여학교의 모체이다. 초창기에는 성경·산술 등을 중심으로 선교사가 한국어가 섞인 영어로 수업을 진행해서 영어교육에 큰 발전을 이룩할 수 있었을 것으로 보이나, 기독교 이념을 체득한 여성 양성에 치중한 교육 목표 때문에 여성에 대한 영어교육은 소홀히 한 것으로 평가된다.

1.2.5 배화학당

1889년 캠벨 여사(J. P. Campbell)가 개교하여 초창기에는 서당식 교육을 실시한 것이 배화학당의 시초이다. 지식있는 신앙인 양성을 목표로 삼고 스스로 영어를 가르치기 시작했는데 사물을 모여 주거나 몸짓, 손짓으로 수업을 진행한 것으로 보아 직접 교수법을 사용한 것을 알 수 있다.

1.2.6 Y·M·C·A회관

1903년 기독교청년회가 조직되었는데 이 당시에 한·미·영·중·일의 5개국 청년 28명이 "황성기독교청년회"란 이름으로 발족했다. 영어·성경을 교과목으로 하여 4년 동안 매일 50분씩 4시간 영어를 가르쳤다고 하니 영어교육이 상당히 집중적으로 진행되었음을 알 수 있다.

교과서는 미국에서 주문을 해서 사용하고 영작문·받아쓰기·보충교재는 교사가 직접 만든 자료들 사용했다. 그 당시 담당과목으로는 영문법·영어독본·회화·성경·영작문·받아쓰기 및 보충교재가 있었으며 교사진은 외국인과 한국인이 있었는데 1명의 교사만 순수한 영어로 수업을 진행했고 한국인 교사들은 한국어를 많이 사용했다.[18]

"영어교육의 태동기"의 한국 영어교육의 특징은 영어교육이 영어를 모국어로 하는 원어민교사에 의해서 진행되었다는 점이다. 이러한 특징적인 환경 속에서 영어를 학습하는 학생들은 영어에 접촉할 수 있는 기회가 많았고, 의사소통 수단으로 영어를 학습하게 되는 결과를 낳았다. 또한 이 시기의 영어교수방법은 교사들이 학생들의 모국어를 사용하지 않았다는 점에서 문법·번역식 교수법에 의존하지 않고, 직접 교수법(Direet Method)나 구두식 교수법(Oral Method)을 활용했다고 볼 수 있다. 육영공원은 영어교과뿐 아니라 다른 교과들도 모두 영어로 된 교재를 사용했다는 점, 이화학당의 설립자 스크랜턴(Scranton)이나, 배재학당의 설립자 아펜젤러(Appengeller) 등이 영어를 직접 담당했다는 점에서 유추해 볼 때 그 당시 영어교육의 질적 수준이 그 후의 "영어교육 침체기"보다 질적으로 우수했다는 점을 알 수 있다.

이로써 한국의 영어교육은 개화기의 근대문명을 받아들이기 위한 도구로써 시작되

18) 이종배(1969), p. 59.

어 현재에 이르기까지 100여년의 역사를 훌쩍 뛰어넘는 시간 속에서 변화와 개혁을 통하여 지속적인 발전을 거듭하고 있다.

연구과제

study assignments

1. 한국 영어교육 태동기의 역사적 배경과 그 시기가 한국 영어교육사에 끼친 영향력을 기술하시오.

2. 다음은 구한말 관립영어교육기관들의 명칭이다. 각 기관들이 실시한 영어교육의 특징을 기술하시오.
   ① 동문학 ② 육영공원
   ③ 관립외국어학교

3. 한국 영어교육 태동기의 사립학교가 수행한 역할에 대해서 기술하시오.
   또한 그 당시 영어교육을 실시한 사립학교 중 3개의 학교를 선택하여, 영어교육의 특징을 설명하시오.

제 2 장

한국 영어교육의 침체기

한국에서 근대화 교육이 시작되면서 함께 탄생된 영어교육은 구한말 관립영어교육기관과 기독교 계통의 사립학교에서 영어교육이 실시되었고, 이 시기는 한국의 영어교육이 시작되었다는 점에서 한국 영어교육의 태동기로 그 역사적 의의를 평가할 수 있다. 또한 그 당시에 교관들이 영어의 모국어 화자들로 구성되고, 교과서도 미국에서 사용되던 교과서를 직접 사용하고 모국어 사용을 전적으로 배제한 직접교수법을 활용함으로써 비교적 양질의 영어교육이 시작되었던 것으로 평가할 수 있다.

그러나 그 후 일제침략시기와 미군정시기를 거치면서 한국의 영어교육은 침체기를 맞이하게 된다. 이번 장에서는 한국의 근대사와 함께 그 역사적 궤를 함께 하는 한국의 영어교육사에서 일제침략시기와 해방 이후의 긴급조치기, 교수요목시기를 고찰하고, 그 후 한국의 교육과정이 탄생하는 발전시기로 연결되는 시대적인 특징을 정리해 보고자 한다.

2.1 일제침략시기

일제의 황국신민화 정책으로 교육에도 실용주의 정책을 적용하여 한국의 교육은 큰 타격을 받았다. 영어교육의 측면에서 볼 때 구한말에 외국인 교사들이 직접 담당하였던 영어교육이 일제강점기에는 일본인 교사의 손에 넘어가고 교재도 일본인이 저술한 것만 사용하여 한국의 학생들은 외국어(일어)를 통해 또 다른 외국어(영어)를 학습해야 하는 불편을 겪게 되었다. 따라서 영어교육도 구한말에 비해서 한 걸음 후퇴하였다고 볼 수 있다.

2.1.1 일제침략기의 시대 구분과 영어교육의 변화

일제침략기를 영어교육의 변화 측면과 전체적인 역사적 사건을 기준으로 대체로 4기로 분류할 수 있는데 이 내용은 〈표 1〉과 같다. 〈표 1〉에서 알 수 있듯이 일제침략기 영어교육의 변화는 다음과 같이 요약될 수 있다. 제1기에는 고등보통학교 교과과정에 영어를 선택과목으로 설정하고 교수용어도 일어로 설정하여, 영어교육의 기회가 대폭 축소되었다. 문화정책을 표방한 제2기에는 영어교육의 기회가 확대되는 듯 했으나, 제3기에는 실과훈련주의를 표방하면서 다시 제1기의 분위기로 복귀되었고 제4기에는 영어의 사용을 금지하여서 한국의 영어교육이 큰 타격을 받게 되었다.

〈표 1〉 일제침략기의 시대 구분과 영어교육의 변화

구분	연도	교육법 제정 내용	영어교육의 변화	전체적인 경향
제1기	1910년 ~ 1918년	• 조선교육령 발포[1] 수업연한: 초등학교-4년 중등학교-2~4년 고등교육기관-3~4년 • 사립학교 규칙이 제정됨: 사립학교 설립에 총독부의 허가를 필수조건화 • 구한말에 설립된 고등교육기관을 전문학교로 개편	• 고등보통학교의 교과과정에서 영어는 선택과목으로 설정되어 영어학습의 기회를 대폭 축소, 박탈하고 일어학습을 강요함 • 사립학교 규칙 속에 교과과정 이외의 교과목을 불허. 교원이 일어에 능통해야 하고 교과서도 총독부의 검정을 받아야 함. 교수용어로 일어를 사용 • 전문학교의 교육수준 향상은 없었고 영어는 교과목에서 제외	• 무단정치를 감행 • 실용주의, 실과훈련주의를 내걸고 우민화정책 • "시세와 민도에 맞는 교육"[2]
제2기	1919년 ~ 1927년	• 고등보통학교, 여자고등보통학교 규칙을 개정 • 신조선교육령 대학의 설립을 허가 • 경성제국대학 관련 법 제정	• 고등보통학교 교과과정에 외국어를 필수과목으로 지정하고, 여자고등보통학교 교과과정에 외국어를 수의과목으로 지정함 • 제1기보다는 영어교육이 약간 소생되는 분위기가 보임	• 문화정치를 표방 • 교육정책도 수정 • 일본학제 준거주의 표방
제3기	1928년 ~ 1936년	• 실과훈련주의 표방 • 실과훈련주의를 구체화 "교육 즉 생활"을 표방하여 근로주의 교육을 지향함	• 제2기에는 문화정책의 표방으로 영어교육이 소생되는 분위기가 보였으나 실과훈련주의로 환원되면서 제1기의 분위기로 복귀	• 조선의 빈곤을 틈타서 흥업치산(興業治産)을 조장하여 조선인의 사상을 실리면으로 돌려서 사상선도를 꾀함
제4기	1937년 ~ 1945년	• 황국신민화교육 • 조선어는 수의과목 • 교수용어는 일어 • 교육에 관한 전시비상조치령	• 진주만 공격 당시에 영어를 적국어라 하여 사용을 금하고 중등학교의 영어교육을 극도로 억제함	• 물적·인적 자원을 총동원 • 국체명치(國體明徵) • 내선일체(內鮮一體) • 인고단련(忍苦鍛鍊)

1) 이종배(1969), p. 60.
2) 함종규(1983). 「한국 교육과정 변천사 연구(전편)」(서울: 숙명여자대학교 출판부), p. 271.

2.1.2 중등학교

한일병탄 전까지는 선교사가 직접 영어를 담당하여 직접교수법이 가능했으나 한일병탄 후에는 미국인 1인에 대한 학생 수가 증대하여 한국인이 영어를 담당하게 되었다. 또한 1915년의 사립학교 규칙에서 교사의 자격을 "일어에 능통한 자"로 규정하여 한국의 영어교육도 점차 일본이 담당하게 되었다. 이런 상황에서 직접교수법은 불가능하게 됨으로 점차로 번역식 교수법으로 변화된다.

그 당시에 일본은 본국의 영어교육에는 매우 세심한 노력을 기울여서 당시 유럽 영어교수법에 있어서 대단한 영향력을 발휘하고 있는 팔머(H. E. Palmer)를 일본문부성 고문으로 초청했다.[3] 그 후 14년 동안 팔머는 일본에 머물면서 일본의 영어교수법 개선에 많은 공헌을 했다. 일본의 지배를 받고 있던 한국에서도 팔머의 교수법을 도입하려는 노력을 했다. 따라서 한일병탄 후에 점차 번역식 수업으로 기울어져 가던 영어교육이 일제침략의 말기부터는 팔머의 교수법의 영향을 조금 받았으나 별다른 성과는 거두지 못했다.

일제침략시기에 일본은 일본이 저술한 교과서와 사전만 사용하도록 강요했는데 조선인이 저술한 각종 교과서만을 판매금지 내지는 회수할 정도로 그 강제성이 컸다.[4] 일본은 교육적인 정열로 수많은 교과서를 저술·편찬했는데 그 중에서 널리 사용되었던 교과서는 『Readers』였는데 이 교과서는 주로 미국에서 유학을 했던 사람이나 정규 영어학교를 마친 일본 사람들에 의해서 저술된 것이다. 이들 중에서 미국에서 유학한 한 사람이 『Kanda's Standard English Readers』, 『Kanda's Crown Readers』를 저술했고, 그 후 개정과 수정을 하여 『The New Crown Reader』, 『The Revised Crown Readers』로 명칭을 바꾸었는데, 이 교과서가 그 당시에 널리 활용되었고, 이 교과서의 특징은 다음과 같다.[5]

① 학습자의 흥미를 고려한 점
② Daniel Jones 식의 발음기호를 사용함
③ 필기체 연습을 중요시함

---

3) A.P.R. Howatt(1984). *A History of English Language Teaching*, Hong Kong: Oxford University Press, p. 230.
4) 함종규(1983), pp. 174-176.
5) 이종배(1969), p. 72.

앞에서 기술한 내용을 통해서 그 당시 영어교육에서 사용되었던 교재의 특징을 알 수 있다.

1922년부터 1945년까지 한국의 중등교육의 매주 교수시수표 중에서 외국어를 조사 분석하면 외국어 특히 영어과목의 정규시간이 줄어가고 또한 영어 자체의 중요성도 점차 없어져가고 있음을 알 수 있다.

〈표 2〉 고등보통학교 및 여자고등보통학교의 학과목 및 매주 수업시간표

<table>
<tr><th>학교</th><th colspan="2">과목</th><th>년도</th><th>학년</th><th>1</th><th>2</th><th>3</th><th>4</th><th>5</th></tr>
<tr><td rowspan="2">고등보통학교</td><td colspan="2" rowspan="2">외국어
(영어·독어·불어 중 택)</td><td>1922~1938</td><td>수업시간</td><td>6</td><td>6</td><td>6</td><td>5</td><td>5</td></tr>
<tr><td>1939~1945</td><td>수업시간</td><td>5</td><td>5</td><td>6</td><td>5</td><td>5</td></tr>
<tr><td rowspan="8">여자고등보통학교</td><td rowspan="8">외국어
(영어·독어·불어 중 택. 1938~1945년 사이에는 중국어도 포함)</td><td rowspan="2">5년제</td><td>1922~1938</td><td>수업시간</td><td>3</td><td>3</td><td>3</td><td>3</td><td>2</td></tr>
<tr><td>1939~1945</td><td>수업시간</td><td>3</td><td>3</td><td>3</td><td>2</td><td>2</td></tr>
<tr><td rowspan="3">4년제</td><td rowspan="2">1922~1938</td><td>학년</td><td>1</td><td>2</td><td>3</td><td>4</td><td></td></tr>
<tr><td>수업시간</td><td>3</td><td>3</td><td>3</td><td>2</td><td></td></tr>
<tr><td>1939~1945</td><td>수업시간</td><td>3</td><td>3</td><td>2</td><td>2</td><td></td></tr>
<tr><td rowspan="3">3년제</td><td rowspan="2">1922~1938</td><td>학년</td><td>1</td><td>2</td><td>3</td><td></td><td></td></tr>
<tr><td>수업시간</td><td>3</td><td>3</td><td>2</td><td></td><td></td></tr>
<tr><td>1939~1945</td><td>수업시간</td><td>3</td><td>2</td><td>2</td><td></td><td></td></tr>
</table>

출처: 함종규(1983), pp. 126-128, pp. 167-169.

〈표 2〉에서 알 수 있듯이 일제침략시기의 후반기로 갈수록 외국어 과목에 대한 시간 수가 점차 줄어들고 있다. 이를 통해서 한국의 영어교육이 침체기에 접어들고 있음을 알 수 있다.

2.1.3 고등교육기관

일제 36년을 통하여 한국에서 경성제국대학이 고등교육기관의 역할을 수행하였다. 그러나 이 대학에 입학할 수 있는 자격이 한국인에게는 매우 제한되었으며 영어·영문학을 전공한 사람은 소수에 지나지 않았다. 그러나 이들은 한국의 영어교육을 위해서 많은 노력을 기울였다. 또한 일제강점기에 전문학교로 설립된 연희전문학교와 이화여자전문학교도 한국의 영어발달에 많은 공헌을 했다.

1) 경성제국대학의 영어교육

1924년에 경성제국대학이 관제를 정비하고 대학 예과를 설치하고 1926년 본과로 법문학부와 의학부를 설치했다. 이 당시에 실시된 영어과목 현황은 다음 〈표 3〉와 같다.

〈표 3〉 대학 예과 문과의 교과과정 중 영어과목(1934년)

교과목	과목 내용	학년 및 주당 시수		
		1학년	2학년	3학년
영어	독방 · 역해 · 화방 · 작문 · 문법	10	9	9

출처: 이종배(1969), p. 75.

〈표 3〉의 주당 시수는 영어를 제1외국어로 채택한 경우이고 영어를 제2외국어로 채택할 경우에는 영어는 주당 4시간이 된다. 당시의 영어교사는 일본인 3명과 영국인 1명으로 구성되어서 영어교육이 완전히 일본인의 손에 넘어갔음을 나타낸다.

경성제국대학의 본과로 설치된 법문학부 중 문학부는 국(일)어국문전공, 조선어조선문학전공, 지나(중)어지나문학 전공, 영어영문학 전공으로 구분되어 있었으며 영어영문학 전공의 교과목은 〈표 4〉와 같다.

〈표 4〉 경성제국대학교 문학부 영어영문학 전공 교과목

구분	교과목	단위
문학과 학생의 공통과목	문학개론	1단위
	영어학개론	1단위
	철학보통강의 · 심리학보통강의 · 미학 · 미술사보통강의	1단위
	교육학보통강의	2단위
영여영문학 전공과목	영어학 · 영문학 보통강의	3단위
	영어학 · 영문학 특수강의 및 연습	7단위
	영어	1단위
	희랍어 · 나전어	1단위
	국(일)어학 · 국문학	1단위

출처: 이종배(1969), pp. 76-77.

일제강점기에 경성제국대학에서 영어영문학을 전공할 수 있었던 한국인은 극히 소수에 지나지 않았으나 이들이 한국의 영어교육에 지대한 영향력을 행사했다는 점에서

경성제국대학의 역사적 의의를 찾을 수 있다.

2) 연희전문학교의 영어교육

1886년 경신학교를 설립한 언더우드 선교사는 1906년경부터 고등교육기관의 필요성을 절감하여 1915년에 경신학교 대학부를 설립했다. 연희전문학교 교과과정의 변천모습을 통하여 당시의 연희전문학교의 영어교육 내용을 살펴보면 〈표 5〉와 같다.

〈표 5〉 연희전문학교 교과과정 중 영어과목의 변천모습

과목	연도	교과 내용	학년 및 시수			
			1학년	2학년	3학년	4학년
영어·영문학	1918년	독방(讀方)·회화(會話)·암통(暗通)	5	5	5	5
		문법(文法)·서취(書取)·작문(作文)	3	3	-	-
			-	-	3	3
영어·영문학	1924년	독방·회화·암통	5	5	2	2
		문법·서취·작문	5	5	3	3
영어	1940년	강독·문법·서취	6	7	4	4
		작문·수사학	2	2	2	2
		음성학·회화	3	2	2	2
		영문학·영문학사	-	-	3	3

출처: 이종배(1969), pp. 78-82.

연희전문학교는 일제의 탄압 속에서도 비교적 활발한 연구활동을 펴 나갔다. 1940년대에 일제는 전문학교에서 군사훈련을 실시하라고 지시하는 등 악랄한 방법으로 한국의 교육을 탄압하였다. 이러한 시대적 상황에도 불구하고 연희전문학교에서는 영어·영문학 시간은 각 학년 주당 11시간이 확보되어 있었다. 점차로 미국과 일본의 관계가 악화되자 미국은 한국에 있는 미국인의 귀국을 종용하여 1941년에는 영어를 담당하는 미국인이 연희전문학교에는 1명도 남지 않게 되었다. 그 후 1942년 일본은 학교을 점령하고 연희전문학교를 "공업경영학교"로 개편시켰고 해방이 될 때까지 한국의 고등교육은 암흑 상태에 놓이게 되었다.

3) 이화여자전문학교

이화여자전문학교가 정식 허가를 받고 승격되기 이전에 이화학당 대학과로 불리던 시기가 있었다. 이화학당 대학과는 이화학당의 프라이(Miss Lulu Emma Frey)라는

제4대 학당장이 고등교육기관이 필요하다고 판단하여 15명의 학생을 상대로 1910년에 강의를 시작했다. 그 당시에는 학당장을 필두로 미국인 여교수 6명과 한국인 여교수 1명이 강의를 맡았고 1913년에는 일본인 강사 3명이 추가되어 일어를 담당하였다. 교과목은 일반교양을 위한 것이었으나 영어와 음악교육에 중점을 두었고 교수용어는 원칙적으로 영어였다.

이화학당 대학과를 대학으로 승격시키려는 모든 노력은 허사로 돌아가고 1925년에 이화여자전문학교로 정식허가를 받았다. 전문학교가 되면서 전공학과를 명확하게 구분했는데, 우선 문과와 음악과 두 개의 과로 크게 구분하고 문과는 예과 1년과 본과 4년으로, 음악과는 예과 1년과 본과 3년으로 구분했다. 그런데 선교사들 사이에서는 문과를 영문과로 기록했던 점을 미루어보아 영문과의 비중이 대단히 컸음을 알 수 있다.

이화여자전문학교의 교과과정은 그 내용에 있어서 교과목의 다양함과 학습활동의 다양함으로 영어교육의 수준이 상당히 높다는 것을 알 수 있다. 영어연극강좌도 개설되어 1942년까지 매년 1회씩 졸업한 학생들의 영어연극공연이 있었고 1930년경부터는 〈The Ewha College News Sheet〉와 〈The Ewha College Girl〉란 제목의 영자간행물이 발행되었고 1931년에는 영화관(English Practice House)을 건립하여 일상생활을 통하여 영어·영문학에 접근할 수 있도록 했다.

다음 〈표 6〉은 이화여자전문학교의 영어·영문학 교과과정 변천모습을 정리한 것이다.

〈표 6〉 이화여자전문학교의 영어·영문학 교과과정 변천모습

연도	1925년	1930년	1936년
영어·영문학	영문학: 영문학강독 영문학입문 영문학 영희곡 영어: 영문법·영작문 문법 작문 영문기사작성 회화 교수법	독본 영문학입문 영문학 연극 영작·영문법 회화 역어(일어로) 역어(조선어로) 문법 작문 신문학(영어) 언어학습 심리학	강독 해역 문법 작문 회화 영문법 영문학사

출처: 이종배(1969), pp. 86-92.

그 후 1941년에는 영어사용금지령이 내려지고 1943년에는 문과를 국(일)문과로 개편하고 이화여자전문학교를 전시임시교육령에 의하여 "이화여자전문학교 여자청년양성소 지도자 양성과"로 바꾸어서 운영된다.

2.2 교수요목시기

해방 직후 사회 혼란을 수습하고 사회 질서를 수립하기 위한 군사조치가 이루어졌다. 이 시기를 긴급조치기(1845. 8~1946. 9)라고 규정하는데, 긴급조치기에 정해진 교과 편제와 시간표는 발표된 지 1년 후에 다시 수정되었으며, 이에 따라서 교수요목이 제정되었다. 교수요목이란 체계적인 교육과정이 수립되기 이전에 교과의 지도내용을 상세히 기록한 문서이다. 일제강점기에서 벗어나 제1차 교육과정이 제정되기 이전 시기까지 미군정하에서 임시교수요목이 결정되고 그 내용에 따라서 영어교육이 진행되었다. 교수요목시기는 영어교육 침체기에서 영어교육 발전기로 인도하는 과도기의 역할을 수행하기 때문에 한국 영어교육사에서 매우 중요한 위치를 차지하고 있다.

교수요목시기 교육과정의 일반적인 특징은 다음과 같이 정리될 수 있다(권오량 외, 2010, p. 61). 첫째는 교과의 지도내용을 상세하게 표시하고, 기초 능력을 기르는 데 주력하였으며, 둘째는 교과는 분과주의를 채택하여 체계적인 지도와 지력을 기르는 데 중점을 두었고, 셋째는 우리나라의 교육이념인 홍익인간의 정신에 입각하여 애국애족의 교육을 강조하고 일제의 잔재를 없애고자 노력하였다.

2.2.1 교과서와 수업시간표

그 당시에는 학습자료의 부족으로 국어와 국사를 제외한 다른 교과는 내용이 빈약해서 교사가 준비한 등사물이나 판서에 많이 의지했다. 영어과목의 경우는 뚜렷한 교과과정이나 교재가 마련되지 못했기 때문에 일본이 편찬한 교재를 그대로 사용하여 일본의 영향을 해소하지 못했다.

2.2.2 영어과 교수요목의 내용

이 시기의 영어과 교수요목의 특징은 역사적인 시기나 특징으로 보아서 구체적인 교육과정의 내용이 제시되지 않은 상태이다. 그 내용을 항목별로 간단하게 요약하면 다음과 같다.

1) 교수 요지

영어를 이해하고 활용할 기초실력을 양성하여, 외국에 관한 식견을 넓히고, 우리 문화의 발전을 기함.

2) 교수 방침

① 이해와 발표가 가능하도록 영어를 활용시킴으로 회화력과 작문력을 양성함.
② 번역, 문법 등을 통하여 독해력을 증진함.
③ 발음, 맞춤법, 어법 등에 유의하게 하여 회화에 대한 상식을 얻게 함.
④ 평이한 영어에서 셰익스피어(Shakespeare) 시대까지의 문장으로 정독에서 다독을 흥미, 교양, 실용의 가치를 항상 염두에 두고 지도할 것.

3) 교수 사항

교수요목시기의 수업 시간 수는 다음과 같다.

① 초등학교 제1학년 약 150시간(매주 5시간) (1년간 약 30주로 계산)
초급중학 제2학년 위와 같음
초급중학 제3학년 위와 같음
② 고급중학 제1학년 약 90시간(매주 3시간), 150시간(매주 5시간), 240시간(매주 8시간)
고급중학 제2학년 위와 같음
고급중학 제3학년 위와 같음

4) 교수 상의 주의사항

① 구어(口語)영어 사용을 권장함.
② 자모, 만국음표문자, 로마자표기법, 습자 등은 제1학년에서 완전히 학습시킴.
③ 번역, 문법, 작문, 회화, 발음 등은 초급에서 종합적으로 교수함.

④ 독해에서는 문학과 어학 양면 지도를 병행하여 번역, 감상, 비평, 직해, 직독 문법적 해석 등의 실력을 양성함. 고급에서는 대표적 작품과 함께 과학영어, 상업영어 등을 교재로 사용하고, 가능한 한 영어를 영어로 해석함.

⑤ 문법을 초급에서는 번역, 작문, 회화 등을 통하여 교수하고, 고급에서는 계통적으로 지도함. 고급중학 제2학년에서 중급 정도 문법을 완료함. 어형론보다 문장구성법에 치중함이 유효함.

⑥ 작문은 국문영역 이외에 기독교 교재 내용 요약, 자유영작문 등도 지도함. 단문에서 장문으로 직역에서 의역으로 발전을 유도함.

⑦ 일상영어(회화체, 일기, 편지 따위), 시사영어(신문, 잡지 따위), 풍물, 등도 지도함.

⑧ 간단한 영어토론, 연설, 극 등을 연습시킴.

⑨ 암송, 받아쓰기, 듣기 등을 수시로 과함.

⑩ 음독(Chorus reading)을 장려함.

임시교수요목시기의 영어교육의 특징은 다음의 몇 가지로 요약 정리될 수 있다. 첫째는 구어 영어 사용을 권장하였다는 점이다. 이 점은 의사소통 중심의 영어교육을 지향하는 우리나라 영어교육의 목표가 이 시기부터 그 토대를 형성했다고 평가할 수 있다. 둘째는 독해 교육을 강조한 점이다. 독해 교육에서 문학과 어학 양면 지도를 병행한다는 점과, 평이한 영어에서 셰익스피어 시대까지 다양한 문장을 다독하고 지도하게 함으로써 독해 내용이 상당히 고급수준에 이르고 있음을 알 수 있다. 또한 고급 수준의 독해 내용에서 과학 영어, 상업 영어 등을 교재로 사용하여 독해 지도의 범위가 상당히 확대되었음을 알 수 있다. 넷째는 문법 지도 내용도 초급에는 단순한 내용을 지도하나 고급단계에서는 계통적인 내용을 지도하고 어형론보다는 문장 구성법에 치중함을 강조하여 이전의 문법 지도 내용보다 체계적이고, 문장의 범주를 벗어나는 단계의 문법을 지도하는 것을 목표로 설정함을 알 수 있다. 다섯째는 일상영어, 시사영어, 풍물, 영어토론, 연설, 극 등을 지도하는 내용을 강조하여 이 시기의 영어교육 내용이 매우 다양하고 실용적인 측면을 포함하고 있음을 알 수 있다.

교수요목시기의 영어교육은 학습목표에 있어서 외국어 사용국의 문화를 이해하는 측면을 한국의 교육사상 최초로 포함했다는 점 등을 그 특징으로 꼽을 수 있다.

이번 장에서는 한일병탄 이후에 한국에서 실시된 영어교육의 특징을 일제침략시기, 긴급조치기, 교수요목시기로 구분하여서 고찰하였다. 구한말 근대식 교육기관의 수립과 더불어 시작된 한국의 영어교육 태동기에는 영어를 모국어로 구사하는 교사들이 영어를 통한 교육을 실시하여, 양질의 영어교육이 이루어졌다고 평가할 수 있다. 그 후 일제침략시기에는 일어를 통한 영어교육이 진행되어서 영어교육의 태동기에서 한 발 후퇴한 영어교육의 침체기를 맞이하게 된다.

그러나 이러한 침체시기도 대한민국 정부가 수립되면서 긴급조치기, 교수요목시기를 거쳐서, 한국의 교육과정이 공식적으로 제정·공포되는 영어교육의 발전기를 맞이하게 된다. 따라서 이 시기는 영어교육의 태동기를 발전기로 연결시켜주는 가교역할을 수행한 것으로 그 역사적 의의를 평가받을 수 있다.

연구과제

study assignments

1. "교육과정시기" 와 "교수요목시기"가 구별되는 근본적인 차이점은 무엇인지 기술하시오.

2. "일제침략시기"가 한국의 영어교육사에 끼친 영향력을 설명하시오.

3. 한국 영어교육의 "임시교수요목시기"가 영어교육에 끼친 영향력을 기술하시오.

제 3 장

한국 영어교육의 발전기 (제1차~제7차 교육과정시기)

한국의 영어과 교육과정은 임시교수요목시기를 거쳐서 1949년에 한국 최초의 교육법이 제정, 공포되면서 교육과정이 수립되는 시기를 맞이한다. 이번 장에서는 한국에서 영어과 교육과정이 수립되고 발전한 내용을 제1차 교육과정시기부터 제7차 교육과정시기까지 각 시기별 교육과정의 특징을 전반적으로 개관한다. 제1차~제7차 교육과정시기의 개괄적인 이해를 토대로 초등학교, 중학교, 고등학교 영어과 교육과정의 특징을 교육목표, 학년별 교육목표, 지도내용을 중심으로 시기별로 정리하고 비교하고자 한다.

3.1 영어과 교육과정 개관(제1차~제7차)

대한민국의 근대화과정에서 근대식 교육기관을 설립하고 영어교육을 시작한 것이 영어교육 역사의 시초이다. 그 후 일제강점기를 거치면서 영어교육이 침체기를 겪게 되고, 해방 이후 긴급조치기와 교수요목시기를 거치면서 대한민국의 독립적인 교육과정시기를 맞이하게 된다.

이번 절에서는 제1차~제7차 교육과정이 형성된 시대적인 배경을 정리해보고자 한다. 제1차~제7차 교육과정이 겪게 되는 시대적 배경은 크게 두 단계로 구분될 수 있다. 첫째는 제1차~제5차 교육과정시기에 해당되는 1950년대~1980년대인데, 이 시기는 우리나라가 농업국가에서 산업국가로 발전하게 되는 경제개발기로 특징지을 수 있다. 또한 이 시기는 4·19와 5·16이라는 사회적인 커다란 변화를 겪는 시기에 해당된다. 이때 한국은 빠른 경제개발을 이룩하면서 사회의 각 부분에서 변화가 일어나고, 이 변화가 각 시기별 교육과정의 내용 속에 수용되는 특징을 발견하게 된다.

두 번째 단계는 1980대에 86 아시안게임과 88 올림픽을 치루면서 GDP 성장과 수출의 급팽창을 경험하게 되는 1990년대 이후이다. 1996년에 한국은 경제개발협력기구(OECD; Organization for Economic Cooperation and Development)에 가입하게 됨으로써 세계사 속에서 한국의 위상은 OECD 가입 이전보다 훨씬 높은 위치를 선점하게 되었다. 이 시기는 한국의 제6차~제7차 교육과정에 해당되며, 경제개발과 해외여행자유화 등으로 영어교육의 내용면에서도 많은 변화가 일어나게 되는 개혁기를 거치게 된다.

다음에서는 제1차~제7차 교육과정이 제정되어서 적용되게 되는 시대적인 배경과 일반적인 특징을 각 교육과정 별로 고찰해보고자 한다.

3.1.1 제1차 교육과정(1954. 4~1963. 1)

1949년에 한국에서 최초로 교육법이 법률 제86호로 제정 공포된 후에 1954년에는 "초·중·고등학교·사범학교 교육과정 시간배당기준령"이 발표되고 1955년에는 "초·중·고등학교 교과과정"이 처음으로 제정되었다.

이 시기의 영어교과서는 교육법이 제정한 바에 의해서 초등학교는 국정을 원칙으로 하고, 중·고등학교는 국정 및 검·인정 교과서와 인정교과서를 병용하도록 했는데 1955년부터 새 교육과정에 따라서 교과서의 전면적인 개편이 이루어졌고 교과용 도서 검·인정도 1955년에 시작되었다. 이 시기의 교육과정은 '교과중심'을 표방하였으나 실제적으로는 '생활중심'을 지향하고 있다. 이 사실은 다음과 같은 교과서의 특징에서 발견할 수 있다. 첫째, 계통적 학습을 중심으로 하던 종래의 학습의 배열을 버리고 생활중심의 단원학습으로 배열하였다. 둘째, 이전의 소단원제를 버리고 대단원제를 하여 학습의 생활화와 학습의 효과를 가져오게 하였다. 셋째, 지식과 암기를 강요하는 주입식 학습을 피하고 학생의 생활과 경험을 토대로 이해와 기능 및 태도를 기르는 방향으로 전환하였다. 넷째, 아동의 흥미를 중심으로 하는 작업 단원을 많이 설정하고, 작업을 통하여 학습자가 능동적으로 자신의 생활경험을 심화·확충하는 방향으로 개선하였다(권오량 외, 2010, p. 74).

그 당시에 제정된 중·고등학교 영어과목 시간배당에 대한 사항은 〈표 1〉에서 찾아볼 수 있다.

〈표 1〉 1955년의 교과과정 중 중·고등학교 영어과목 시간배당기준 표

학교	교과목		1학년	2학년	3학년	교육내용
중학교		영어	3 ~ 5	3 ~ 5	3 ~ 5	
고등학교	선택과목	영어	3 ~ 5	3 ~ 5	3 ~ 5	4가지 언어 중에서 1~2과목을 선택하되 문장 문법에 대한 기초능력, 회화능력 및 각국의 문화를 이해하는 능력을 기른다.
		독일어	3 ~ 5	3 ~ 5	3 ~ 5	
		불어	3 ~ 5	3 ~ 5	3 ~ 5	
		중국어	3 ~ 5	3 ~ 5	3 ~ 5	

출처: 함종규(1983), pp. 234-237.

3.1.2 제2차 교육과정(1963. 2~1973. 1)

1955년에 제정된 교과과정은 한국 최초의 교과과정으로서 검인정 교과서의 사용을 지정한 점을 내용의 주요 골자로 설정하고 있다. 그러나 그 당시 전쟁과 휴전 직후라는 비정상적인 상황으로 인해서, 한국 고유의 교육목표가 충분히 달성되지 못하고 단편적 지식의 주입으로 흘러서 학력저하를 초래하는 결과를 빚었다. 이와 같은 상황에서 1963년에 교과과정이 개정되었다.

김영서(2009, p. 133)에 따르면 제2차 교육과정의 일반적인 특징을 다음과 같이 정리할 수 있다. 첫째로 주당 배당 시수는 1학년 4시간, 2학년 2~5시간, 3학년 2~5시간씩 연간 35주로 하였으며 지도어휘 수는 1학년 300~400(350), 2학년 350~450(400), 3학년 400~600 등으로 하여 총 1,050~1,450(1,250) 낱말로 정하고, 지도상의 유의점을 통하여 학습목표의 종합적 달성을 강조하고, 듣기와 말하기의 구두훈련을 중시하여 의사소통을 위한 학습활동을 위주로 학습지도가 이루어지도록 하였다.

둘째로 제2차 교육과정은 논리적이고 간결하게 체계적으로 구성된 것이 가장 큰 특징이지만, 교육과정이 지나치게 교육학적 일반론에 치우쳐 언어 기능 교육을 위한 상세한 배려가 부족하다는 비판을 받게 되어 후에 미비점을 보완해야만 했다.

셋째로 교육 평가의 측면에서 유의해야 할 점을 명시한 것도 제2차 교육과정의 큰 특징이다. 이 시기에는 주로 미국의 후기 과정중심주의 교육사조인 사회중심 교육과정의 영향을 받아서 학교에서 사회문제를 다룸으로써 교육 내용을 사회의 필요와 관련시키는 지역사회 학교의 이론도 부분적으로 반영한 것이기도 하다.

이전의 교과과정 내용과 가장 두드러지는 차이점은 영어과목을 영어 Ⅰ · Ⅱ로 구분했고 고등학교의 학습지도계획은 단위제에 의거하여 〈표 2〉에 나타나는 고등학교 시간배당표는 고등학교 3년간 이수해야 할 총 단위를 나타내며 수업일수는 연간 36주를 기준으로 하여 1단위는 50분을 단위시간으로 하여 한 학기동안 18단위 시간을 이수함을 뜻한다.

이 시기의 교육과정은 정치적으로 4·19 혁명, 5·16 군사혁명이라는 시대적 사건들이 발생하여 정치·사회적으로 변화가 있었던 시기였다. 사회적 안정과 경제 개발을 달성하기 위하여 자주적이고 능률적인 새 인간상을 정립하기 위하여 합리적 사고가 강조되고, 이러한 정치·사회적 변화 요구가 새로운 교육과정 내용에 반영되어 나타난 것이 제2차 교육과정의 특징이라고 평가할 수 있다.

〈표 2〉 1963년의 교육과정 중 중학교·고등학교 시간배정 기준[1]

<table>
<tr><th>학교</th><th colspan="2">교과목</th><th colspan="3">구분</th><th>교육내용[2]</th></tr>
<tr><td rowspan="2">중학교</td><td colspan="2" rowspan="2">영어</td><td>1학년</td><td>2학년</td><td>3학년</td><td rowspan="2"></td></tr>
<tr><td>3 ~ 5</td><td>3 ~ 5</td><td>3 ~ 5</td></tr>
<tr><td rowspan="2">고등학교</td><td rowspan="2">외국어</td><td rowspan="2">영어 I
영어 II
독일어
불어</td><td>인문과정</td><td>자연과정</td><td>직업과정</td><td rowspan="2">① 외국인들이 일상생활에서 사용하는 언어를 듣고 말하는 능력을 기른다.
② 외국어의 기본적 어법을 습득시켜 읽고, 쓰는 능력을 기른다.
③ 외국어를 통하여 한국의 문화를 소개하는 기초적인 능력을 기른다.
④ 외국인에 대한 이해를 증진시켜 국제적 협조심과 사물에 대한 견식과 판단력을 심화·확충시킨다.</td></tr>
<tr><td>외국어
4과목 중
1~2과목
선택
30단위</td><td>인문과정과
동일</td><td>영어 I
18단위</td></tr>
</table>

3.1.3 제3차 교육과정(1973. 2~1981. 11)

한국이 1960년대에 다양한 사회적 변화를 겪으면서 1963년에 개정된 교육과정이 많은 문제점을 노출한다. 1973년부터 1976년 사이에 초·중·고등학교 교육과정을 개정·공표했으며 1977년에 다시 개정령을 공포했다. 지금까지의 경험중심의 교육과정만으로는 폭발적인 지식 증가의 급격한 사회변동에 대비할 수 없으므로 교과의 핵심인 지식의 구조를 학습하고자 하는 학문 중심의 교육사조가 우리나라에도 널리 퍼지게 되었다. 또한 국가적으로는 새마을운동, 유신과업의 수행, 국적 있는 교육의 강조 등으로 또 다시 교육과정 개편이 이루어지게 되었다.

문교부는 1971년부터 연차적으로 각급 학교의 교육과정을 개편하여 1973년 2월에 초등학교 교육과정, 8월에 중학교 교육과정을 공포하고, 1974년에 고등학교 교육과정을 공포하기에 이른다. 이 시기 교육과정의 특징은 그 동안의 '반공·도덕'을 '도덕'으로 교과명을 변경하고, 도덕과목이 고교 입시에도 출제되기 시작했다는 점을 들 수

1) 대한교육연합회편(1969), 「교육과정」 (서울), p. 119, pp. 137-139.
2) 함종규(1983), pp. 359-366.

있다.

1977년의 교육과정에서 나타난 중·고등학교의 외국어과 및 영어과의 학습내용은 1963년의 교육과정과 커다란 차이점은 없으나 듣기·읽기·말하기·쓰기의 종합적인 어학능력과 사용능력을 통하여 국제적 활동의 토대를 마련하는 것을 강조하는 점이 그 특징이다. 제3차 교육과정에서 제시된 영어교육의 내용은 다음과 같다(김영서, 2009, p. 137).

주당 배당시간은 1학년 4시간, 2학년 2~5시간, 3학년 2~5시간 등이다. 어휘지도 목표량은 1학년 300~350, 2학년 350~400, 3학년 400~450개의 낱말이었다. 권위 있는 어휘표와 선행연구를 통하여 쉽고 빈도수가 높은 765개의 필수어휘를 최초로 교육과정에 제시한 점이 눈에 띈다. 그리고 어휘재료에 문형, 문법사항란을 신설하여 각 학년별로 다루어야 할 문법사항을 제시하여 문법중심 교수요목의 체계를 갖추었다. 그리고 학습내용으로 제시되는 단일문장의 길이를 1학년은 10개 단어, 2학년은 15개 단어, 3학년은 20개 단어 이내로 제한했다.

제3차 교육과정에서 교과 목표나 지도 내용 및 지도상의 유의점은 언어의 기능적 측면을 강조하려고 듣기·말하기·읽기·쓰기의 통합적 언어기능 신장을 강조했지만 실제로는 새로 도입된 문형, 문법사항과 필수어휘표 및 제시문장의 어휘 제한 등으로 인하여 중학교에서의 영어교육이 오히려 문법중심의 수업으로 일관하게 되었고, 교재의 제약으로 인하여 살아 있는 생활영어를 가르칠 수 없게 되었다는 비판을 받게 되었다.

3.1.4 제4차 교육과정(1981. 12~1987. 2)

제4차 교육과정기가 진행된 시기는 1981년부터 1987년까지이다. 이 시기는 정치·사회적으로 유신헌법의 폐지, 제5공화국의 출범 등 커다란 변혁을 맞이했던 기간이었다. 이 시기에 발생했던 교육 측면에서의 변화과정 중에는 과외금지조치, 고교 내신성적을 대학 입시에 반영하기로 한 정책 등이 포함된다. 따라서 중·고등학교의 교육내용, 각 교과의 시간배정, 수업방법, 평가방법 등 모든 면에서 변혁이 시도되었다.

제4차 교육과정은 제3차 교육과정의 문제점을 보완하고 보다 한국의 교육상황에 적합한 교육과정을 개발하고 교육개혁을 단행하기 위하여 교육부는 각급 학교별 교육과정을 '한국교육개발원'에 위촉하여 1978년부터 개정을 위한 연구 작업에 착수하여 탄생된 교육과정이다.

새 교육과정은 1981년 12월 31일에 고시되었다. 1982학년도에는 초등학교 1, 2, 3

학년에, 1983년도부터는 4, 5, 6학년에 그리고 중·고등학교에는 1984년도부터 새로운 교과과정을 적용하였다.

김영서(2009, p. 139)는 제4차 교육과정의 특징을 이전의 교육과정과 비교하여 다음과 같은 몇 가지로 제시하고 있다.

첫째로 제4차 교육과정에서는 우리나라의 특수성을 고려하면서도 교육을 통해 기르고자 하는 인간성을 명시하고 도덕성을 중시한 특징을 지니고 있다. 이것은 당시의 인본주의 교육의 영향을 받은 것이라고 할 수 있다.

둘째로 당시의 국정지표가 국제화, 개방화이었기 때문에 이러한 국정지표를 토대로 영어과 교육과정도 실용적인 생활영어 구사력을 최대한으로 신장시키려는 방향으로 언어의 네 가지 기능을 고루 신장시키려는 목표로 교육과정 내용이 구성되었다. 주당 시간배당 수는 1학년 4시간, 2학년 3~5시간, 3학년 3~5시간으로 종래의 2, 3학년의 2~5시간의 하한선을 상향 조정한 것이다. 각 학년별 지도어휘수는 1학년 300 내외, 2학년 350 내외, 3학년 400 내외로 종전보다 다소 축소 조정되었다.

셋째로 영어교과의 지도방법이 의사소통능력 신장에 기여할 수 있도록 변화되었다. 따라서 이전의 영·미어의 구별, 문장 내의 사용 어휘수의 제한, 발음부호 지도 등의 제약요소를 제거하였다.

넷째로 교과 지도의 효과가 평가방법에 크게 좌우되고 입시경쟁이 치열해지자 평가상의 유의점을 신설하고, 언어의 4개 기능을 고루 평가하도록 강조했다. 따라서 그간의 인쇄된 시험지에 의한 평가의 한계성을 감안하여 다양한 형식과 방법에 의한 의사소통능력을 측정할 수 있도록 평가방법이 고안되었다.

3.1.5 제5차 교육과정(1987.3~1992.10)

제5차 교육과정은 의사소통 중심 교육을 강조하는 교육과정으로 전환된 것을 가장 큰 특징으로 찾을 수 있다. 교육과정이 이렇게 의사소통 중심으로 전환된 데는 다음과 같은 사회적 요인이 중요한 변수로 작용하였다. 1960년대부터 경제 개발을 시작하여 30여 년간 꾸준히 경제 성장을 이룩한 한국은 농업국가에서 완전한 산업사회로 발전하였고, 그 발전의 결과로서 1986년 아시안게임, 1988년 올림픽 등을 서울에서 개최하는 단계까지 올라섰다. 이러한 국가적인 행사는 국민 전체에게 국제화 시대에 영어 의사소통능력의 필요성을 자각하게 되는 계기도 되었던 것이다. 또한 올림픽 개최 후 "해외여행 자유화"조치도 이루어져서 이제 한국인들이 해외로 자유롭게 나갈 수 있게 되어서 이제는 학생뿐만 아니라 일반인들까지도 영어 구사력을 향상시켜야 한다는 욕구가 팽창하게 되었던 것이다.

제5차 교육과정에 나타난 영어과목 특징은 다음과 같다(김영서, 2009, p. 142).

첫째로 제5차 교육과정은 의사소통능력 신장을 위해서 외국어교육에 대한 연구결과를 토대로 제정되었다. 영어교과의 경우 언어용법(language usage)보다는 언어사용(language use)에 초점을 두고 사회문화적 담화 규칙을 강조하고, 언어사용의 규칙을 무시한 문법규칙보다는 실제적인 언어사용능력을 언어능력으로 본다는 관점에서 교육과정을 편성하였다.

둘째로 영어교육의 초점이 과거 문장중심에서 담화(discourse)중심으로 옮겨 가고, 의미의 전달을 중요시함으로써 정확성 위주의 교육에서 유창성 위주의 교육으로 전환하고 있다.

셋째로 언어의 정확성을 지나치게 강조하면 문어적 표현이 지배적으로 되고 학생이 긴장하여 스스로 표현해 보려는 의욕을 상실하여 학생 위주의 수업이 되지 못하므로, 어린이가 모국어 습득과정에서 보여주는 중간언어(interlanuage)의 존재를 인정함으로써 정확성에 바탕을 둔 영어 교육이 영어 구사력에 경직성을 가져오는 것을 막고, 예측할 수 없는 언어 상황에 즉각적으로 대처할 수 있는 유연성을 기르도록 하였다.

영어교과의 경우는 제4차 교육과정의 기본방향을 그대로 지속하여 듣기·말하기·읽기·쓰기의 기초능력을 신장하여 대화능력을 기반으로 부분적인 보완 개정에 초점을 맞췄다. 그러나 국제화 시대를 맞이하여 한국의 경제적인 능력 발달에 걸맞는 의사소통 능력을 강조한 영어교육을 강조하여 교육과정이 개편되었다는 점이 제5차 교육과정의 가장 큰 의의라고 정의할 수 있다.

3.1.6 제6차 교육과정(1992. 11~1997. 2)

경제개발기에 해당하는 1980년대에는 86 아시안게임과 88 올림픽 등을 거치면서 GDP 성장과 수출의 급팽창 등을 경험하고 한국인들은 자신감을 회복하고 세계여행, 유학 등 해외 나들이가 급격히 많아졌다. 이러한 경제·사회적인 변화를 수용하기 위해서 2001년 3월 29일 인천국제공항이 개항되었다. 또한 수출을 통한 흑자무역과 국력은 세계의 주목을 받으면서 지속적으로 성장하였고, 이 과정에서 한국은 1996년 11

월 26일 경제협력개발기구(OECD, Organization for Economic Cooperation and Development)에 가입하기에 이르렀고 이러한 시대적 배경을 배경으로 제6차 교육과정이 제정되었다.

"제6차 교육과정 영어과 개정시안(1992)"에 의하면, 제6차 교육과정은 ① 학습자 중심의 영어교육, ② 과정 지향적인 영어교육, ③ 적합성과 타당성 있는 영어교육, ④ 교양적 가치와 실용성이 존중되는 영어교육, ⑤ 국가발전과 국제사회에 기영하는 영어교육을 달성한다는 다섯 가지 기본방향을 영어과 교육과정의 중점 사항으로 설정하였다. 또한 아래의 다섯 가지 개정원칙에 따라서 교육과정이 개정되었다.

첫째는 학생들의 요구를 반영한다. 제6차 교육과정의 개정에서는 영어교육에 접근하는 기본방향을 학습자 중심으로 전환하였다.

둘째는 인간의 발달과정을 중시한다. 제6차 교육과정은 교과의 목표를 지향하는 교육이 아니고, 인간적인 성장과 언어 습득 및 발달과정을 중시하는 과정지향적인 영어교육으로 전환하였다. 이에 대한 세부적인 내용 중에서 대표적인 내용은 다음과 같다.

- '인간화' 과정으로서의 영어교육을 강조한다.
- 언어습득 원리에 따라서 이해와 표현이 가능하도록 언어기능을 이해기능과 표현기능으로 양분하여 통합적으로 진술한다.
- 학생들이 습득해야 할 의사소통 기능의 순서는 이해-적용-종합의 단계이므로 초보 학습자들에게는 이해기능의 습득을 강조하고, 상급 학습자들에게는 표현기능에 역점을 둔다.

셋째는 의사소통 중심의 교수요목을 도입한다. 구조주의적 접근에서 기능-의미 중심의 교수요목으로 전환할 수 있는 기틀을 마련하였다. 기능-의미 중심의 교수요목을 주축으로 하고 구조주의적 접근을 부수적으로 하여 교육과정 내용을 개정하고, 문법적 용어 해설과 문법 내용의 암기식 영어교육을 탈피하도록 교육과정의 진술에서 문법 용어를 의도적으로 사용하지 않도록 하였다. 의사소통 능력을 신장시킬 수 있도록 '문법'에 대한 항목을 '의사소통기능과 예시문'으로 대치하고, 문형과 문장구조, 문법 등에 대한 사항을 참조할 수 있도록 하였다(부록 1, 2 참조).

넷째는 실용성 우선의 내용과 방법을 도입한다. 영어과 교육과정을 교양적 측면과 실용적 측면을 조화롭게 강조하기 위해서 제6차 교육과정에서는 내용체계를 언어기능과 의사소통기능 및 언어 재료로 구분하고 언어기능과 의사소통기능이 소재와 내용에 포함되도록 하고 이해기능과 표현기능, 의사소통기능을 배양하는 데 역점을 두어서 영어교육을 지도하도록 강조하였다.

다섯째는 국가발전과 국제사회에 기여한다. 제6차 교육과정은 국가와 사회의 필요성도 반영하도록 외국문물의 도입, 민족문화의 발전, 국력의 강화, 국제외교 관계의 개선에 따른 문물 교류의 증대, 자주 정신에 기반에 둔 국제협력 등에 기여할 수 있도록 역점을 두었다.

이상의 교육과정 기본방향을 고려해 볼 때 제6차 교육과정이 이전의 교육과정과 비교하여 다음과 같은 점에서 본질적으로 차이가 있다고 볼 수 있다. 즉, "발달과정을 중시하여 언어기능을 이해기능과 표현기능으로 구분하여, 초보 학습자들에게는 이해기능을, 상급 학습자들에게는 표현기능을 강조한 점", "기능-의미 중심의 교수요목을 주축으로 하고 구조주의 교수요목을 부수적으로 하는 의사소통 중심의 교수요목 도입"이다. 제6차 교육과정은 의사소통기능을 중시한 것이 가장 큰 변화의 특징이다. 제6차 교육과정의 의사소통 중심의 내용 구성 모형은 다음과 같이 〈그림 1〉로 정리할 수 있다.

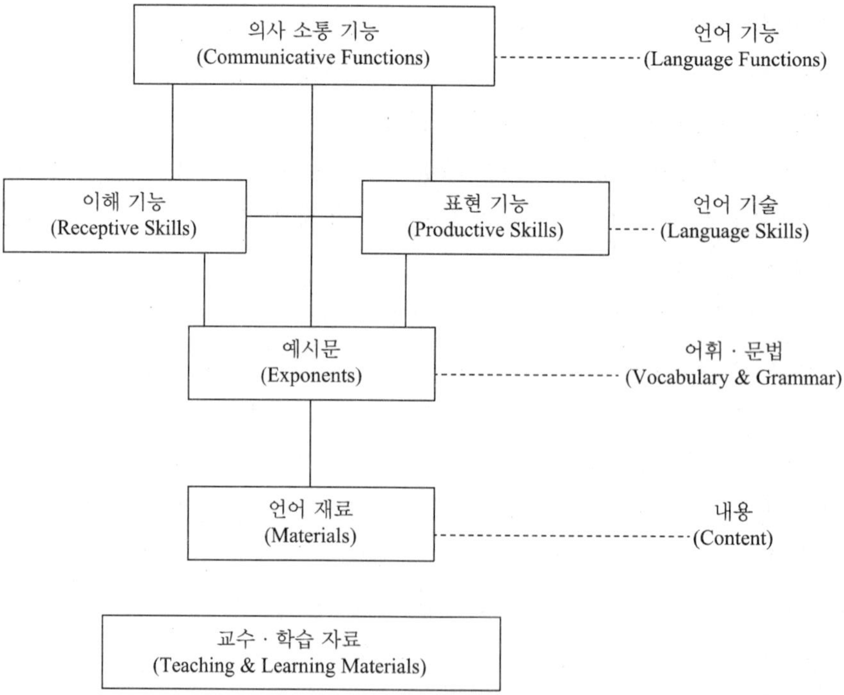

출처: 제6차 교육과정 개정 시안(1992), p. 107. / 장복명(1995), p. 93.

〈그림 1〉 제6차 교육과정의 의사소통 중심의 내용 구성 모형

위의 모형에서 분명하게 제시되는 점은 제6차 교육과정의 내용체계는 의사소통 활동의 진행과정에 근거하여 의사소통기능과 이를 구현하기 위한 어휘와 문형의 언어 형태를 제시하고 의사소통 활동에서 정보를 이해하는 데 필요한 화제나 주제를 포함한 내용을 제시하도록 구성되었다는 점이다. 즉, 기능-의미 중심의 교수요목을 도입하여 의사소통기능을 제시하고 언어기능을 이해기능과 표현기능으로 분류한 점이 제6차 교육과정의 가장 큰 특징이다. 이 두 가지 특징의 구체적인 내용은 다음과 같이 요약될 수 있다.

1) '의사소통기능' 항목 제시

제6차 교육과정은 의사소통 능력 배양의 필요성에 근거하여 문법 항목의 제시를 지양하고 의사소통기능 항목을 제시했다. 이 항목은 기능-의미 중심의 교수요목을 도입하여 의사소통 중심의 교수요목을 지향하다는 교육과정 개정의 중점 사항에 따른 것이다. 제6차 교육과정은 "의사소통 중심의 접근법(Communicative Approach)"에 기초하여 의사소통 항목을 제시하였으며, 우리나라 교육과정 사상 최초로 기능-의미 중심의 교수요목을 도입하였다는 점에서 의의를 찾을 수 있다.

2) '언어기능'의 재분류

제5차 교육과정시기까지는 듣기와 말하기, 읽기, 쓰기의 순서로 언어기능을 구성하였는데 이러한 분류 방식은 듣기와 말하기를 동시에 학습하는 것을 전제하여, 행동주의 학습 이론에 근거한 습관 형성을 전제로 한 접근방식으로서 '의사소통 중심' 접근법에는 적합하지 않다는 점이 지적되어서 제6차 교육과정에서는 언어기능을 이해기능과 표현기능으로 재분류하였다.

이러한 제6차 교육과정은 1990년대의 국제화 시대에 부응하여, 영어의 의사소통 능력을 배양하려는 국민들의 요구를 반영한 교육과정이라고 평가될 수 있다.

3.1.7 제7차 교육과정(1997. 12~2006. 11)

제7차 교육과정과 제6차 교육과정과의 가장 큰 차이점은 구성주의 교육철학이 교육과정에 도입된 점을 특징으로 들 수 있을 것이다. 구성주의 교육철학의 기본 원칙은 교육과정이라는 형식적인 외형보다는 구성주의를 가미하여 학생들이 스스로 학습활동을 수행할 수 있도록 창의력을 유발하여, 학습목적을 달성한다는 점이다. 따라서 교사의 역할은 학습이 이루어지도록 돕는 조언자 또는 안내자 역할로의 변화가 큰 특징이다. 제7차 교육과정의 개정 원칙은 다음과 같다(한국교육과정평가원, 2007): ① 학생중심의 영어교육, ② 의사소통 능력을 개발하는 영어교육, ③ 다양한 학습 활동 및 과업을 활용하는 영어교육, ④ 논리적이고 창의적인 사고를 배양하는 영어교육, ⑤ 국제화시대에 효과적인 역할을 수행할 수 있도록 지도하는 영어교육.

제7차 교육과정의 특징은 다음과 같이 요약할 수 있다.

첫째, 의사소통능력 중시와 언어사용능력 신장을 들 수 있다. 제6차 교육과정에서도 강조했던 의사소통능력의 중시 정책이 제7차 교육과정에서도 그대로 강조되었다. 제7차 영어과 교육과정은 21세기의 지식·정보화 시대에 대비하여 한국이 효과적으로 기능할 수 있도록 국민들이 영어의 중요성을 알게 하고 의사소통 수단으로써 영어 능력을 배양하는 데 초점을 맞추고 있다.

둘째, 음성언어 우선의 영어교육을 강조한다. 의사소통능력을 강조하는 원칙을 중심으로, 제7차 교육과정에서 음성언어를 강조한다. 제7차 교육과정에서는 초등학교 영어는 음성언어를 중심으로 영어사용 능력을 기르도록 하는 데 주안점을 두었고, 중·고등학교 영어교육도 과거에 비해 음성언어 사용능력을 강화하도록 영어 교육의 기본방향을 제시하고 있다.

셋째, 수준별 교육의 권장을 들 수 있다. 제7차 교육과정은 수준별 교육과정의 개념을 적용하여 우수한 학생들에게 심화과정을 제공하여 수월성 교육과 함께 학습 부진아에게 보충과정을 제공하여 정상 수준으로 끌어 올릴 수 있는 여건을 마련하였다. 제7차 교육과정에서 제시하고 있는 수준별 교육과정은 다음과 같이 세 가지로 구분된다.

a) 보충-심화 학습형: 이 교육과정은 동일한 학급과 학년으로 편성되어서 교육받고 있는 초등학교에 적용되며, 학생들의 성취도 수준에 따라서 보충학습 그룹, 심화학습 그룹으로 편성되어서 수준별 교육이 이루어진다.
b) 단계별 학습형: 이 교육과정은 중학교 과정과 고등학교 1학년 과정에 적용된다. 학생들이 주어진 단계에 해당되는 과업 수준을 달성하지 못했을 때, 그 과정을 한 번 더 학습할 수 있다. 동일한 단계에 속한 학생들이 능력 면에서 차이가 날 때는 보충-심화 학습형 교육과정이 적용될 수 있다.
c) 선택 교과형 수준별 교육과정: 고등학교 2~3학년 과정에 적용되며, 학습자들의

태도, 흥미, 미래의 직업상, 수준에 적합한 과정을 선택하여 이수할 수 있다.

넷째, 다양한 학습 활동과 과업을 통한 수행활동을 강조하고 있다는 점이다. 수행활동에 가장 이상적인 교수 학습 방법은 개별화 지도(Individual Teaching)라고 하겠으나, 학생과 똑같은 숫자의 교사가 확보되어야 그 적용이 가능하므로 그 적용 가능성이 공교육 체제에서 높다고 평가할 수는 없다. 동일한 학급에 속한 학생들일지라도 소그룹활동(Small Group work) 위주로 수업을 진행하고, 능력에 따라 학급을 소집단으로 다시 편성하고 수준에 따라 차별된 수업 내용을 제공하는 방법으로 수준별 교육과정을 적용하는 것이 제7차 교육과정의 핵심이다.

다섯째, 학생 중심의 교육을 강조한다.

제7차 교육과정은 흥미, 관심, 욕구 등을 존중하는 학생 중심의 교육과정이다. 학생 중심의 교육을 강조한 것은 제6차 교육과정시기부터 강조된 내용이다. 7차 교육과정에서도 학생들의 요구와 희망을 중심으로 학생들이 학습에 참여하는 상황을 중심적으로 고려하는 교수 학습의 방법 면에서 학생 중심 교육이라 할 수 있다. 학생 중심 교육의 요체는 학습과정에서의 참여와 몰입, 자신의 학습에 대한 책임감, 학생의 자기주도 학습 등을 들 수 있다.

3.1.8 제6차, 제7차 영어과 교육과정의 개혁

한국의 영어과 교육과정 발전사를 고찰해 볼 때 1990년대 이후 한국의 국제적인 위상의 제고와 더불어 영어과 교육과정에서도 시대적 요구를 반영하여 여러 가지 변혁의 특징들을 수용하게 되었다는 점을 발견할 수 있다. 특히 제6차 교육과정시기부터는 학생 중심의 교육과정, 학습자의 개별성을 강조하는 교육과정, 의사소통 능력을 배양하는 교육과정, 음성언어를 강조하는 교육과정 등을 기본적인 철학으로 표방하게 되었다. 이러한 교육과정 개혁의 기본 철학은 과정중심주의 교육철학과 그 근본적인 정신을 같이 하고 있다고 평가된다(제6장 참조).

이번 절에서는 한국의 제1차~제7차 영어과 교육과정시기 중에서 제6차, 제7차 교육과정의 교육적인 특징 속에 과정중심주의 교육철학의 내용이 어떻게 반영되어 있는지를 고찰해 보고자 한다. 이러한 목적을 달성하기 위해서 과정중심주의 교육철학의 다섯 가지 원칙(Clark, 1987)인 ① 언어습득과정 인식, ② 발화 이전 시기 강조, ③ 과정 중심 교육요목 강조, ④ 철저한 목표 달성 접근법, ⑤ 학습자의 개별성 중시 원칙에 기초하여 한국의 제6차, 7차 교육과정 속에 반영된 교육과정의 개혁적 내용을 분석한 결과 다음과 같이 제6차, 제7차 영어과 교육과정의 개혁적인 특징을 정리할 수 있었다.

1) 과정중심주의 교육철학: 언어습득과정 인식

• 제6차 교육과정: 한국의 제6차 교육과정의 개정 원칙 중에서 학습자의 발달과정을 중시한다는 원칙이 강조되었다. 학습자의 발달과정을 중시한다는 내용은 학습자의 인간적 성장, 언어 습득 및 발달과정을 중시하는 과정지향적인 영어교육을 강조하는 것이다. 이러한 교육과정 개정 원칙에 언어기능을 이해기능과 표현기능으로 구분하고, 이해기능이 표현기능에 선행하여 제시하는 원칙을 강조하였다. 또한 학습자들이 습득해야 할 의사소통 순서는 이해 - 적용 - 종합의 단계이므로, 초보학습자들에게는 이해기능 습득을 강조하고 상급학습자들에게는 표현기능을 강조하여 지도한다. 제6차 교육과정에 이러한 개정 원칙을 제시한 것은 습득의 원리를 강조한 과정중심주의 철학을 반영한 것이다.

2) 과정중심주의 교육철학: 발화 이전 시기 강조

• 제6차 교육과정: 제6차 교육과정은 습득의 원리를 강조하고 발달과정을 중시하는 과정지향적인 영어교육을 교육목표로 표방한다. 학습자들이 습득해야 할 의사소통기능의 순서를 이해 - 적용 - 종합으로 정한 것도 학습자의 습득 단계를 강조한 원칙을 반영한 것이다.

3) 과정중심주의 교육철학: 과정 중심 교수요목 강조

• 제7차 교육과정: 제7차 교육과정은 결과지향적인 교수요목과 과정지향적인 교수요목을 혼합하여 설계하는 것을 제시하였다. 한국의 영어과 교육과정은 제1차 교육과정에서 제5차 교육과정에 이르기까지 지속적으로 구조 - 문법 중심의 교수요목을 도입하여 문법 중심의 영어교육을 실시하였다. 그러나 이러한 구조 - 문법 중심의 교수요목은 목표언어의 언어 체계에서 가능한 한 훌륭한 언어구사력을 지닐 수 있도록 한 가지 이상의 교육학적인 책략을 학습시키는 것이므로 학습자의 의사소통 능력은 배양하지 못하는 단점이 있다. 제6차 교육과정에서는 기능 중심 교수요목을 도입하면서 교수요목 설계에서 커다란 변화가 초래되었다. 즉, 제6차 교육과정의 실제적인 목표는 학습자의 의사소통 능력을 향상시키기 위해

서 문법 중심의 교수요목 대신에 기능 중심의 교수요목을 설계하였다. 그러나 과정중심 교수요목이 강조되기 시작한 것은 제7차 교육과정부터이다. 제7차 교육과정은 제6차 교육과정의 구조-기능적 교수요목만 선택하지 않고 교수요목의 폭을 확대하여 목표지향적인 교수요목(구조주의적 교수요목+기능주의적 교수요목)과 과정지향적인 교수요목(과정중심적 교수요목+과업중심적 교수요목)을 혼합하여 설계하도록 제안하였으며(장복명, 2001), 이 점은 제7차 교육과정의 내용이 과정중심주의 교육철학을 그대로 반영한 것임을 입증하는 것이다.

4) 과정중심주의 교육철학: 철저한 목표 달성 접근법

- 제7차 교육과정: 제7차 교육과정은 학습량 최적화와 수준을 조정하여 제6차 교육과정에 비해서 거의 70% 정도로 학습량을 감소한다는 원칙을 제시하고 형식적 평가가 성취평가로 대체되고 학교별 교육과정 평가체계도 확립한다는 점을 기본 원칙으로 설정하였다. 즉 제7차 교육과정에서는 학습내용의 양과 수준의 적정화, 학습자의 선택권을 존중하는 수준별 내용과 학습도입을 천명하였다.

5) 과정중심주의 교육철학: 학습자의 개별성 중시

- 제7차 교육과정: 수준별 교육과정을 도입하였다. 학습자 중심의 교육을 구현하기 위한 구체적인 방안으로 학습자의 흥미와 적성, 관심, 학습요구에 상응하는 차별화된 교육내용, 기회를 제공하는 수준별 교육과정이 도입되었다. 또한 학습자들의 자기주도적 학습활동을 강화하고, 학교와 교사가 운영재량권을 확대하는 재량활동이 강화되었다. 제7차 교육과정에서 제시한 수준별 교육과정 내용을 정리하면 다음과 같다.

첫째, 수학 교과는 1학년부터 10학년까지 10단계로, 영어는 7학년부터 10학년까지 4단계를 설정하여 '단계형 수준별 교육과정'을 운영하며, 국어는 1학년에서 10학년까지 사회와 과학은 3학년에서 10학년까지, 영어는 3학년부터 6학년까지 '심화 보충형 수준별 교육과정'을 운영한다.

둘째, 초등학교의 경우 수준별 교육과정을 운영하기 위한 학습 집단은 학급 내 집단 편성을 원칙으로 하되 학교의 여건이나 교사, 학생의 특성에 따라서 다양한 방법을 활용할 수 있다.

셋째, 교과서 이외의 수준별 학습자료는 교육청이나 학교에서 자체 개발한 것을 사용한다.

이러한 다양한 변화와 특징을 종합하여 평가하면, 제7차 교육과정은 학습자 중심의 교육을 구체적으로 실현하는 방안으로 수준별 교육과정을 도입한 것으로 평가된다.

이상과 같이 한국의 제6차, 7차 교육과정은 그 개혁의 내용이 과정중심주의 교육철학을 많이 포함하고 있으며, 이것은 한국의 영어교육이 사회의 다변화된 요구를 수용하려는 방향으로 개혁되었다는 긍정적인 평가로 연결될 수 있다.

3.2 초등학교 영어과 교육과정 변천

한국의 영어교육 역사에서 초등학교에 영어가 도입된 것은 제4차 교육과정시기부터이다. 제4차 교육과정시기에는 영어가 특별활동교과로 지정되어서 공식적인 초등영어교육이 실시되는 토대를 마련했다고 볼 수 있다. 이번 장에서는 제4차~제7차 교육과정시기의 초등학교 영어교육의 목표와 지도내용을 고찰하고자 한다.

3.2.1 제4차 교육과정(문교부고시 제442호)

1) 제4차 교육과정: 초등학교 영어과의 교육 목표

한국정부는 1980년 7월 30일 교육개혁 조치를 단행하고, 1981년 12월 31일 문교부고시 제442호로 개정된 새 교육과정을 공포하였다. 이전에는 중학교 교육과정과 고등학교 교육과정을 별도로 고시하였으나 제4차에서는 초·중·고교의 교육과정을 하나의 문교부고시로 공포하였다.

우리나라에서 처음으로 초등학교 영어교육이 공식적으로 실시된 것은 1982년부터 초등학교 4학년 이상의 특별활동 시간에 주당 1시간 정도 희망하는 학생들을 대상으로 영어회화 교육을 실시할 수 있는 '초등학교 영어 특별활동 운영방향(지침)' 마련되면서 시작되었다. 이 시기의 초등학교 영어과의 교육목표는 문교부고시 제442호에 의거하여 다음 〈표 3〉의 내용과 같다.

〈표 3〉 제4차 교육과정 초등학교 영어과 교육 목표

(가) 영어의 발음을 정확하게 읽는다.
(나) 영어에 흥미를 갖게 하고 친숙하게 한다.
(다) 의사소통능력의 기초를 닦는다.

2) 제4차 교육과정: 초등학교 영어과의 지도 내용

제4차 교육과정에서는 초등학교에서 지도해야 하는 영어 수업 내용을 학년 별로 다음과 같이 제시하고 있다. 〈표 4〉를 통해서 알 수 있듯이 제4차 교육과정에서는 초등학교 영어과의 지도 내용면에서 소재, 어휘, 지도범위 등이 학생들에게 친숙한 내용을 교육하도록 제시하고 있다.

〈표 4〉 제4차 교육과정 초등학교 영어과 지도 내용

(가) 소재: 아동들의 일상생활 속에서 자주 대하는 사람, 동식물, 사물들과 그들의 상태나 인사, 물음, 느낌 등
(나) 발음: 상기 소재를 나타내는 간단한 표현(낱말, 어구, 짧은 문장) 영어의 모든 자음들, 영어의 모든 모음들, 서체, 억양 등
(다) 어휘: 어린이들의 생활 속에서 가장 가까운 어휘
(라) 지도범위: 듣기와 말하기에 한하고 구체적인 내용은 다음과 같다.

〈듣기〉
(가) 영어 음의 식별
(나) 들은 영어 뜻 이해

〈말하기〉
(가) 듣고 이해한 영어의 말하기
(나) 학습한 영어의 활용

3.2.2 제5차 교육과정(문교부고시 제87-9호)

1) 제5차 교육과정: 초등학교 영어과의 교육 목표

제5차 교육과정은 1987년과 1988년 문교부고시 제87-9호(초등학교), 87-7호(중학교), 88-7호(고등학교)로 공포되었다.

제5차 교육과정은 교육과정 및 교재내용 중에 더 개선이 필요한 부분만 개정한다는 것을 기본원칙으로 삼고 제4차 교육과정의 기본골격을 유지하면서 제정되었다. 제5차 교육과정이 시행 중이던 1992년에 초등학교 재량시간이 발표되어서 학교 재량시간이 도입되었다. 학교 재량시간은 3학년부터 6학년까지 각 학년별로 연간 최소 34시간을 배정하고 학교 재량에 따라서 특성 내용을 지도할 수 있게 허용한 것이다. 이 재량시간 내에서 컴퓨터, 영어, 한자 등 특정 교과의 보충 또는 심화에 필요한 내용을 교육시키도록 하였다(권오량 외, 2010, p. 130).

3.2.3 제6차 교육과정(교육부고시 제1992-16호)

1) 제6차 교육과정: 초등학교 영어과의 교육 목표

제6차 교육과정에서 초등영어교육의 편제는 교과, 특별활동, 학교 재량시간으로 구성되었다. 이 시기의 초등학교 영어교육 부분이 최대의 관심사가 되었다. 처음 영어를 배우는 3학년 학생들이 중학교에 진학하는 2001년에 제7차 교육과정이 시행되고 중학교 1학년 영어와의 연계성 고려가 중요한 과제로 대두되었기 때문이다. 그래서 어휘는 3~4학년에서 각각 100단어, 5~6학년에서 각각 150단어, 총 500단어를 학습하도록 하였고, 중학교 교육과정에서 사용 중인 의사소통 중심 교수요목에 의거하여 교육내용을 제시하였다. 교육부고시 제1992-16호에 따르면 제6차 교육과정에서는 초등학교 영어과 교육목표를 〈표 4〉와 같이 제시하였다.

〈표 4〉 제6차 교육과정 초등학교 영어과 교육 목표

영어에 흥미와 자신감을 가지며, 기초적인 영어를 이해하고 표현할 수 있는 능력을 기르게 한다. (가) 간단한 말을 듣고, 이해하는 능력을 기르게 한다. (나) 쉽고 간단한 글을 읽고, 이해하는 능력을 기르게 한다. (다) 간단한 말을 발음하여 말로 표현하는 능력을 기르게 한다. (라) 쉽고 간단한 말을 글로 써서 표현하는 능력을 기르게 한다. (마) 우리말의 쓰임을 이해하고, 사용하는데 도움이 되게 한다.

2) 제6차 교육과정: 초등학교 영어과의 지도 내용

제6차 교육과정에서는 초등학교에서 지도해야 하는 영어 수업 내용을 다음과 같이 제시하고 있다.

〈표 5〉 제6차 교육과정 초등학교 영어과 지도내용(교육부고시 제1995-7호)

영역		내용
듣기		(가) 바른 태도로 듣기 (나) 느낌과 생각, 의견 등을 표현하는 간단한 말 듣기 (다) 인사, 소개 등 일상생활에 관련된 말 듣기 (라) 부탁, 요청, 지시, 제안 등에 관련된 말 듣기 (마) 간단한 말을 듣고 상황과 목적을 이해하기
읽기		(가) 영어의 문자를 식별하여 읽기 (나) 말과 글의 관계를 이해하기 (다) 쉽고 간단한 어휘의 의미를 이해하며 읽기 (라) 쉽고 간단한 문장의 의미를 이해하며 읽기
말하기		(가) 바르게 발음하여 말하기 (나) 느낌과 생각, 의견 등을 쉽고 간단하게 묻고 대답하기 (다) 간단하게 부탁, 요청, 지시, 제안하기 (라) 상황과 목적에 맞추어 짧게 대화하기
쓰기		(가) 글자에 관심 가지기 (나) 영어의 문자 쓰기 (다) 내용에 맞게 대문자와 소문자를 구분하여 쓰기 (라) 간단한 낱말과 문장 쓰기 (마) 문장 부호를 알맞게 쓰기
의사소통 기능		(가) 〈별표 1〉[3]의 '의사소통에 필요한 예시문'에 제시된 항목 참고 (나) 항목과 내용은 학년에 따라 반복 사용 (다) 학년별로 나이대를 고려하여 선택적으로 사용
언어 재료	소재	(가) 학생들의 흥미와 호기심을 유발하는 친숙한 소재를 선정 (나) 주제와 상황, 과업 등을 고려하여 소재를 선정 (다) 발전 학습이 가능하도록 소재를 선정
	언어	(가) 〈별표 1〉의 '의사소통에 필요한 예시문'을 참고 (나) 주로 음성언어를 사용 (다) 소리와 의미를 식별 및 자연스러운 표현에 도움이 되는 언어 사용 (라) 문자언어는 음성언어 학습의 보조 수단으로 사용 (마) 문자언어는 학년에 따라 제한적으로 사용

3) 제3장에서 제시된 각 시기별 교육과정 내용 중 〈별표〉, 〈문형〉, 〈예시문〉 등의 내용은 그 내용이 너무 방대하여 본서에서 다 제시하지 못하였고, 그 내용이 포함된 교육부 자료 출처(문교부/교육부 고시 ○○호)를 명시하였음을 밝혀둔다.

	어휘	〈별표 2〉의 '기본어휘표'를 중심으로 학년별로 사용할 수 있는 어휘 수 제시 3학년: 100 낱말 내외 4학년: 100 낱말 내외 5학년: 150 낱말 내외 6학년: 150 낱말 내외
	단일문장의 길이	3, 4 학년: 7 낱말 이내 5, 6학년: 9 낱말 이내

3.2.4 제7차 교육과정(교육부고시 제1997-15호)

1) 제7차 교육과정: 초등학교 영어과의 교육 목표

교육부고시 제1997-15호 의거하여 제7차 교육과정에서는 초등학교 영어과의 교육 목표를 〈표 6〉과 같이 제시하고 있다.

〈표 6〉 제7차 교육과정 초등학교 영어과 교육 목표

일상생활에 필요한 영어를 이해하고 사용할 수 있는 기본적인 의사소통능력을 기르고, 외국문화를 올바르게 수용하여 우리 문화를 발전시키고, 외국에 소개할 수 있는 바탕을 마련하도록 한다.

(가) 영어에 흥미와 자신감을 가지게 한다.
(나) 의사소통을 할 수 있는 기본 능력을 기른다.
(다) 일상생활과 일반적인 화제에 관해서 자연스럽게 의사소통을 한다.
(라) 외국의 다양한 정보를 이해하고 이를 활용할 수 있는 능력을 기른다.
(마) 외국의 문화를 이해함으로써 우리 문화를 새롭게 인식하고 올바른 가치관을 갖도록 한다.

2) 제7차 교육과정: 초등학교 영어과의 지도 내용

제7차 교육과정에서는 초등학교에서 지도해야 하는 영어 수업 내용을 다음과 같이 제시하고 있다.

〈표 7〉 제7차 교육과정 초등학교 영어과 지도내용

영역	내용
소재	(가) 〈별표 1〉의 '소재'를 참조하여 적절한 것을 선택하여 사용 (나) 학생들의 흥미, 필요, 인지적 수준 등을 고려하여 학습 의욕을 유발할 수 있는 내용 (다) 주제와 상황, 과업 등을 고려한 내용 (라) 성취 기준 달성에 적합한 내용 (마) 상호 학습과 발전 학습에 적합한 내용
문화	(가) 의사소통에 필요한 영어권의 생활 양식과 언어 문화 (나) 영어권에서 문화적으로 적절한 언어적, 비언어적 행동양식 (다) 영어권 문화와 우리 문화의 언어적, 문화적 차이
언어	(가) 초등학교에서는 음성언어 중심으로 하고, 문자언어는 음성언어의 보조 수단으로 사용 (나) 자연스러운 언어 습득과 실제적인 의사소통 활동에 도움이 되는 언어 (다) 일상생활에서 많이 쓰이는 언어 (라) 인지적인 수준을 고려한 언어 (마) 소리와 의미의 식별, 소리와 문자의 관계, 말의 연결, 말의 속도에 따른 음운 변화, 상황에 따른 음운 변화 및 자연스러운 발화 등에 도움이 되는 언어
어휘	(가) 〈별표 3〉의 '기본어휘표'를 중심으로 사용 (나) 학년/단계별로 사용할 수 있는 새로운 어휘 수 3학년: 80 ~ 120 낱말 4학년: 80 ~ 120 낱말 5학년: 90 ~ 130 낱말 6학년: 90 ~ 130 낱말
단일문장의 길이	3, 4학년: 7 낱말 이내 5, 6학년: 9 낱말 이내 (단, and, but, or를 사용하는 경우에는 예외로 한다.)

3.3 중학교 영어과 교육과정 변천

이번 절에서는 중학교 영어과 교육과정의 변천과정을 1차~7차 교육과정 시기별로 나누어서, 1) 중학교 영어과의 교육 목표, 2) 중학교 영어과의 지도 내용 범주로 구분하여 각 시기별 특징을 고찰하고자 한다.

3.3.1 제1차 교육과정(문교부령 제45호)

1) 제1차 교육과정: 중학교 영어과의 교육 목표

문교부령 제45호에 의거하여 제1차 교육과정은 중학교 영어과의 교육목적을 다시 분석하고 구체적으로 영어과 교육 활동을 조직하기 위해서 중학교 영어과의 교육 목표를 다음과 같이 설정하였다.

〈표 8〉 제1차 교육과정 중학교 영어과 교육 목표(일반)

(가) 영어의 성음, 어휘, 문법, 어태(語態) 서식을 이해 체득시킴으로써 국어와의 상이점을 이해하는 능력을 기른다.
(나) 피아(彼我) 간의 사고, 감정, 예의, 풍속, 습관, 역사, 자연환경과 기타 문물제도의 상이점을 이해·체득시킨다.
(다) 상기 모든 상이가 있음에도 불구하고 호상존중(互相尊重)은 공통된 의무이며, 정의는 인류 생활 공통의 기본 원칙임을 이해 체득시킨다.
(라) 현대 영어의 평이(平易)하고 비근한 어휘로 구성된 간단한 문형을 체득시키어 기초 영어의 이해력과 발표력을 가지게 한다.

제1차 교육과정에서 제시한 영어과의 교육목표를 토대로 중학교 영어과 과정 전개의 기본 방침도 다음과 같이 명시하고 있다.

① 언어적 흥미와 문화적 흥미를 자극시키며, 그 흥미를 지속시키도록 하여야 한다.
② 언어의 논리적 가치보다 실제적 가치를 존중하여야 한다.
③ 가급적 영, 미인의 생활과 문화를 비근한 예로써 소개하도록 하여야 한다,
④ 영어의 발음과 문법의 이해 활용을 기하여 청취력, 독서력, 구술력, 기술력의 병진을 도모하도록 하여야 한다.
⑤ 소량의 교재를 철저하게 교수하도록 하여야 한다.
⑥ 교재를 선택·조직함에 있어서는 언어적 가치와 실용적 가지를 먼저, 교양적 가치와, 문화적 가치를 뒤에, 빈도가 높은 어휘를 먼저, 빈도가 낮은 어휘를 뒤에, 평이한 어법을 먼저, 난해(難解)의 어법을 뒤에, 청취를 먼저, 구술을 뒤에, 독서를 먼저, 기술을 뒤에, 기습 교재의 반복을 먼저, 새로운 교재의 도입을 뒤에 하도록 배열하여야 한다.
⑦ 영어과의 직접 목표를 달성하기 위해서는 과학적이고 구체적인 교육 계획을 수

립하기로 하고, 영어과의 간접 목표를 달성하기 위해서는 수시로 교사가 적당한 조처(措處)를 취하기로 한다.

2) 제1차 교육과정: 중학교 영어과의 지도 내용

제1차 교육과정에서는 중학교에서 지도해야 하는 영어과 수업 내용을 학년별로 다음과 같이 제시하고 있다.

〈표 9〉 제1차 교육과정 중학교 영어과 지도 내용

〈제1학년 (105~175 시간)〉
다음 각 항을 내용으로 하여 일상 영어의 입문적 이해력과 발표력을 훈련한다. (가) 영어의 단음(單音)과 연결음(連結音) (나) 평이 비근한 영어의 억양 (다) 만국 음성 학회 협정의 음표(音標) 문자 (라) 영어의 문자 (마) 평이한 단어 중 400단어 내외의 어의(語義)와 용법 (바) 평이한 문장 (사) 평이한 문법 사항 (아) 음과 철자의 관계 (자) 습자 (차) 입문 영어의 이해와 발표
〈제2학년 (105~175 시간)〉
전 학년에서 학습된 기초 지식을 토대로 이것을 응용·발전시키면서 다음 각 항을 내용으로 추가한다. (가) 만국 음성 학회 협정의 음표 문자 (나) 영어 사전 사용법 (다) 평이한 문법 사항 (라) 평이한 단어 중 제1학년에서 학습되지 않은 500단어 내외의 어의와 용법 (마) 습자 (바) 간단한 영어의 이해와 발표
〈제3학년 (105~175 시간)〉
제1학년 및 제2학년에서 학습된 기초 지식을 토대로 이것을 응용·발전시키면서 다음 각 항을 내용으로 추가한다. (가) 억양 및 강조와 의미와의 관련 (나) 초보 문법의 대요(大要) (다) 평이한 단어 중 제1학년 및 제2학년에서 학습되지 아니한 600단어 내외의 어의와 용법 (라) 기초 영어의 이해와 발표

3.3.2 제2차 교육과정(문교부령 제120호)

(1) 제2차 교육과정: 중학교 영어과의 교육 목표

문교부령 제120호에 기초하여 제2차 교육과정에서는 중학교 영어교육의 목표를 다음과 같이 설정하고 있다.

〈표 10〉 제2차 교육과정 중학교 영어과 교육 목표(일반)

(가) 일상생활에서 사용하는 간단한 영어를 듣고 말하는 능력을 기른다. (나) 영어의 초보적인 어법에 익숙케 하여 간단한 일상 영어를 읽고 쓰는 능력을 기른다. (다) 영어 학습을 통하여 영어 국민들의 일상생활과 그들의 풍속 습관을 이해케 하고 국제적 이해와 협조심을 기른다.

(2) 제2차 교육과정: 중학교 영어과의 지도 내용

교육부령 제120호에 의거하면 이 시기의 중학교 교육과정의 지도 내용은 듣기와 말하기, 읽기, 쓰기로 구분하여 다음과 같이 정의하고 있다.

〈표 11〉 제2차 교육과정 중학교 영어과 지도 내용

듣기와 말하기
(가) 중학교에서 사용할 언어 재료는 일상생활을 중심으로 사용도가 높은 것을 선택한다. (나) 기초적인 발음을 정확히 습득케 한다. (다) 듣기와 말하기의 학습 활동에는 다음 사항을 포함한다. ① 영어를 듣고 영어의 음성에 익숙하게 하는 학습 ② 영어를 듣고 발음 또는 말하는 학습 ③ 실물이나 그림을 보이고 발음 또는 말하는 학습 ④ 영어로 하는 지시에 따라 동작하는 학습 ⑤ 교사나 다른 학생의 간단한 행동을 말로 표현하는 학습 ⑥ 기초적인 문형을 외우고 그것을 학습사태에 적응시켜 실제로 활용하는 학습 ⑦ 습득한 문형을 여러모로 응용하여 말하는 학습 ⑧ 교사나 다른 학생이 묻는 말에 대답하고 또 교사나 다른 학생에게 묻는 학습 ⑨ 서로 문답하는 학습 ⑩ 일상생활에서 경험한 간단한 일들을 학급에서 발표하는 학습
읽기
(가) 언어 재료는 일상생활에서 사용하는 표준적인 국어로 한다.

(나) 문형은 기초적인 것에 한한다.
(다) 학습할 신어의 수는 다음 기준에 의거한다.
제1학년 300 ~ 400 (350)
제2학년 350 ~ 450 (400)
제3학년 400 ~ 600 (500)
계 1,050 ~ 1,450 (1,250)
(라) 읽기 지도 자료는 일상생활에 관한 것을 위주로 하여 다음 사항을 고려하여야 한다.
① 학습 목표의 달성에 적합한 것
② 학습에 흥미와 변화가 있도록 할 것
③ 학습 내용이 어떤 한 부분에만 편중되지 않고 전체적인 균형을 가지게 할 것
④ 학습의 성공도를 고려할 것
(마) 읽기 지도 자료의 선택은 자유로 하되, 주로 문형의 제시, 대화, 설화, 설명문, 일기, 편지, 기타 간단한 시사문 등으로 한다.
(바) 학습 활동 가운데는 다음 사항을 고려한다.
① 교사의 범독에 따라 음독하는 학습
② 읽기 재료를 토대로 실물 또는 그림을 제시하여 음독케 하는 학습
③ 카드 등을 이용하여 낱말, 구, 절, 문장을 정확히 읽게 하는 학습
④ 학생 개인이 음독하는 학습
⑤ 학급 또는 분단별로 음독하는 학습
⑥ 대화나 극을 분단별로 나누어 음독하는 학습
⑦ 읽은 것을 정확히 이해하기 위한 문답 또는 요약하는 학습

쓰기

(가) 쓰기 재료는 이미 습득한 것을 주로 한다.
(나) 기초적인 문형의 구성, 철자, 대문자, 구두점 등에 관한 정확한 기초적인 용법을 습득케 한다.
(다) 학습 활동 가운데에는 다음 사항을 포함하도록 한다.
① 필기체의 쓰기 학습
② 보고 쓰는 학습
③ 간단한 받아쓰기 학습
④ 문장의 일부를 다른 말로 바꾸는 학습
⑤ 완성하지 않은 문장을 보충하여 문장을 완성시키는 학습
⑥ 낱말, 구, 절 등을 제시하여 문장을 작성하는 학습
⑦ 틀린 문장을 고치는 학습
⑧ 구두 또는 필기에 의한 물음에 대하여 필답을 작성하는 학습
⑨ 간단한 편지와 일기를 쓰는 학습
⑩ 학급에 알리는 말을 써서 붙이는 학습

3.3.3 제3차 교육과정(문교부령 제325호)

1) 제3차 교육과정: 중학교 영어과의 교육 목표

문교부령 제325호에 따르면 제3차 교육과정에서는 중학교 영어과 교육과정의 목표를 일반 목표와 학년별 목표로 구분하여 다음과 같이 제시하고 있다.

〈표 12〉 제3차 교육과정 중학교 영어과 교육 목표(일반)

(가) 영어 사용의 초보적인 기능을 길러, 쉬운 영어를 이해하고 생활 주변에 관한 내용을 간단한 영어를 써서 효과적으로 표현할 수 있게 한다.
(나) 영어 학습을 통하여 국제 사회 속에서의 자신을 인식하게 하고, 장차 국제적 활동에 참여할 수 있는 바탕을 마련하게 한다.
(다) 영어 학습을 통하여, 영어 사용 국민들의 사고방식과 문화를 이해하게 하고, 이를 통하여 우리 문화의 가치를 더욱 깊이 인식하게 함으로써 민족 문화 발전에 기여할 수 있는 기본적 자질을 기른다.

〈표 13〉 제3차 교육과정 중학교 영어과 교육 목표(학년별)

제1학년
(가) 자기의 생활 주변에 관련된 간단한 영어를 읽고 들어, 이해하는 능력을 기른다. (나) 가정, 학교 등 생활 주변에 관해서 초보적인 영어로 말하고 쓸 수 있는 능력을 기른다. (다) 외국 문물에 관한 기초적인 이해를 가지도록 한다.
제2학년
(가) 자기의 생활 주변 및 외국인의 생활에 관련된 간단한 영어를 읽고 들어, 이해할 수 있는 능력을 기른다. (나) 자기 생활 주변에 관하여 간단한 영어로 말하고 쓸 수 있는 능력을 기른다. (다) 영어 사용국 및 기타 외국 문물에 관한 이해를 넓게 한다.
제3학년
(가) 자기의 생활 주변 및 외국의 문물에 관한 비교적 간단한 영어를 읽고 들어, 이해할 수 있는 능력을 기른다. (나) 비교적 쉬운 영어로 말하며, 일기, 편지 등 일상생활에서 흔히 쓰는 형식의 글을 지을 수 있는 능력을 기른다. (다) 영어 학습을 통하여, 외국 문물에 관한 식견을 더욱 넓히고, 우리나라의 문물을 외국에 소개할 수 있는 바탕을 기르며, 아울러 국제 협조의 정신을 기른다.

2) 제3차 교육과정: 중학교 영어과의 지도 내용

제3차 교육과정에서는 각 학년별 지도 내용을 언어기능과 언어재료로 구분하여 다음과 같이 정리하고 있다.

〈표 14〉 제3차 교육과정 중학교 영어과 지도 내용

제1학년	
언어기능	언어재료
(가) 듣기와 말하기 ① 영어의 음운 체계를 익히기 ② 쉬운 내용의 인사말 나누기 ③ 간단한 내용을 묻고 대답하기 ④ 간단한 내용의 대화 나누기 (나) 읽기 ① 알파벳 인쇄체 및 필기체 식별하기 ② 구두로 익힌 어휘 읽기 ③ 쉬운 내용의 글을 소리 내어 읽기 ④ 쉬운 내용의 글을 읽고 그 뜻을 이해하기 (다) 쓰기 ① 알파벳 인쇄체 및 필기체를 쓰기 ② 철자법 및 기초적인 구두법 익히기 ③ 구두로 익힌 쉬운 영어를 보고 쓰기 ④ 구두로 익힌 쉬운 영어를 듣고 받아쓰기 ⑤ 구두로 익힌 쉬운 영어를 쓰기	(가) 소재 ① 수업을 중심으로 한 학교생활에 관한 것 ② 가족 및 일상 가정생활에 관한 것 ③ 기타 가까운 생활 주변에 관한 것 (나) 어휘 1학년에서 사용될 어휘는 지도 목표에 따라 별표에 제시된 어휘 가운데서 선정한 것을 포함하여 300~350 낱말을 지도한다. (다) 문형 ① 문형의 표시 ② 위에 적은 성분의 구조는 다음과 같다. (라) 문법 사항 ① 문장의 종류 ② 절 ③ 어형 변화
제2학년	
언어기능	언어재료
(가) 듣기와 말하기 ① 여러 가지 인사말 나누기 ② 가정, 학교, 사회생활에 관한 간단한 대화를 나누기 ③ 간단한 내용을 서술하기 (나) 읽기 ① 쉬운 문장의 대문(paragraph)의 뜻을 파악하기 ② 글 전체의 대의 파악하기 (다) 쓰기 ① 제한된 문형 및 어휘를 이용한 간단한 문장 만들기	(가) 소재 ① 학교, 가정 또는 사회생활을 중심으로 한 일상생활에 관한 것 ② 기타 사회생활에서 자주 언급되는 소재 (나) 어휘 2학년에서 사용할 어휘는 지도 목표에 따라 별표에 제시된 어휘 가운데에서 선정한 것을 포함하여 350~400 낱말을 지도한다. (다) 문형 ① 문형의 표시 ② 위에 제시한 문형의 성분의 구조는 각각 다음과 같다.

② 간단한 국문을 영어로 옮기기	(라) 문법 사항 ① 문장의 종류 ② 절 ③ 어형 변화 ④ 화법 ⑤ 비교 구문
제3학년	
언어기능	**언어재료**
(가) 듣기와 말하기 ① 쉬운 내용의 말을 듣고 이해한다. ② 일상생활에 필요한 관례적인 표현을 한다. ③ 비교적 간단한 대화를 나눈다. ④ 잘 아는 소재에 관하여 말한다. (나) 읽기 ① 문장의 뜻을 이해한다. ② 문단의 뜻을 이해한다. ③ 글 전체의 대의를 파악한다. (다) 쓰기 ① 비교적 평이한 글을 받아 쓴다. ② 학습한 문형과 어휘를 기초로 하여 문장을 만든다. ③ 학습한 문형과 어휘를 기초로 하여 쉬운 우리말을 영어로 옮겨 쓴다. ④ 잘 아는 소재에 관하여 짧은 글을 쓴다. ⑤ 간단한 일기문, 서한문 등을 쓴다.	(가) 소재 ① 일상 사회생활에 관한 것 ② 우리나라의 사회 발전, 역사, 인물 등 한국에 관한 것 ③ 외국의 인물, 역사 등 국제 이해에 도움이 되는 것 ④ 현대인의 취미, 오락 및 과학 기술의 발전 등 현대 생활에 관한 것 (나) 어휘 3학년에서 지도할 어휘는 지도 목표에 따라 별표에 제시된 어휘 가운데서 선정한 것을 포함하여 400~450 낱말을 지도한다. (다) 문형 ① 문형의 표시 ② 위에 제시한 문형의 성분의 구조는 각각 다음과 같다. (라) 문법 사항 ① 문장의 종류 ② 절 ③ 어형 ④ 화법 ⑤ 분사 구문 ⑥ 가상법 ⑦ 비교구문 ⑧ 부정사

3.3.4 제4차 교육과정(문교부고시 제442호)

1) 제4차 교육과정: 중학교 영어과의 교육 목표

문교부고시 제442호에 따르면 제4차 교육과정에서는 중학교 영어과 교육과정의 목표를 일반 목표와 학년별 목표로 구분하여 다음과 같이 제시하고 있다.

〈표 15〉 제4차 교육과정 중학교 영어과 교육 목표(일반)

영어의 사용 능력을 길러, 영어 상용 국민의 문화를 이해함으로써 우리 문화 발전에 이바지하게 한다. (가) 생활 주변 및 일반적인 화제에 관한 쉬운 영어를 이해하고 사용할 수 있는 능력을 기른다. (나) 영어 상용 국민의 문화를 이해할 수 있는 바탕을 마련한다.

〈표 16〉 제4차 교육과정 중학교 영어과 교육 목표(학년별)

제1학년
(가) 학교의 주변 생활에 관한 간단한 대화를 나눌 수 있는 능력을 기른다. (나) 일상생활에 관한 쉬운 말을 듣고 이해하는 능력을 기른다. (다) 일상생활에 관한 쉬운 말을 읽고 이해하는 능력을 기른다. (라) 학생의 주변 생활에 관한 쉬운 글을 쓸 수 있는 능력을 기른다. (마) 영어 상용 국민의 일상생활을 이해하게 한다.
제2학년
(가) 학생의 주변 생활에 관한 간단한 대화를 나눌 수 있는 능력을 기른다. (나) 일상생활과 일반적인 화제에 관한 쉬운 말을 듣고 이해하는 능력을 기른다. (다) 일상생활과 일반적인 화제에 관한 쉬운 말을 읽고 이해하는 능력을 기른다. (라) 학생의 주변 생활에 관한 쉬운 글을 쓸 수 있는 능력을 기른다. (마) 영어 상용 국민의 생활 및 사고방식에 관하여 이해하게 한다.
제3학년
(가) 학생의 주변 생활과 일반적인 화제에 관한 간단한 대화를 나눌 수 있는 능력을 기른다. (나) 일상생활과 일반적인 화제에 관한 쉬운 말을 듣고 이해하는 능력을 기른다. (다) 일상생활과 일반적인 화제에 관한 쉬운 말을 읽고 이해하는 능력을 기른다. (라) 학생의 주변 생활 및 일반적인 화제에 관한 쉬운 글을 쓸 수 있는 능력을 기른다. (마) 영어 상용 국민의 생활 및 그 나라 문화에 관한 이해의 폭을 넓힌다.

2) 제4차 교육과정: 중학교 영어과의 지도 내용

제4차 교육과정에서는 각 학년별 지도 내용을 언어기능과 언어재료로 구분하여 다음과 같이 정리하고 있다.

〈표 17〉 제4차 교육과정 중학교 영어과 지도 내용

<table>
<tr><th colspan="2">제1학년</th></tr>
<tr><th>언어기능</th><th>언어재료</th></tr>
<tr><td>(가) 듣기와 말하기
① 발음을 익힌다.
② 쉬운 내용의 말을 듣고 이해한다.
③ 인사말 등 간단한 대화를 나눈다.
(나) 읽기
① 글을 소리내어 읽는다.
② 문장의 뜻을 이해한다.
③ 쉬운 글의 대의를 이해한다.
(다) 쓰기
① 철자와 기본적인 구두법을 익힌다.
② 간단한 말을 받아 쓴다.
③ 구두로 익힌 영문을 쓴다.</td><td>(가) 소재
일상생활에 관한 것을 위주로 선택하되, 올바른 가치관 형성에 도움이 되는 것으로 한다.
① 학교생활에 관한 것
② 일상 가정생활에 관한 것
③ 기타 사회생활에 관한 것
글의 형식은 대화체를 주로 하고 서술체 등을 포함시키되, 내용 구성에 있어서는 다음 사항에 유의한다.
① 학생들의 흥미, 필요, 지적 수준 등을 고려하여, 학습 의욕을 유발할 수 있는 것
② 내용이 정확하고 실용적인 것
(나) 발음
자음, 모음, 강세, 억양, 리듬 등을 포함한다.
(다) 어휘
〈부록 1〉에 제시된 어휘 중에서 대부분을 선정하여 300 내외의 낱말을 사용한다.
(라) 문형·문법
〈표 2〉에 제시된 문형·문법 가운데서 1학년 해당 사항을 참고로 한다.</td></tr>
<tr><th colspan="2">제2학년</th></tr>
<tr><th>언어기능</th><th>언어재료</th></tr>
<tr><td>(가) 듣기와 말하기
① 쉬운 내용의 말을 듣고 이해한다.
② 간단한 대화를 나눈다.
③ 잘 아는 소재에 관하여 간단히 말한다.
(나) 읽기
① 문장의 뜻을 이해한다.
② 문단의 뜻을 이해한다.
③ 쉬운 글의 대의를 파악한다.</td><td>(가) 소재
일상생활에 관한 것을 위주로 선택하되, 올바른 가치관 형성에 도움이 되는 것으로 한다.
① 가정, 학교 또는 사회생활을 중심으로 한 일상생활에 관한 것
② 기타 사회생활에서 자주 언급되는 것
글의 형식은 대화체를 주로 하고 서술체 등을 위주로 하되, 내용 구성에 있어서는</td></tr>
</table>

(다) 쓰기 ① 간단한 말을 받아 쓴다. ② 학습한 문형과 어휘를 기초로 하여 간단한 문장을 만든다. ③ 학습한 문형과 어휘를 기초로 하여 쉬운 우리말을 영어로 옮겨 쓴다. ④ 잘 아는 소재에 관하여 짧은 글을 쓴다.	다음 사항에 유의한다. ③ 학생들의 흥미, 필요, 지적 수준 등을 고려하여, 학습 의욕을 유발할 수 있는 것 ④ 내용이 정확하고 실용적인 것 (나) 발음 자음, 모음, 강세, 억양, 리듬 등을 포함한다. (다) 어휘 ① 1학년에서 지도한 어휘를 반복하여 사용한다. ② 〈별표 1〉에 제시된 어휘 중에서 선정한 것을 포함하여 350 내외의 낱말을 추가로 사용한다. (라) 문형·문법 ① 1학년에서 학습한 문형·문법의 활용 범위를 넓힌다. ② 〈별표 2〉에서 제시된 문형·문법 가운데서 2학년 해당 사항을 참고로 한다.

제3학년	
언어기능	언어재료
(가) 읽기 ① 소재별로 뜻을 파악하기 ② 내용 파악을 위한 중심적인 해석 (나) 듣기와 말하기 ① 남의 이야기를 듣고 전하기 ② 간단한 연설 ③ 쉬운 내용에 관해서 토의하기 (다) 쓰기 ① 일기쓰기 ② 일반 편지의 서식 및 간단한 내용 작성 ③ 쉬운 영어로 간단한 이야기, 보고문 및 감상문 쓰기	(가) 소재 일상생활 및 일반적인 화제에 관한 것을 위주로 선택하되, 올바른 가치관 형성에 도움이 되는 것으로 한다. ① 습관, 풍속, 인물, 역사 등 문화 이해에 도움이 되는 것 ② 취미, 오락, 운동 및 과학 기술의 발전 등 현대 생활에 관한 것 ③ 일상 사회생활에 관한 것 글의 형식은 다양하게 선정하되, 대화체와 서술체를 위주로 하며, 내용 구성에 있어서는 다음 사항에 유의한다. ① 학생들의 흥미, 필요, 지적 수준 등을 고려하여, 학습 의욕을 유발할 수 있는 것 ② 내용이 정확하고 실용적인 것 (나) 발음 자음, 모음, 강세, 억양, 리듬 등을 포함한다. (다) 어휘 ① 1, 2학년에서 지도한 어휘를 반복하여 사

	용한다. ② 〈별표 1〉에서 제시된 어휘 가운데서 선정한 것을 포함하여 400 내외의 낱말을 추가로 사용한다. (라) 문형·문법 ① 1, 2학년에서 지도한 문형·문법을 반복하여 사용한다. ② 〈별표 2〉에 제시된 문형·문법 가운데에서 3학년 해당 사항을 참고로 한다.

3.3.5 제5차 교육과정(문교부고시 제87-7호)

1) 제5차 교육과정: 중학교 영어과의 교육 목표

문교부고시 제87-7호에 따르면 제5차 교육과정에서는 중학교 영어과 교육과정의 목표를 일반 목표와 학년별 목표로 구분하여 다음과 같이 제시하고 있다.

〈표 18〉 제5차 교육과정 중학교 영어과 교육 목표 (일반)

쉬운 영어를 이해하고 생각과 느낌을 바르게 표현할 수 있는 기본 능력을 길러, 외국 문화를 올바로 수용하고 우리 문화를 소개할 수 있는 바탕을 마련하게 한다.

〈표 19〉 제5차 교육과정 중학교 영어과 교육 목표(학년별)

제1학년
(가) 일상생활에 관한 쉬운 말을 듣고 이해하며, 간단한 대화를 나눌 수 있는 능력을 기르게 한다. (나) 일상생활에 관한 쉬운 말을 읽고 이해하며, 쓸 수 있는 능력을 기르게 한다. (다) 영어 상용 국민의 일상생활을 이해하게 한다.
제2학년
(가) 일상생활과 주변의 일반적인 화제에 관한 쉬운 말을 듣고 이해하며, 간단한 대화를 나눌 수 있는 능력을 기르게 한다. (나) 일상생활과 주변의 일반적인 화제에 관한 쉬운 말을 읽고 이해하며, 쓸 수 있는 능력을 기르게 한다. (다) 영어 상용 국민의 생활 및 사고방식에 관하여 이해하게 한다.
제3학년
(가) 일상생활과 일반적인 화제에 관한 쉬운 말을 듣고 이해하며, 간단한 대화를 나눌 수 있

는 능력을 기르게 한다.
(나) 일상생활과 일반적인 화제에 관한 쉬운 글을 읽고 이해하며, 쓸 수 있는 능력을 기른다.
(다) 영어 상용 국민의 문화에 관한 이해의 폭을 넓힌다.

2) 제5차 교육과정: 중학교 영어과의 지도 내용

제5차 교육과정에서는 각 학년별 지도내용을 언어기능과 언어재료로 구분하여 다음과 같이 정리하고 있다.

〈표 20〉 제5차 교육과정 중학교 영어과 지도 내용

제1학년	
언어기능	언어재료
(가) 듣기와 말하기 ① 소리를 식별하고 정확하게 발음하기 ② 쉬운 내용의 말을 듣고 이해하기 ③ 학습한 내용을 중심으로 간단한 대화하기 ④ 실물이나 그림을 보고 간단한 대화하기 (나) 읽기 ① 문자와 소리의 관계를 이해하기 ② 간단한 문장을 정확한 운율로 읽기 ③ 쉬운 글의 대의를 파악하기 (다) 쓰기 ① 철자와 기본적인 구두법을 익히기 ② 학습한 쉬운 내용의 문장을 받아쓰기 ③ 말로 표현할 수 있는 것을 글로 쓰기 ④ 사물에 대한 설명을 간단한 문장으로 쓰기	(가) 소재 일상생활에 관한 것을 위주로 선택하되, 언어의 네 가지 기능 지도에 도움이 되는 것으로 한다. ① 가정, 학교, 사회생활에 관한 것 ② 취미, 오락, 운동 등 여가 선용에 관한 것 ③ 예절, 관습 등 문화 이해에 도움이 되는 것 글의 내용 구성에 있어서는 다음 사항에 유의한다. ① 학생들의 흥미, 필요, 지적 수준 등을 고려하여, 학습 의욕을 유발할 수 있는 것으로 한다. ② 학생들의 올바른 가치관 형성에 도움이 되는 것으로 한다. ③ 내용은 정확하고 실용적인 것으로 한다. (나) 발음 자음, 모음, 강세, 억양, 리듬 등을 포함한다. (다) 어휘 〈부록 1〉에 제시된 어휘 중에서 대부분을 선정하여 300 낱말 내외를 사용한다. (라) 문법 〈표 2〉에 제시된 문법 가운데서 1학년 해당 사항을 참고로 한다.
제2학년	
언어기능	언어재료
(가) 듣기와 말하기	(가) 소재

① 쉬운 내용의 말을 들어 이해하고 기억하기 ② 학습한 내용을 활용하여 간단한 대화하기 ③ 들은 내용을 중심으로 자기 생각을 쉬운 말로 표현하기 (나) 읽기 ① 문자와 소리의 관계를 이해하여 새로운 단어를 정확하게 읽기 ② 쉬운 글의 대의를 파악하기 ③ 읽은 내용을 요약하기 (다) 쓰기 ① 학습한 내용의 글을 받아쓰기 ② 조작 연습을 통하여 문장 만들기 ③ 간단한 우리말 문장을 영어로 옮겨쓰기 ④ 주변의 일상적인 소재에 관하여 쉬운 글로 표현하기	일상생활과 주변의 일반적인 화제 중에서 소재를 선택하되, 언어의 네 가지 기능 지도에 도움이 되는 것으로 한다. ① 가정, 학교, 사회생활에 관한 것 ② 취미, 오락, 운동, 여행 등 여가 선용에 관한 것 ③ 예절, 관습, 기후, 지리 등 문화 이해에 도움이 되는 것 글의 내용 구성에 있어서는 다음 사항에 유의한다. ① 학생들의 흥미, 필요, 지적 수준 등을 고려하여, 학습 의욕을 유발할 수 있는 것으로 한다. ② 학생들의 올바른 가치관 형성에 도움이 되는 것으로 한다. ③ 내용은 정확하고 실용적인 것으로 한다. (나) 발음 자음, 모음, 강세, 억양, 리듬 등을 포함한다. (다) 어휘 ① 1학년에서 지도한 어휘를 반복하여 사용한다. ② 〈별표 1〉에 제시된 어휘 중에서 선정한 것을 포함하여 350 내외의 낱말을 추가로 사용한다. (라) 문법 ① 1학년에서 학습한 문법의 활용 범위를 넓힌다. ② 〈별표 2〉에서 제시된 문형·문법 가운데서 2학년 해당 사항을 참고로 한다.

제3학년	
언어기능	언어재료
(가) 듣기와 말하기 ① 쉬운 내용의 말을 듣고 뜻을 전달하기 ② 학습한 내용을 활용하여 대화하기 ③ 들은 내용을 중심으로 자기 생각을 표현하기 (나) 읽기 ① 쉬운 글의 대의 및 요지를 파악하기 ② 읽은 내용을 요약하기	(가) 소재 일상생활 및 일반적인 화제 중에서 소재를 선택하되, 언어의 네 기능 지도에 도움이 되는 것으로 한다. ① 가정, 학교, 사회생활에 관한 것 ② 취미, 오락, 운동, 여행 등 여가 선용에 관한 것

③ 읽은 내용을 중심으로 간단한 설명이나 대화하기 (다) 쓰기 ① 쉬운 우리글을 영어로 옮겨쓰기 ② 쉬운 글을 읽고 내용을 요약하여 쓰기 ③ 학습한 쉬운 내용의 글을 듣고 의미를 살려 다시 쓰기 ④ 주변의 일반적인 화제에 관하여 쉬운 글로 표현하기	③ 예절, 관습, 기후, 지리, 인물, 역사, 종교, 예술, 문학 등 문화 이해에 도움이 되는 것 ④ 과학 기술, 자원 개발, 인구 문제 등 현재와 미래 생활에 관한 것 글의 내용 구성에 있어서는 다음 사항에 유의한다. ① 학생들의 흥미, 필요, 지적 수준 등을 고려하여, 학습 의욕을 유발할 수 있는 것 ② 학생들의 올바른 가치관 형성에 도움이 되는 것으로 한다. ③ 내용이 정확하고 실용적인 것으로 한다. (나) 발음 자음, 모음, 강세, 억양, 리듬 등을 포함한다. (다) 어휘 ① 1, 2학년에서 지도한 어휘를 반복하여 사용한다. ② 〈별표 1〉에서 제시된 어휘 가운데서 선정한 것을 포함하여 400 내외의 낱말을 추가로 사용한다. (라) 문법 ① 1, 2학년에서 지도한 문법을 반복하여 사용한다. ② 〈별표 2〉에 제시된 문법 가운데에서 3학년 해당 사항을 참고로 한다.

3.3.6 제6차 교육과정(교육부고시 제1992-11호)

1) 제6차 교육과정: 중학교 영어과의 교육 목표

교육부고시 제1992-11호에 따르면 제6차 교육과정에서는 중학교 영어과 교육과정의 목표를 일반 목표와 학년별 목표로 구분하여 다음과 같이 제시하고 있다.

〈표 21〉 제6차 교육과정 중학교 영어과 교육 목표(일반)

쉬운 영어를 이해하고 생각과 느낌을 바르게 표현할 수 있는 기본 능력을 길러, 외국 문화를 올바로 수용하고 우리 문화를 발전시키고 이를 외국에 소개할 수 있는 바탕을 마련하게 한다.

(가) 일상생활과 일반적인 화제에 관한 쉬운 말이나 글의 내용을 이해하게 한다.
(나) 이해한 내용을 토대로 하여 말이나 글로 간단히 표현할 수 있게 한다.
(다) 쉬운 말이나 글로 상황에 적합하게 의사 소통을 할 수 있게 한다.
(라) 외국 문화를 이해함으로써 우리 문화를 새롭게 인식하고 올바른 가치관을 가지게 한다.
(마) 우리 문화를 말이나 글로 간단히 소개할 수 있게 한다.

제6차 교육과정은 우리나라 교육과정 사상 처음으로 내용체계를 언어기능과 의사소통기능, 언어재료로 구분하여 다음과 같이 제시하고 있다.

〈표 21〉 제6차 교육과정 중학교 영어과 내용 체계

언어기능
(가) 의사소통을 위한 이해기능과 표현기능을 자연스럽게 습득할 수 있는 내용 (나) 듣기와 읽기를 통하여 영어를 이해하고, 이를 활용하여 말과 글로 표현하는 능력 개발
의사소통기능
(가) 다음에 관계되는 의사소통기능의 이해와 적용 생각이나 느낌의 표현 친교 활동, 대인 관계 형성 부탁, 지시, 정보 교환, 의견 교환, 문제 해결 등 (나) 의사소통에 필요한 기본적인 문장과 구조와 종류, 기타 문법 등 언어 형식은 학생의 수준을 고려하여 〈별표 1〉의 예시문을 통하여 제시
언어재료
(가) 소재: 주제와 상황 및 과업 중심으로 실용성 있는 자료 제시 (나) 발음: 자연스러운 발화를 할 수 있도록 발음에 관한 내용을 학년별로 제시 (다) 어휘: 〈별표 2〉의 기본 어휘표를 중심으로 학년별로 사용할 수 있는 어휘 수 제시 • 1학년: 300 낱말 내외 • 2학년: 350 낱말 내외 • 3학년: 400 낱말 내외 • 50낱말의 상용 외래어 사용 허용 (라) 단일 문장의 길이: 학생의 학습 부담을 고려하여 한 문장에서 사용할 수 있는 낱말의 수를 학년 별로 제시 • 1학년: 10 낱말 이내 • 2학년: 15 낱말 이내 • 3학년: 20 낱말 이내

(2) 제6차 교육과정: 중학교 영어과의 지도 내용

제6차 교육과정에서는 각 학년 별 지도내용을 언어기능, 의사소통기능과 언어재료로 구분하여 다음과 같이 정리하고 있다.

〈표 22〉 제6차 교육과정 중학교 영어과 지도 내용

<table>
<tr><th colspan="2">제1학년</th></tr>
<tr><th>언어기능</th><th>언어재료</th></tr>
<tr><td>(가) 이해기능
① 소리와 의미의 관계를 이해하기
② 소리와 문자의 관계를 이해하기
③ 간단한 말을 듣고 행동하기
④ 간단한 질문이나 대답을 이해하기
⑤ 간단한 대화나 글의 내용을 이해하기
(나) 표현기능
① 자연스럽게 발음하기
② 학습한 내용을 간단하게 말이나 글로 표현하기
③ 실물이나 그림을 보고 간단히 대화하기
④ 간단하게 요구하거나 명령하기
⑤ 일상생활에 관하여 쉬운 말이나 글로 표현하기</td><td rowspan="3">(가) 소재
일상생활에 관한 소재를 위주로 선택하되, 의사소통기능을 이해하고 활용하는 데 도움이 되는 것으로 한다.
① 건강한 개인·가정 생활에 관한 것
② 교우관계와 학교생활에 관한 것
③ 사회생활과 국가에 관한 것
④ 취미, 오락, 운동 등 여가 선용에 관한 것
⑤ 건전한 사고와 협동 정신의 배양에 도움이 되는 것
⑥ 외국인의 일상생활을 이해하는 데 도움이 되는 것
내용은 다음 사항에 유의하여 구성한다.
① 학생들의 흥미, 필요, 지적 수준 등을 고려하여, 학습 의욕을 유발할 수 있는 것으로 한다.
② 학습 활동을 통하여 학생들의 의사 소통을 유발할 수 있는 것으로 한다.
③ 내용은 자연스럽고 정확하며 실용적인 것으로 한다.
(나) 발음
소리의 식별, 소리·문자의 관계, 간단한 말의 연결 및 자연스러운 발화 등을 포함한다.
(다) 어휘
〈별표 2〉에 제시된 어휘를 중심으로 300 낱말 내외를 사용한다.
(라) 단일 문장의 길이
한 문장에는 10 낱말 이내의 낱말 사용을 권장 한다.</td></tr>
<tr><th>의사소통기능</th></tr>
<tr><td>(가) 의사소통 기능 항목은 〈별표 1〉에 제시된 1학년 해당 사항을 참고한다.
(나) 문장의 구조와 종류, 기타 문법 등의 언어 형식은 〈별표 1〉에 제시된 예시문 1의 1학년 해당 사항을 참고한다.</td></tr>
</table>

제2학년	
언어기능	언어재료
(가) 이해기능 ① 소리·문자의 관계를 추론하여 이해하기 ② 쉬운 말을 듣고 행동하기 ③ 말이나 글의 줄거리, 요지, 주제 등을 이해하기 ④ 말이나 글의 의도, 목적 등을 이해하기 ⑤ 말이나 글의 차례, 원인, 결과 등을 이해하기 (나) 표현기능 ① 학습한 내용의 말과 글을 받아쓰기 ② 들은 내용에 관하여 생각과 느낌을 표현하기 ③ 학습한 내용을 중심으로 간단히 대화하기 ④ 실물이나 그림을 보고 간단히 묘사하기 ⑤ 학습한 내용을 적용하여 간단한 일기 쓰기 ⑥ 주변의 일반적 화제에 관하여 쉬운 말이나 글로 표현하기 (다) 쓰기 ① 학습한 내용의 글을 받아쓰기 ② 조작 연습을 통하여 문장 만들기 ③ 간단한 우리말 문장을 영어로 옮겨쓰기 ④ 주변의 일상적인 화제에 대하여 쉬운 말이나 글로 표현하기 **의사소통기능** (가) 1학년에서 사용한 의사소통 기능 항목과 언어 형식을 반복하여 사용한다. (나) 의사소통 기능 항목은 〈별표 1〉에 제시된 2학년 해당 사항을 참고하여 추가로 사용한다. (다) 문장의 구조와 종류, 기타 문법 등의 언어 형식은 〈별표 1〉에 제시된 예시문의 2학년 해당 사항을 참고하여 추가로 사용한다.	(가) 소재 1) 일상생활과 주변의 일반적인 화제를 위주로 선택하되, 의사소통 기능을 이해하고 적용하는 데 도움이 되는 것으로 한다. ① 건전한 인간 관계 및 학교생활에 관한 것 ② 주변의 사회생활과 국가에 관한 것 ③ 취미, 오락, 운동, 여행 등 여가 선용에 관한 것 ④ 정서와 도덕심을 기르는 데 도움이 되는 것 ⑤ 근검 절약과 근로 정신의 함양에 도움이 되는 것 ⑥ 외국인의 관습과 예절 등을 이해하는 데 도움이 되는 것 2) 내용은 다음 사항에 유의하여 구성한다. ① 1학년에서 배운 것을 적용하고 심화할 수 있도록 한다. ② 학생들의 흥미, 필요, 지적 수준 등을 고려하여, 학습 의욕을 유발할 수 있는 것으로 한다. ③ 학생들이 학습 활동을 통하여 의사 소통 의욕을 높일 수 있는 것으로 한다. ④ 내용은 자연스럽고 정확하며 실용적인 것으로 한다. (나) 발음 소리의 식별, 소리·문자의 관계, 말의 연결 및 자연스러운 발화 등을 포함한다. (다) 어휘 ① 1학년에서 지도한 어휘를 반복하여 사용한다. ② 〈별표 1〉에 제시된 어휘를 중심으로 하여 350 낱말 내외를 추가로 사용한다. (라) 단일 문장의 길이 한 문장에는 15 낱말 이내의 낱말 사용을 권장한다.

<table>
<tr><th colspan="2">제3학년</th></tr>
<tr><th>언어기능</th><th>언어재료</th></tr>
<tr><td>(가) 이해기능
① 대화체의 말이나 글을 이해하기
② 말이나 글의 소재, 세부 내용, 줄거리, 요지, 주제 등을 이해하기
③ 말이나 글의 의도나 목적의 타당성을 이해하기
④ 일이나 사건의 순서, 원인과 결과, 결론과 근거 등을 이해하기
⑤ 담화나 문단의 구성을 이해하기
⑥ 쉬운 말이나 글을 추론하여 이해하기
(나) 표현기능
① 알맞은 속도와 어조로 간단하게 대화하기
② 생각이나 느낌을 적합하게 표현하기
③ 학습한 내용을 간단하게 설명하기
④ 학습한 말이나 글을 다시 쉽게 풀어서 표현하기
⑤ 학습한 내용을 활용하여 간단한 편지 쓰기
⑥ 일반적인 화제에 관하여 쉬운 말이나 글로 표현하기</td>
<td rowspan="3">(가) 소재
1) 일반적인 화제를 위주로 선택하되, 의사소통기능을 이해하고 적용하는 데 도움이 되는 것으로 한다.
① 건강하고 자주적인 인간 생활에 관한 것
② 여가 선용과 안전에 관한 것
③ 개척 정신을 기르고 진로 선택에 도움이 되는 것
④ 공중 도덕, 질서 등의 건전한 가치관 형성에 도움이 되는 것
⑤ 경제 생활, 환경 문제 등의 이해에 도움이 되는 것
⑥ 우리 문화를 바르게 소개하는 데 도움이 되는 것
⑦ 통일과 국제 관계의 개선 등에 도움이 되는 것
2) 내용은 다음 사항에 유의하여 구성한다.
① 1, 2학년에서 배운 것을 적용하고 심화할 수 있도록 한다.
② 학생들의 흥미, 필요, 지적 수준 등을 고려하여, 학습 의욕을 유발할 수 있는 것으로 한다.
③ 학생들이 학습 활동을 통하여 유창성을 기를 수 있는 것으로 한다.
④ 내용은 자연스럽고 정확하고 실용적인 것으로 한다.
(나) 발음
소리의 식별, 소리·문자의 관계, 말의 연결, 말의 속도에 따른 음운 변화 및 자연스러운 발화 등을 포함한다.
(다) 어휘
① 1, 2학년에서 지도한 어휘를 반복하여 사용한다.
② 〈별표 2〉에서 제시된 어휘를 중심으로 하여 400 낱말 내외를 추가로 사용한다.
(라) 단일 문장의 길이
한 문장에는 20 낱말 이내의 낱말 사용을 권장한다.</td></tr>
<tr><th>의사소통기능</th></tr>
<tr><td>(가) 1, 2학년에서 사용한 의사소통기능 항목과 언어 형식을 반복하여 사용한다.
(나) 의사소통기능은 〈별표 1〉에 제시된 3학년 해당 사항을 참고하여 추가로 사용한다.
(다) 문장의 구조와 종류, 기타 문법 등의 언어 형식은 〈별표 1〉에 제시된 예시문의 3학년 해당 사항을 참고하여 추가로 사용한다.</td></tr>
</table>

3.3.7 제7차 교육과정(교육부고시 제1997-15호)

1) 제7차 교육과정: 중학교 영어과의 교육 목표

교육부고시 제1997-15호에 따르면 제7차 교육과정에서는 중학교 영어과 교육과정의 목표를 일반 목표와 학년별 목표로 구분하여 다음과 같이 제시하고 있다.

〈표 23〉 제7차 교육과정 중학교 영어과 교육 목표(일반)

일상생활에서 필요한 영어를 이해하고 사용할 수 있는 기본적인 의사소통능력을 길러 외국 문화를 올바르게 수용하여 우리 문화를 발전시키고, 외국에 소개할 수 있는 바탕을 마련한다. (가) 영어에 흥미와 자신감을 가지며, 의사소통을 할 수 있는 기본 능력을 기른다. (나) 일상생활과 일반적인 화제에 관하여 자연스럽게 의사소통한다. (다) 외국의 다양한 정보를 이해하고, 이를 활용할 수 있는 능력을 기른다. (라) 외국 문화를 이해함으로써 우리 문화를 새롭게 인식하고 올바른 가치관을 기른다.

제7차 교육과정은 내용체계를 언어기능과 의사소통활동, 언어재료로 구분하여 다음과 같이 제시하고 있다. 각 내용 체계 항목의 설정 배경과 기본 원칙을 정리하면 다음과 같다.

〈표 24〉 제7차 중학교 영어과 교육과정 내용 체계

언어기능
듣기, 말하기, 읽기, 쓰기의 언어 네 기능을 통합적으로 사용할 수 있는 능력을 점진적으로 함양할 수 있도록 언어기능을 음성언어와 문자언어기능으로 분류한다.

언어기능	음성언어	문자언어
이해기능	듣기	읽기
표현기능	말하기	쓰기

의사소통활동
의사소통활동은 음성언어활동과 문자언어활동으로 이루어진다. (가) 음성언어활동: 음성언어활동을 위해서는 〈별표 2〉의 '의사소통기능과 예시문'에 제시된 항목을 참고한다. '의사소통기능과 예시문' 중 학년/단계별 성취 기준을 달성하기에 적절한 것을 선택해서 사용한다. (나) 문자언어활동: 문자언어활동을 위해서는 〈별표 2〉에 제시된 항목과 함께 〈별표 4〉의 '의사소통에 필요한 언어 형식'에 제시된 항목을 참고하여 사용한다.

언어재료
(가) 소재: 제7차 교육과정에서는 포괄적인 내용의 소재가 〈별표 1〉로 부록으로 첨부되어, 선택하여 사용하도록 권장한다. 소재 선정의 기본 원칙으로는 다음과 같은 사항을 고려한다. ① 학생들의 흥미, 필요, 동기, 지적 수준 등을 고려하여 학습 의욕을 유발할 수 있는 내용 ② 주제와 상황, 과업 등을 고려한 내용 ③ 성취 기준 달성에 적합한 내용 ④ 상호 작용에 적합한 내용 ⑤ 심화학습과 발전학습에 적합한 내용 (나) 문화: 제7차 교육과정에서는 언어재료 가운데 '문화' 항목을 추가하고 그 교육내용을 다음과 같이 제시함 ① 의사소통에 필요한 영어권의 생활 양식과 언어 문화 ② 영어권에서 문화적으로 적절한 언어적, 비언어적 행동 양식 ③ 영어권 문화와 우리 문화의 언어적, 문화적 차이 (다) 언어 ① 초등학교에서는 음성언어 중심으로 하고, 문자언어는 음성언어의 보조 수단으로 사용 ② 자연스러운 언어 습득과 실제적인 의사소통 활동에 도움이 되는 언어 ③ 일상생활에서 많이 쓰이는 언어 ④ 인지적인 수준을 고려한 언어 ⑤ 소리와 의미의 식별, 소리와 문자의 관계, 말의 연결, 말의 속도에 따른 음운 변화, 상황에 따른 음운 변화 및 자연스러운 발화 등에 도움이 되는 언어 (라) 어휘 ① 〈별표 3〉의 '기본 어휘표'를 중심으로 사용 ② 학년/단계별로 사용할 수 있는 새로운 어휘 수 • 3학년: 80~120 낱말 • 4학년: 80~120 낱말 • 5학년: 90~130 낱말 • 6학년: 90~130 낱말 (전체 450 낱말 이내, 30 낱말의 상용 외래어 사용 허용) • 7(7-a, 7-b) 단계: 200 낱말 내외, 8(8-a, 8-b) 단계: 250 낱말 내외 • 9(9-a, 9-b) 단계: 350 낱말 내외, 10(10-a, 10-b) 단계: 450 낱말 내외 (전체 1250 낱말 내외, 초등학교 30 낱말 외래어 포함하여 50 낱말의 상용 외래어 사용 허용) (마) 단일 문장의 길이 ① 3, 4학년: 7 낱말 이내 ② 5, 6학년: 9 낱말 이내

2) 제7차 교육과정: 중학교 영어과의 지도 내용

제7차 교육과정에서는 수준별 교육과정을 도입하고, 각 학년 명칭도 이전 교육과정까지의 중학교 1, 2, 3학년이라는 학년 구분 대신에 7(7-a, 7-b)단계, 8(8-a, 8-b)단계, 9(9-a, 9-b)단계, 10(10-a, 10-b)단계로 구분하고 각 단계별 지도 내용을 다음과 같이 정리하고 있다.

〈표 25〉 제7차 교육과정 중학교 영어과 단계별 지도 내용

(가) 3학년에서 6학년까지는 심화·보충형 수준별 교육과정을 적용한다.
(나) 7(중 1) 단계에서 10(고 1) 단계까지는 단계별 수준별 교육과정을 적용한다. 단계별 수준별 교육과정은 1개 학년을 1단계로 하되, 학기를 단위로 하는 하위 단계 a, b를 두어 운영한다. 동일한 하위 단계 내에서도 심화·보충형 수준별 수업을 운영할 것을 권장한다.
(다) 내용은 목표와 학습 내용을 포괄하는 개념으로, 기본 과정과 심화 과정의 성취 기준을 제시한다.
(라) 학년/단계별 성취 기준은 이전 학년/단계의 성취 기준을 누적하여 적용한다.

중학교 영어과의 지도 내용은 제7차 교육과정의 편성 원칙에 따라서 학습자의 개인의 능력을 고려하는 수준별 학습 활동을 중심으로 구성되어 있다. 제7차 교육과정의 중학교 영어과의 교수 학습 방법은 단계별 수준별 교육과정 내용에서 찾아볼 수 있다.

〈표 26〉 제7차 교육과정 중학교 영어과 단계별 수준별 교육과정 내용

(가) 각 단계는 연계성이 있도록 지도한다.
(나) 단계별 인지 수준에 맞게 동기 유발 및 학습 활동을 구안한다.
(다) 동일 단계에서의 보충·심화 학습을 위한 열린 교육을 계획한다.
(라) 학생 중심의 수업을 계획하여, 학생들의 수업 활동에 적극적으로 참여할 수 있도록 하고, 교사는 학생들의 협력자가 되도록 한다.
(마) 교사와 학생, 학생 상호 간의 다양한 활동을 전개하여 의사소통 능력을 기르도록 한다.
(바) 효과적인 의사소통 활동을 할 수 있도록 다양한 의사소통 전략을 적절히 사용하게 한다.
(사) 개인차에 따라 수준에 맞는 학습 활동이나 과업을 수행할 수 있도록 준비한다.
(아) 단계 진급 시에 유급생이 생기지 않도록 보충 학습 계획을 구안한다.
(자) 각 단계를 지도할 때에는 전·후 모든 단계의 성취 기준을 충분히 이해하고, 해당 단계의 수준과 내용에 맞게 교수 방법을 다양화한다.
(차) 각 단계에서는 단계별 성취 기준을 달성할 수 있도록 지도함과 동시에, 이전 단계에서 배운 내용도 반복 학습을 통해 내재화하여 자연스러운 표현을 할 수 있도록 한다.
(카) 심화 학습에서는 개별 학습, 자기 주도 학습, 협동 학습을 권장하고, 보충 학습에서는

학습 결손 요인을 파악하여 치료할 수 있도록 수업 방법을 강구한다.
(타) 듣기, 말하기는 시청각 자료를 적극 활용하여 듣기 능력을 기르고, 자연스런 표현을 할 수 있도록 지도한다.
(파) 말하기 지도는 기계적인 연습 활동보다는 유의적이고 의사소통 중심적인 연습활동을 많이 시켜 유창성과 정확성을 기르고, 실제 상황에 적용할 수 있는 창의적인 언어 능력을 기르도록 한다.
(하) 읽기는 직독직해와 속독하는 습관을 기르도록 지도한다.
(갸) 쓰기는 문장 단위의 번역보다는 주제를 중심으로 자기의 생각을 문단으로 구성하여 쓸 수 있도록 지도한다.
(냐) 적절한 문화 학습을 통하여 올바른 판단력과 가치관을 기르도록 도와 준다.
(댜) 수업을 가급적 영어로 진행하도록 권장한다.

3.4 고등학교 영어과 교육과정 변천

이번 절에서는 고등학교 영어과 교육과정의 변천과정을 1차-7차 교육과정 시기별로 나누어서, 1) 고등학교 영어과의 교육목표, 2) 고등학교 영어과의 지도내용 범주로 구분하여 각 시기별 특징을 고찰하고자 한다.

3.4.1 제1차 교육과정(문교부령 제46호)

1) 제1차 교육과정: 고등학교 영어과의 교육 목표

제1차 교육과정 내용에 따르면 고등학교 외국어과 설치 목적은 고등학교 교육 목적에 기여함에 있으며, 고등학교 교육 목적은 우리나라 교육 일반 목적을 달성하는 데 기여함에 있다고 규정하고 있다. 문교부령 제46호에 의거하면 구체적으로 영어과 교육 활동을 조직함에 토대가 되기 위하여 고등학교 영어과의 교육 목표를 다음과 같이 설정하였다.

〈표 27〉 제1차 교육과정 고등학교 영어과 교육 목표(일반)

(가) 영어의 성음, 어휘, 문법, 어태, 서식을 이해 체득시킴으로써 국어와의 상이점을 이해

하는 능력을 기른다.
(나) 피아 간의 사고, 감정, 예의, 풍속, 습관, 역사, 자연환경과 기타 문물제도의 상이점을 이해 체득시킨다.
(다) 상기 모든 상이가 있음에도 불구하고 호상 존중은 공통된 의무이며 정의는 인류 생활 공통의 기본 원칙임을 이해 체득시킨다.
(라) 현대 영어의 상용 어휘로 구성된 구문을 체득시키어 보통 사용하는 영어의 이해력과 발표력을 가지게 한다.

이상과 같은 교육 목표를 달성하기 위해서 고등학교 영어 교재와 교육 활동을 선택, 조직하는 데에는 다음과 같은 방침을 따르는 것으로 정하고 있다.

(가) 언어적 흥미와 문화적 흥미를 자극시키며 그 흥미를 지속시키도록 하여야 한다.
(나) 언어적 논리적 가치보다 실제적 가치를 존중하여야 한다.
(다) 가급적 영어를 상용하는 국민들의 생활과 문화를 비근한 예로써 소개하도록 하여야 한다.
(라) 영어의 발음과 문법의 이해활동을 기(期)하여, 청취력, 독서력, 구술력, 기술력의 병진을 도모하도록 하여야 한다.
(마) 필요한 소량의 교재를 철저하게 교수하도록 하여야 한다.
(바) 교재를 선택·조직함에 있어서는 언어적 가치와 실용적 가치를 먼저, 교양적 가치와 문화적 가치를 뒤에, 빈도가 높은 어휘를 먼저, 빈도가 낮은 어휘를 뒤에, 평이한 어법을 먼저, 난해의 어법을 뒤에, 청취를 먼저, 구술을 뒤에, 독서를 먼저, 기술을 뒤에, 기습 교재의 반복을 먼저, 새로운 교재의 도입을 뒤에 하도록 배열해야 한다.
(사) 영어의 직접 목표를 달성하기 위하여서는 과학적이고 구체적인 교육 계획을 수립하기로 하고 영어의 간접 목표를 달성하기 위해서 수시로 교사가 적당한 조처를 취하기로 한다.

2) 제1차 교육과정: 고등학교 영어과의 지도 내용

문교부령 제46호에 의거하면 이 시기의 고등학교 교육과정의 지도내용은 다음과 같이 제시되었다.

〈제1학년 (105–140시간)〉
중학교에서 학습된 기초 지식을 토대로 평이한 현대 영어의 이해력과 발표력을 훈련한다. 내용은 다음과 같다. (가) 발음과 철자 (나) 문법 사항과 상용 어투(관용 어구의 용법) (다) 간단한 영어의 구술과 청취 (라) 평이한 독서와 작문 (마) 사용 빈도가 높은 상용 단어 중 중학교에서 학습되지 않은 700여 내외의 어의(語義)와 용법 (바) 영어를 통한 영미인 생활의 이해
〈제2학년 (105–140시간)〉
전 학년에서 학습된 기초 지식을 토대로 이것을 응용·발전시키면서 다음 각 항을 내용으로 추가한다. (가) 문법의 개요 (나) 사용 빈도가 높은 상용 단어 중 전 학년까지 학습되지 않은 900어 내외의 어의와 용법 (다) 영어를 통한 외국 문화의 이해
〈제3학년 (105–140시간)〉
전 학년에서 학습된 기초 지식을 토대로 이것을 응용·발전시키면서 다음 각 항을 내용으로 추가한다. (가) 사용 빈도가 높은 상용 단어 중 전 학년까지 학습되지 않은 900여 내외의 어의와 용법 (나) 현대 영어의 속독 속해와 회화, 작문의 능숙

3.4.2 제2차 교육과정(문교부령 제121호)

1) 제2차 교육과정: 고등학교 영어과의 교육 목표

1963년에 제정 공포된 문교부령 제121호에 의거하면, 고등학교 영어과의 교육목표는 일반적인 목표와 학년별 목표를 다음과 같이 구분하여 정리할 수 있다.

〈표 28〉 제2차 교육과정 고등학교 영어과 교육 목표(일반)

(가) 일상생활에서 사용하는 언어를 듣고 말하는 능력을 기른다. (나) 외국어의 기본적인 어법을 습득시켜 읽고 쓰는 능력을 기른다. (다) 우리나라의 문화를 외국어를 통하여 소개하는 기초적 능력을 기른다. (라) 외국어의 학습을 통하여 외국과 외국인에 대한 이해를 증진시켜 국제적 협조적 태도와 사물에 대한 견식과 판단력을 심화, 확장한다.

〈표 29〉 제2차 교육과정 고등학교 영어과 교육 목표(영어 Ⅰ · Ⅱ)

영어 Ⅰ(18단위 기준)
(가) 영어의 음성을 정확히 습득시켜 듣고 말하는 능력을 기른다. (나) 영어의 기본적 어법을 습득하게 하여 읽고 쓰는 능력을 기른다. (다) 실생활에 필요한 영어의 응용 능력을 기른다. (라) 영어 학습을 통하여 영어를 상용어로 하는 국민들의 사고 방식과 생활 태도를 이해하고 국제적 이해와 협조적 태도를 기른다.
영어 Ⅱ(30단위 기준)
(가) 영어의 음성을 정확히 습득시켜 듣고 말하는 능력을 기른다. (나) 영어의 기본적 어법을 습득하게 하고 읽고 쓰는 능력을 기른다. (다) 평이한 영어 서적을 자력으로 읽을 수 있는 능력을 기른다. (라) 영어 학습을 통하여 영어를 상용어로 하는 국민들의 사고 방식, 생활 양식, 생활 태도 등을 이해하고 국제적 이해와 협조적 태도를 길러 사물에 대한 식견과 판단력을 심화, 확장한다.

2) 제2차 교육과정: 고등학교 영어과의 지도 내용

문교부령 제121호에 의거하면 이 시기의 고등학교 교육과정의 지도 내용은 듣기와 말하기, 읽기, 쓰기로 구분하여 다음과 같이 정의하고 있다.

〈표 30〉 제2차 교육과정 고등학교 영어과 지도 내용(영어 Ⅰ · Ⅱ)

〈영어 Ⅰ〉

듣기와 말하기
(가) 언어재료는 실생활에서 사용도가 높은 표준적 국어를 선택한다. (나) 낱말의 발음, 강형, 약형, 악센트, 문장의 맺음, 억양, 리듬, 속도 등에 대하여 일반적 규칙을 습득시키고 음성을 통한 의사소통의 능력을 기른다. (다) 듣기와 말하기의 학습 활동에는 다음 사항을 포함한다. ① 영어를 듣고 발음 또는 말하는 학습 ② 영어를 듣고 받아쓰는 학습 ③ 영어로 하는 지시를 실제로 실행하는 학습 ④ 중요한 문형을 암기하는 학습 ⑤ 중요한 문형을 여러 모로 변화하여 구두로 발표하는 학습 ⑥ 일상생활에서 흔히 일어나는 일들을 영어로 생각하고 구두로 발표하는 학습 ⑦ 낱말, 구, 절, 문장의 뜻을 영어로 설명하는 학습 ⑧ 영어로 서로 의사를 교환하는 학습 ⑨ 간단한 일상생활에 관한 문제를 서로 논의하는 학습

읽기

(가) 언어 자료는 다음 각 항의 정도와 범위를 고려하여 선택한다.
① 실생활에서 흔히 쓰이는 표준적인 현대어 중에서 선택함을 원칙으로 한다.
② 문형은 기본이 될만한 것을 위주로 한다.
③ 학습할 신어의 수는 중학교에서 학습한 것을 토대로 발전시키되 1,800~2,500(2,100)어 이내로 한다.

(나) 읽기 지도의 자료는 우리나라의 영어를 사용하는 국민들의 일상생활, 풍속, 습관, 사상, 감정, 지리, 역사, 제도, 과학, 기술 등에 걸쳐 선택하되 다음 사항을 고려한다.
① 영어과 학습 목표를 달성하는 데 적합한 것
② 학생의 학습 흥미와 변화를 고려할 것
③ 학습 내용이 어떠한 부분에만 편중하지 않고 전체적인 균형을 취할 것
④ 학습의 성공도를 고려할 것

(다) 읽기 지도의 형식은 주로 설명문, 대화, 설화, 전기, 소설, 극, 시, 수필, 논문, 서한, 시사문 등으로 하되 실생활에 필요한 실용적인 면이 많아야 한다.

(라) 학습 활동에 다음 사항을 포함한다.
① 교사의 범독에 따라 음독하는 학습
② 학생 개인이 음독, 묵독하는 학습
③ 집단 또는 분단별로 음독하는 학습
④ 분단별로 독회 활동에 의한 학습
⑤ 대화나 극을 서로 분담하여 읽는 학습
⑥ 요약 또는 대의를 파악하는 학습

쓰기

(가) 언어 재료는 실생활에 사용도가 높은 것을 위주로 한다.
(나) 문장의 구성, 철자, 구두점 등의 정확한 용법에 익숙하게 한다.
(다) 학습 활동 가운데에는 다음 사항을 포함 한다.
① 보고쓰기 학습
② 받아쓰기 학습
③ 문장의 일부를 다른 말로 바꾸어 넣는 학습
④ 문장의 일부를 전환시키는 학습
⑤ 완성하지 않은 문장을 보충하여 문장을 완성시키는 학습
⑥ 낱말, 구, 절 등을 제시하여 문장을 작성하는 학습
⑦ 물음에 대한 대답을 쓰는 학습
⑧ 일기와 편지를 쓰는 학습
⑨ 읽은 것을 간결하게 요약하여 써 보는 학습
⑩ 실생활에 실제로 응용하는 학습

〈영어 Ⅱ〉

듣기와 말하기
(가) 언어 재료는 학생들의 일상생활과 긴밀한 관련이 있고 사용도가 높은 표준적 국어를 선택한다. (나) 낱말의 발음, 강형, 약형, 악센트, 문장의 맺음, 억양, 리듬, 속도 등에 대하여 일반적인 규칙을 습득시키고 음성을 통한 의사소통의 능력을 기른다. (다) 듣기와 말하기의 학습 활동에는 다음 사항을 포함한다. ① 영어를 듣고 거기에 따라 발음 또는 말하는 학습 ② 영어를 듣고 받아쓰는 학습 ③ 영어로 하는 지시를 실제로 실행하는 학습 ④ 중요한 문형을 암송하는 학습 ⑤ 중요한 문형을 여러모로 변화시켜 구두로 발표하는 학습 ⑥ 일상생활에서 흔히 일어나는 일들을 영어로 생각하여 구두로 발표하는 학습 ⑦ 낱말, 구, 절, 문장의 뜻을 영어로 설명하는 학습 ⑧ 영어로 서로 문답하는 학습 ⑨ 영어로 서로 의사를 교환하는 학습 ⑩ 간단한 일상생활에 관한 문제를 서로 논의하는 학습
읽기
(가) 언어 재료는 다음 각 항의 정도와 범위를 고려하여 선택한다. ① 일상생활에서 사용도가 높은 표준적인 현대어 중에서 선택함을 원칙으로 한다. ② 문형은 기본이 될만한 것을 위주로 하되 점차 복잡한 것을 취급하게 한다. ③ 학습할 신어의 수는 중학교에서 학습한 것을 토대로 발전시키되, 2,300~2,900(2,600) 단어 이내로 한다. (나) 읽기 지도의 자료는 우리나라와 영어를 사용하는 국민들의 일상생활 풍속, 습관, 사상, 감정, 지리, 역사, 제도, 과학, 기술 등에 걸쳐 선택하되 다음 사항을 고려한다. ① 영어과 학습 목표를 달성하는 데 적합한 것 ② 학생의 학습 흥미와 변화를 고려할 것 ③ 학습 내용이 어떠한 부분에만 편중되지 않고 전체적인 균형을 가지게 할 것 ④ 학습의 성공도를 고려할 것 (다) 읽기 지도의 형식은 주로 설명문, 대화, 설화, 전기, 소설, 극, 시, 수필, 논문, 서한, 시사문 등으로 한다. (라) 학습 활동에는 다음 사항을 포함한다. ① 교사의 범독에 따라 음독하는 학습 ② 학생 개인이 음독 또는 묵독하는 학습 ③ 집단 또는 분단별로 음독하는 학습 ④ 분단별 독회 활동에 의한 학습 ⑤ 대화나 극을 서로 분담하여 읽는 학습 ⑥ 요약 또는 대의를 파악하는 학습

쓰기
(가) 언어 자료는 이미 학습한 것을 위주로 한다. (나) 기초적인 문형의 구성, 철자, 대문자, 구두점 등에 관한 정확한 기초적인 용법을 습득케 한다. (다) 학습 활동 가운데에는 다음 사항을 포함하도록 한다. ① 필기체의 쓰기 학습 ② 보고 쓰는 학습 ③ 간단한 받아 쓰기 학습 ④ 문장의 일부를 다른 말로 바꾸어 놓는 학습 ⑤ 완성하지 않은 문장을 보충하여 문장을 완성시키는 학습 ⑥ 낱말, 구, 절 등을 제시하여 문장을 작성케 하는 학습 ⑦ 틀린 문장을 고치는 학습 ⑧ 구두 또는 필기에 의한 물음에 대하여 필답을 작성하는 학습 ⑨ 간단한 편지와 일기를 쓰는 학습 ⑩ 학급에 알리는 말을 써서 붙이는 학습

3.4.3 제3차 교육과정(문교부령 제350호)

1) 제3차 교육과정: 고등학교 영어과의 교육 목표

1974년에 제정 공포된 문교부령 제350호에 의거하면, 고등학교 영어과의 교육목표는 일반적인 목표와 학년 별 목표를 다음과 같이 구분하여 정리할 수 있다.

〈표 31〉 제3차 교육과정 고등학교 영어과 교육 목표(일반)

(가) 외국어의 기본 어법을 습득시켜 듣기, 읽기, 말하기, 쓰기의 종합적인 어학 능력을 기른다. (나) 외국어의 학습을 통하여 외국과 외국인에 대한 이해를 증진시켜 국제적 협조성을 기르고, 사물에 대한 식견을 넓혀 우리 스스로의 발전을 도모하도록 한다. (다) 외국어를 통하여 우리나라의 문화와 현황에 대한 개략적인 소개를 할 수 있는 기초적 능력을 기른다.

〈표 32〉 제3차 교육과정 고등학교 영어과 교육 목표(영어 Ⅰ · Ⅱ)

영어 Ⅰ
(가) 제한된 구문과 어휘를 사용한 글을 읽고 이해하는 능력을 기른다. (나) 기초적 구문과 어휘를 정확하게 사용하여 짧고 평이한 글을 쓸 수 있는 능력을 기른다.

(다) 일반적인 화제에 관하여 평이한 영어로 간단한 대화를 나눌 수 있는 능력을 기른다.
(라) 영어 학습을 통하여 영어를 상용국들의 문화를 이해하는 바탕을 마련하여 국제적 이해와 안목을 넓히고, 우리 스스로의 발전을 도모하게 한다.

영어 II
(가) 비전문적인 내용의 서적이나 평이하게 개작된 작품 등을 읽고 이해할 수 있는 능력을 기른다.
(나) 영어 I 에서 습득한 구문과 어휘를 발전 심화시켜 일기, 편지 등을 쓰고 생활 주변의 생각을 평이하나 비교적 조리 있는 글로 나타낼 수 있는 능력을 기른다.
(다) 일반적인 화제에 관하여 간단한 대화를 나눌 수 있는 능력을 더욱 발전시킨다.
(라) 영어 학습을 통하여 영어를 상용국들의 문화와 그곳 국민들의 사고 방식 및 생활 태도 등을 이해하고, 아울러 국어와 민족 문화에 대한 인식을 높이며 국제적 이해와 안목을 기른다.

2) 제3차 교육과정: 고등학교 영어과의 지도 내용

문교부령 제350호에 의거하면 이 시기의 고등학교 교육과정의 지도 내용은 읽기, 쓰기, 듣기와 말하기로 구분하여 다음과 같이 정의하고 있다.

〈표 33〉 제3차 교육과정 고등학교 영어과 지도 내용(영어 Ⅰ · Ⅱ)

〈영어 Ⅰ〉

읽기
(1) 언어 재료 (가) 문형은 중학교 과정에서 제시된 것을 위주로 활용한다. (나) 어휘는 중학교에서 학습한 것을 포함하여 2,000단어 내외를 선택하여 지도하되 지도 목표 정신에 부합되어야 한다. (다) 읽기 지도의 자료는 우리나라와 영어를 상용하는 국민들의 일상생활, 풍속, 습관, 감정, 지리, 역사, 문물 제도, 과학 기술 등 문화 전반에 걸쳐 선택하되 다음 사항을 기준으로 삼는다. ① 문장의 구성과 글의 내용이 학습 목표를 달성하게 하는 데 적합할 것 ② 학생들의 학습 흥미를 유발할 수 있을 것 ③ 읽기 자료의 내용이 어떤 특정한 부분에만 편중됨이 없이 서로 조화를 이루고 있을 것 ④ 읽기 자료의 형식은 대체로 설명문, 대화, 설화, 보고문, 서한문, 일기문 등으로 하되 실제 언어 생활에 필요한 실용적인 면을 위주로 할 것 (2) 지도 사항 (가) 개별 문장의 구문을 파악하고 문장과 문장의 의미상의 흐름과 관계를 파악하기 (나) 비교적 적은 수의 문장으로 구성된 대문의 줄거리를 파악하기 (다) 주어진 글 전체의 대의를 파악하기

쓰기

(1) 언어 재료

(가) 문형은 중학교에서 제시된 정도로 한다.

(나) 어휘는 중학교 교육과정에 제시된 것을 활용할 수 있도록 지도한다. 읽기 자료에 제시된 어휘도 가급적 많이 사용할 수 있도록 지도한다.

(다) 쓰기 형식은 다음과 같다.

① 생활 주변의 일이나 일반적 화제에 관한 비교적 짧고 평이한 설명문

② 간단한 일기문

③ 간단한 편지

④ 기타

(2) 지도 사항

(가) 구두법의 정확한 사용

(나) 주어진 구문의 구조를 바꾸어 쓰기

(다) 국어로 된 간단한 문장이나 짧은 글을 영어로 옮기기

(라) 읽기 자료의 대의를 영어로 쓰기

(마) 기타

듣기와 말하기

(1) 언어 재료

(가) 문형 및 어휘는 쓰기에서 사용한 범위 내에서 선정한다.

(나) 듣기와 말하기의 형식은 다음과 같다.

① 여러 가지 인사 소개의 말

② 생활 주변에 관하여 평이한 표현을 써서 묻고 대답하기

③ 일반적인 화제에 관하여 평이한 표현을 써서 구두로 보고하거나 설명하기

(2) 지도 사항

(가) 발음, 강세, 억양, 리듬, 속도 등에 관한 일반적인 규칙

(나) 질문, 대답에 관한 일반적인 관례 및 규칙

(다) 기타

〈영어 Ⅱ〉

읽기

(1) 언어 재료

(가) 어휘는 영어 I 에서 학습한 것을 포함하여 3,200단어 내외를 선택하여 지도하되 지도 목표의 정신에 부합되어야 한다.

(나) 문형은 비교적 긴 중문과 복문을 정신적으로 지도하되 과다한 매입을 내포하고 있는 문장을 피한다.

(다) 읽기 지도와 자료는 우리나라와 영어를 상용하는 국민들의 일상생활, 풍속, 습관, 사상, 감정, 지리, 역사 문물 제도, 과학 기술 등 문화 전반에 걸쳐 선택하되 다음 사항을 기준

으로 삼는다.

① 자료의 구성과 내용이 학습 목표를 달성하는 데 적합할 것

② 학습 흥미를 유발할 수 있을 것

③ 내용이 어떠한 부분에만 편중됨이 없이 다양하고 균형이 잡히도록 할 것

④ 읽기 자료의 형식은 대체로 설명문, 대화, 설화, 전기, 보고문, 논문, 서한문, 일기문, 시사문 등으로 하되 언어 생활에 필요한 실용적인 면이 고려될 것

(2) 지도 사항

(가) 문장의 구문을 파악하고 뜻을 이해하게 한다.

(나) 문맥 속에서 문장과 문장의 의미상의 관계를 파악하게 한다.

(다) 대문의 줄거리를 파악하게 한다.

(라) 읽기 자료 전체의 대의를 파악하게 한다.

(마) 내용과 문체와의 관계, 표현 뒤에 숨은 필자의 의도 등에 대하여 어느 정도 판단력을 가지게 한다.

(바) 영어 사전의 사용법을 지도하고 이를 활용하여 다른 보충 자료를 많이 읽게 한다.

쓰기

(1) 언어 재료

영어 I 의 읽기 자료를 위한 문형 및 어휘 정도로 한다.

(2) 지도 사항

(가) 문장의 구성, 철자, 구두점의 정확한 용법에 익숙하게 한다.

(나) 문장의 여러 가지 구조 변화를 익숙하게 다룰 줄 알게 한다.

(다) 평이한 표현을 사용하여 편지나 일기를 쓰고 일반적인 소재에 관하여 비교적 정확한 글을 지을 줄 알게 한다.

(라) 비교적 간단한 국어의 문장이나 짧은 글을 영어로 옮기게 한다.

(마) 읽기 자료의 대의를 글로 표현할 줄 알게 한다.

듣기와 말하기

(1) 언어 재료

일상생활과 긴밀한 관련이 있고 사용도가 높은 표준적인 영어로서, 영어 I 과정에서 제시된 정도를 넘지 않는 것으로 한다.

(2) 지도 사항

영어 I 의 '듣기와 말하기'에서 제시된 사항을 심도있게 지도한다.

3.4.4 제4차 교육과정(문교부고시 제442호)

1) 제4차 교육과정: 고등학교 영어과의 교육 목표

1981년에 제정 공포된 문교부고시 제442호에 의거하면, 고등학교 영어과의 교육목표는 일반적인 목표와 학년별 목표를 다음과 같이 구분하여 정리할 수 있다.

〈표 34〉 제4차 교육과정 고등학교 영어과 교육 목표(일반)

외국어 사용 능력을 길러, 외국 문화를 이해함으로써 우리 문화 발전에 이바지한다. (가) 생활 주변 및 일반적인 화제에 관한 외국어를 이해하고, 이를 사용할 수 있는 능력을 기른다. (나) 외국 문화를 폭넓게 이해하게 하여 국제적인 안목을 넓힌다.

〈표 35〉 제4차 교육과정 고등학교 영어과 교육 목표(영어 Ⅰ · Ⅱ)

영어 Ⅰ
(가) 학습한 기본적 어법과 어휘를 활용하여 간단한 대화를 나눌 수 있는 능력을 기른다.
(나) 중학교 과정보다 높은 수준의 말을 듣고 이해하는 능력을 기른다.
(다) 중학교 과정보다 높은 수준의 말을 읽고 이해하는 능력을 기른다.
(라) 학습한 기본적 어법과 어휘를 활용하여 평이한 글을 쓸 수 있는 능력을 기른다.
(마) 영어 상용 국민의 문화를 이해하게 하여 국제적인 안목을 넓힌다.
영어 Ⅱ
(가) 학습한 어법과 어휘를 활용하여 대화를 나눌 수 있는 능력을 기른다.
(나) '영어 Ⅰ'보다 높은 수준의 말을 듣고 이해하는 능력을 기른다.
(다) '영어 Ⅰ'보다 높은 수준의 글이나 평이한 원문을 읽고 이해하는 능력을 기른다.
(라) 학습한 어법과 어휘를 활용하여 평이한 글을 조리있게 쓸 수 있는 능력을 기른다.
(마) 영어 상용 국민의 문화를 이해하게 하여 국제적인 안목을 넓힌다.

2) 제4차 교육과정: 고등학교 영어과의 지도 내용

문교부고시 제442호에 의거하면 이 시기의 고등학교 교육과정의 지도 내용은 언어 기능(듣기, 말하기, 읽기, 쓰기)과 언어 재료 부분으로 구분하여 다음과 같이 정의하고 있다.

〈표 36〉 제4차 교육과정 고등학교 영어과 지도 내용(영어 Ⅰ · Ⅱ)

〈영어 Ⅰ〉

언어기능
(가) 듣기 ① 일상생활에 관한 대화를 듣고 이해한다. ② 일반적인 화제에 관한 쉬운 말을 듣고 이해한다. ③ 읽기 자료를 듣고 이해한다. (나) 말하기 ① 일상생활에 필요한 관례적인 표현을 한다.

② 생활 주변에 관한 평이한 대화를 한다.
③ 일반적인 화제에 관하여 쉬운 말로 설명하거나 보고한다.
④ 읽기 자료의 뜻을 요약하여 발표한다.

(다) 읽기
① 문장의 뜻을 이해한다.
② 문단의 뜻을 이해한다.
③ 글 전체의 대의를 파악한다.
④ 속독 능력을 기른다.

(라) 쓰기
① 구두법을 정확히 사용한다.
② 주어진 문장의 구문을 바꾸어 쓴다.
③ 간단한 우리말을 영어로 옮겨 쓴다.
④ 읽은 글의 대의를 영어로 쓴다
⑤ 주변 소재에 관하여 간단한 글을 쓴다.

언어 재료

(가) 소재
① 영어 상용 국민의 문화에 관한 것을 주로 선택하되, 우리의 것도 포함하며, 올바른 가치관 형성에 도움이 되는 것으로 한다.
② 글의 형식은 다양하게 선정하되, 내용 구성에 있어서는 다음 사항에 유의한다.
–학생들의 흥미, 필요, 지적 수준 등을 고려한 것으로 학습 의욕을 유발할 수 있는 것
–내용이 정확하고 실용적인 것

(나) 발음
자음, 모음, 강세, 억양, 리듬 등을 포함한다.

(다) 어휘
① 중학교에서 학습한 것을 포함하여 1,700 내외의 낱말을 선정하여 사용한다.
② 어휘는 사용 빈도를 고려하여 선택한다.

(라) 문형·문법
중학교에서 학습한 문형·문법의 활용 범위를 넓힌다.

〈영어 Ⅱ〉

언어기능

(가) 듣기
① 대화를 듣고 이해한다.
② 일반적인 화제에 관한 말을 듣고 이해한다.
③ 학습한 읽기 자료를 듣고 이해한다.

(나) 말하기
① 일상생활에 필요한 관례적인 표현을 자연스럽게 사용한다.

② 생활 주변의 일에 관하여 대화를 한다.
③ 일반적인 화제에 관하여 설명하거나 보고한다.
④ 일반적인 내용에 대하여 토의한다.
⑤ 읽기 자료의 뜻을 요약하여 발표한다.

(다) 읽기
① 문자의 뜻을 이해한다.
② 문단의 뜻을 이해한다.
③ 글 전체의 대의를 파악한다.
④ 속독 능력을 기른다.
⑤ 내용과 문체의 관계 및 필자의 의도 등을 파악한다.

(라) 쓰기
① 구두법을 정확히 사용한다.
② 주어진 문자의 구문을 바꾸어 쓴다.
③ 우리 글을 영어로 옮겨 쓴다.
④ 읽은 글의 대의를 영어로 쓴다.
⑤ 주변의 소재에 관하여 글을 쓴다.

언어 재료

(가) 소재
① 영어 상용 국민의 문화에 관한 것을 주로 선택하되 우리의 것도 포함하며, 올바른 가치관 형성에 도움이 되는 것으로 한다.
② 글의 형식은 다양하게 선정하되, 내용 구성에 있어서는 다음 사항에 유의한다.
－학생들의 흥미, 필요, 지적 수준 등을 고려한 것으로 학습 의욕을 유발할 수 있는 것
－내용이 정확하고 실용적인 것

(나) 발음
자음, 모음, 강세, 억양, 리듬 등을 포함한다.

(다) 어휘
① 어휘는 '영어 I'에서 학습한 것을 포함하여 3,000 내외의 낱말을 선정하여 사용한다.
② 어휘는 사용 빈도를 고려하여 선택한다.

(라) 문형·문법
'영어 I'에서 학습한 문형·문법의 활용 범위를 넓히되, 난해한 것은 피한다.

3.4.5 제5차 교육과정(문교부고시 제88-7호)

(1) 제5차 교육과정: 고등학교 영어과의 교육 목표

1988년에 제정 공포된 문교부고시 제88-7호에 의거하면, 고등학교 영어과의 교육 목표는 일반적인 목표와 학년별 목표를 다음과 같이 구분하여 정리할 수 있다.

〈표 37〉 제5차 교육과정 고등학교 영어과 교육 목표(일반)

외국어로 의사 소통을 할 수 있는 능력을 기르고, 외국 문화를 이해함으로써 우리 문화 발전에 이바지한다. (가) 일상생활과 일반적인 소재에 관한 외국어를 이해하고, 이를 사용할 수 있다. (나) 외국 문화를 폭넓게 이해하여 국제적인 안목을 넓히게 한다.

〈표 38〉 제5차 교육과정 고등학교 영어과 교육 목표(영어 Ⅰ · Ⅱ)

영어 Ⅰ
(가) 일상생활과 일반적인 화제에 관한 말을 듣고 이해하며, 대화할 수 있게 한다.
(나) 일상생활과 일반적인 주제에 관한 글을 읽고 이해하며, 쓸 수 있게 한다.
(다) 외국 문화를 이해하여 국제적인 안목을 넓히게 한다.
영어 Ⅱ
(가) 일상생활과 일반적인 화제에 관한 말을 듣고 이해하며, 자연스럽게 대화할 수 있게 한다.
(나) 일상생활과 일반적인 주제에 관한 글을 읽고 이해하며, 조리 있게 쓸 수 있게 한다.
(다) 외국 문화를 이해하여 국제적인 안목을 넓히게 한다.

2) 제5차 교육과정: 고등학교 영어과의 지도 내용

문교부고시 제88-7호에 의거하면 이 시기의 고등학교 교육과정의 지도 내용은 언어 기능(듣기, 말하기, 읽기, 쓰기)과 언어 재료 부분으로 구분하여 다음과 같이 정의하고 있다.

〈표 39〉 제5차 교육과정 고등학교 영어과 지도 내용(영어 Ⅰ · Ⅱ)

〈영어 Ⅰ〉

언어기능
(가) 듣기 ① 대화를 듣고 이해하기 ② 간단한 설명이나 보고 등을 듣고 이해하기 ③ 쉬운 읽기 자료를 듣고 이해하기 (나) 말하기 ① 관용적인 표현을 사용하기 ② 상황에 알맞게 대화하기 ③ 쉬운 말로 설명하거나 보고하기 ④ 쉬운 읽기 자료를 요약하여 발표하기 (다) 읽기

① 문단을 이해하기
② 글의 구조를 이해하기
③ 글의 대의를 파악하기
④ 빨리 읽고 이해하기

(라) 쓰기
① 문장이나 문단을 지시에 따라 쓰기
② 간단한 우리 글을 영어로 옮겨쓰기
③ 말이나 글의 대의를 쓰기
④ 들은 말을 받아 쓰거나, 의미를 살려 다시 쓰기
⑤ 생각이나 느낌 등을 글로 표현하기

언어 재료

(가) 소재
① 일상생활과 일반적인 화제 중에서 소재를 선택하되, 언어의 네 기능 지도 및 올바른 가치관 형성에 도움이 되는 것으로 한다.
• 개인, 가정, 학교, 사회생활에 관한 것
• 취미, 오락, 운동, 여행, 봉사 활동 등 여가 선용에 관한 것
• 예절, 풍습, 기후, 지리, 인물, 역사, 종교, 예술, 문학, 철학 등 문화 이해에 도움이 되는 것
• 과학 기술, 자연 개발, 복지 후생, 인구 문제, 환경 문제, 교통 안전 등에 관한 것
② 글의 내용 구성에 있어서는 다음 사항에 유의한다.
－학생들의 흥미, 필요, 지적 수준 등을 고려한 것으로 학습 의욕을 유발할 수 있는 것으로 한다.
－내용이 정확하고 실용적인 것으로 한다.

(나) 발음
자음, 모음, 강세, 억양, 휴지, 리듬 등을 포함한다.

(다) 어휘
① 중학교 교육 과정 기본표에 제시된 어휘를 가급적 포함하여 1,600 내외의 어휘를 선정하여 사용한다.
② 어휘는 사용 빈도와 유용성 등을 고려하여 선택한다.

(라) 문법
중학교에서 학습한 문법의 활용 범위를 넓히고, 그 이외의 것도 포함한다.

〈영어 Ⅱ〉

언어기능

(가) 듣기
① 대화를 듣고 이해하기
② 설명이나 보고 등을 듣고 이해하기

③ 다양한 읽기 자료를 듣고 이해하기

(나) 말하기

① 상황에 따라 자연스럽게 대화하기

② 설명하거나 보고하기

③ 다양한 읽기 자료를 요약하여 발표하기

④ 일상적인 주제나 공동 관심사에 대하여 토의하기

(다) 읽기

① 문단을 이해하기

② 글의 구조를 이해하기

③ 글의 대의를 파악하기

④ 빨리 읽고 이해하기

⑤ 글의 내용을 평가하면서 읽기

(라) 쓰기

① 문장이나 문단을 지시에 따라 쓰기

② 우리 글을 영어로 옮겨쓰기

③ 말이나 글의 대의를 쓰기

④ 들은 말을 받아 쓰거나, 의미를 살려 다시 쓰기

⑤ 생각이나 느낌 등을 조리 있게 글로 표현하기

언어 재료

(가) 소재

① 일상생활과 일반적인 화제 중에서 소재를 선택하되, 언어의 네 가지 기능 지도 및 올바른 가치관 형성에 도움이 되는 것으로 한다.

- 개인, 가정, 학교, 사회생활에 관한 것
- 취미, 오락, 운동, 여행, 봉사 활동 등 여가 선용에 관한 것
- 예절, 풍습, 기후, 지리, 인물, 역사, 종교, 예술, 문학, 철학 등 문화 이해에 도움이 되는 것
- 과학 기술, 자연 개발, 복지 후생, 인구 문제, 환경 문제 등에 관한 것

② 글의 내용 구성에 있어서는 다음 사항에 유의한다.

－학생들의 흥미, 필요, 지적 수준 등을 고려한 것으로 학습 의욕을 유발할 수 있는 것으로 한다.

－내용이 정확하고 실용적인 것으로 한다.

(나) 발음

자음, 모음, 강세, 억양, 휴지, 리듬 등을 포함한다.

(다) 어휘

① '영어 I '에서 학습한 것을 포함하여 3,000 내외의 낱말을 선정하여 사용한다.

② 어휘는 사용 빈도와 유용성을 고려하여 선택한다.

(라) 문형·문법

'영어 I '에서 학습한 문형·문법의 활용 범위를 넓히고, 그 이외의 것도 포함한다.

3.4.6 제6차 교육과정(교육부고시 제1992-19호)

1) 제6차 교육과정: 고등학교 영어과의 교육 목표

1992년에 제정 공포된 교육부고시 제1992-19호에 의거하면, 고등학교 영어과의 교육과정 내용이 기존의 내용과는 다르게 변화된 것을 알 수 있다. 즉 영어는 중학교에서 배운 기초과정을 심화하여 '공통 영어'과목을 필수로 부과하고, 학생들의 필요에 따라 '영어Ⅰ', '영어Ⅱ', '영어 독해', '영어 회화', '실무 영어' 과목을 선택하여 학습하도록 하였다. 또한 학생들의 수준에 따라서 'Ⅰ', 'Ⅱ' 로 구분하여 필요와 진로에 따라 선택하여 학습할 수 있게 하였다.

〈표 40〉 제6차 교육과정 고등학교 영어과 교육 목표(일반)

외국어를 이해하고 생각과 느낌을 표현할 수 있는 능력을 길러, 외국 문화를 올바로 수용하고 우리 문화를 발전시키며, 이를 외국에 소개할 수 있는 바탕을 마련하게 한다. (가) 일상생활과 일반적인 화제에 관한 말이나 글의 의미를 이해하고, 이를 자연스럽게 표현할 수 있다. (나) 외국어를 통하여 다양한 정보를 받아들이고 이를 활용할 수 있게 한다. (다) 외국 문화를 이해하고 바르게 수용하며, 우리의 문화를 외국인에게 쉬운 말이나 글로 소개할 수 있게 한다.

〈표 41〉 제6차 교육과정 고등학교 영어과 교육 목표(선택 과목별)

공통 영어
(가) 일상생활과 일반적인 화제에 관한 말이나 글의 의미를 이해하게 한다. (나) 바람직한 인간 관계를 유지하면서 말이나 글로 자연스럽게 의사소통을 할 수 있게 한다. (다) 진로에 따른 다양한 정보를 이해하고, 이를 활용할 수 있게 한다. (라) 영어 상용 국민의 행동 양식과 문화를 이해하고, 우리 문화를 외국에 올바로 소개할 수 있게 한다.
영어 Ⅰ
(가) 일반적인 화제에 관한 담화와 평이한 방송의 내용을 이해하게 한다. (나) 사실에 근거한 평이한 실용적, 학술적 정보를 이해하게 한다. (다) 대인 관계와 상황을 고려하여, 말이나 글로 자연스러운 의사소통을 할 수 있게 한다. (라) 외국인의 언어적 표현과 그들의 생활양식, 사회 제도 등과의 관계를 바르게 이해하게 한다.

(마) 우리의 문화와 문물을 외국인에게 조리 있게 소개할 수 있게 한다.
(바) 말이나 글을 통하여 올바른 인생관과 세계관을 형성할 수 있게 한다.

영어 II
(가) 일반적 주제 및 추상적인 내용의 말이나 글의 의미를 평가하면서 이해하게 한다.
(나) 학술 분야의 다양한 정보를 종합적으로 이해하고 이를 활용할 수 있게 한다.
(다) 화제나 주제 및 상황을 고려하여 외국인과 자연스럽게 의사소통 할 수 있게 한다.
(라) 외국인의 사고 방식, 생활태도 등을 이해하고 바르게 판단할 수 있는 안목을 가지게 한다.
(마) 우리의 문화적 특성을 외국인에게 올바로 이해시킬 수 있게 한다.

영어독해
(가) 일상생활과 일반적인 주제에 관한 여러 종류의 영문을 읽고 줄거리, 주제 등을 파악하게 한다.
(나) 사실, 생각, 느낌의 효과적인 표현 방법을 이해하게 한다.
(다) 영어로 표현된 말의 문화적 의미와 의사소통기능을 이해하게 한다.
(라) 다양한 글의 유형과 특성을 이해하고 이를 적절히 활용할 수 있게 한다.
(마) 글을 흥미롭게 읽는 태도를 가지게 한다.

영어회화
(가) 일상생활과 일반적인 화제에 관한 말의 의미를 올바로 이해하게 한다.
(나) 평이한 화제나 업무에 관한 정보를 이해할 수 있게 한다.
(다) 외국인들의 행동양식과 의사소통 요령을 터득하여, 생각과 느낌을 자연스럽게 표현할 수 있게 한다.
(라) 우리 문화를 외국인에게 말로 간단히 소개할 수 있게 한다.

실무영어
(가) 현대 산업사회의 각종 직업과 실무에 관련된 평이한 말이나 글을 이해하고 이를 활용하게 한다.
(나) 협조적 인간관계를 유지하며 실무에 관계되는 사실과 생각, 느낌을 표현할 수 있게 한다.
(다) 외국 산업사회의 특성과 직업윤리를 개방적 안목으로 이해하게 한다.
(라) 우리의 문물, 산업, 직업에 관한 내용을 외국인에게 간단히 소개할 수 있게 한다.

2) 제6차 교육과정: 고등학교 영어과의 지도 내용

교육부고시 제1992-19호에 의거하면, 고등학교 교육과정의 지도 내용은 언어기능, 의사소통기능과 언어 재료 부분으로 구분하여 제시하고 있으며 6차 교육과정의 가장 특징적인 점은 언어기능을 이해기능과 표현기능으로 구분하여 교육 내용을 제시하고 있다는 점이다.

〈표 42〉 제6차 고등학교 영어교육과정의 내용 체계

과 목	내 용
공통영어	(가) 언어기능을 이해와 표현으로 구분 (나) 발음에서 유창성 강조 (다) 어휘 수 ; 1400 낱말 (라) 기본 어휘 995개 및 외래어 50개 사용 가능
영어Ⅰ 및 영어Ⅱ	(가) 언어기능을 이해와 표현으로 구분 (나) 발음에서 유창성 강조 (다) 어휘 수 ; 영어Ⅰ-2200 낱말, 영어Ⅱ-3000 낱말 (라) 기본 어휘 995개 및 외래어 50개 사용 가능
영어독해	(가) 언어기능을 이해와 표현으로 구분 (나) 어휘 수 ; 1600 낱말 (다) 기본 어휘 995개 및 외래어 50개 사용 가능
영어회화	(가) 언어기능을 이해와 표현으로 구분 (나) 자연스런 '발음' 강조 (다) 어휘 수 ; 1500 낱말 (라) 기본 어휘 995개 및 외래어 50개 사용 가능
실무영어	(가) 언어기능을 이해와 표현으로 구분 (나) 자연스런 '발음' 강조 (다) 어휘 수 ; 1800 낱말 (라) 기본 어휘 995개 및 외래어 50개 사용 가능

출처: 권오량 외(2010), pp. 160-161.

3.4.7 제7차 교육과정(교육부고시 제1997-15호)

1) 제7차 교육과정: 고등학교 영어과의 교육 목표

1997년에 제정 공포된 교육부고시 제1997-15호에 의거하면, 제7차 영어과 교육과정의 가장 큰 특징은 고등학교 1학년의 경우 과목명이 '공통영어'에서 '고등영어'로 바뀌었으며, 중학교 1학년(7단계)에서부터 고등학교 1학년(10단계)까지는 단계형 수준별 교육과정이 적용되어 단계별로 수준별 학습이 이루어질 수 있는 바탕을 마련한 것이 특징이다. 언어의 기능 지도 차원에서는 6차 교육과정에서는 '이해기능'과 '표현기능'으로 구분해서 제시했던 방식을 바꾸어서 이해영역과 표현영역을 듣기, 말하기, 읽기, 쓰기 영역으로 나누어 통합적인 지도를 하도록 제시한 점이 이전의 교육과정과 차별화되는 부분이라고 할 수 있다.

〈표 43〉 제7차 교육과정 고등학교 영어과 교육 목표(일반)

일상생활에 필요한 영어를 이해하고 사용할 수 있는 기본적인 의사소통 능력을 기른다. 아울러 외국문화를 올바르게 수용하여 우리문화를 발전시키고 외국에 소재할 수 있는 바탕을 마련한다. (가) 영어에 흥미와 자신감을 가지며 의사소통을 할 수 있는 기본능력을 기른다. (나) 일상생활과 일반적인 화제에 관해서 자연스럽게 의사소통을 할 수 있게 한다. (다) 외국의 다양한 정보를 이해하고 이를 활용할 수 있는 능력을 기르게 한다. (라) 외국문화를 이해함으로써 우리의 문화를 새롭게 인식하고 올바른 가치관을 가질 수 있게 한다.

고등학교 선택 교과는 학생들의 수준과 필요에 따라 ‘영어 I’, ‘영어 II’, ‘실용영어회화’, ‘영어 독해’, ‘영작문’ 등의 선택교과를 제시한다. 선택과목별 교육 목표는 〈표 44〉와 같이 정리될 수 있다.

〈표 44〉 제7차 교육과정 고등학교 영어과 교육 목표(선택 과목별)

공통영어
(가) 영어를 이해하고, 생각과 느낌을 표현할 수 있는 능력을 길러, 외국문화를 바르게 수용하고 우리문화를 발전시키며, 이를 외국에 소개할 수 있는 능력을 기른다. (나) 일상생활과 일반적인 화제에 관한 말이나 글의 의미를 이해하고 자연스럽게 표현한다. (다) 영어를 통하여 다양한 정보를 받아들이고 활용한다. (라) 외국문화를 이해하고 바르게 수용하며, 우리문화를 쉬운 말이나 글로 외국인에게 소개한다.
영어 I
(가) 일반적인 화제에 관한 말이나 방송의 내용을 이해한다. (나) 평이한 실용적, 학술적 정보를 이해한다. (다) 말이나 글로 자연스러운 의사소통을 한다. (라) 외국인의 언어적 표현과 그들의 문화를 바르게 이해한다. (마) 우리의 문화와 문물을 외국인에게 조리있게 소개한다. (바) 말이나 글을 통하여 올바른 생활관과 세계관을 기른다.
영어 II
(가) 일반적 주제 및 추상적인 내용의 말이나 글의 의미를 평가하면서 이해한다. (나) 학술 분야의 다양한 정보를 종합적으로 이해하고 이를 활용한다. (다) 화제나 주제 및 상황을 고려하여 외국인과 자연스럽게 의사소통을 한다. (라) 외국인의 사고방식, 생활태도 등을 이해하고 바르게 판단할 수 있는 안목을 기른다. (마) 우리의 문화적 특성을 외국인에게 바르게 소개한다.

영어독해
(가) 일상생활의 일반적인 주제와 실무에 관한 여러 종류의 영문을 읽고 대의, 주제 등을 파악한다.
(나) 사실, 생각, 느낌의 효과적인 표현 방법을 이해한다.
(다) 영어로 표현된 글의 문화적 의미와 의사소통기능을 이해한다.
(라) 다양한 글의 유형과 특성을 이해하고 이를 적절히 활용한다.
(마) 글을 흥미 있게 읽는 태도를 길러 많은 양의 글을 읽는다.
영어회화
(가) 일상생활과 일반적인 화제 및 실무에 관한 영어를 듣고 말한다.
(나) 평이한 화제나 업무에 관한 정보를 이해한다.
(다) 외국인들의 행동양식과 의사소통 요령을 터득하여, 생각과 느낌을 자연스럽게 표현 한다.
(라) 우리문화를 외국인에게 말로 간단히 소개한다.
영어작문
(가) 일상생활의 일반적인 주제 및 실무에 관해서 자기 생각과 느낌을 쓴다.
(나) 일기, 사교나 업무 편지를 쓰고 전자 통신을 이용한다.
(다) 우리나라 문화에 대한 간단한 소개서나 보고서 등을 쓴다.
(라) 인물, 사건, 사물에 대해서 정확히 묘사하거나, 자기의 생각을 넣어 설명하는 글을 쓴다.
(마) 문학 작품을 읽고 감상문을 쓰거나 요약문을 쓴다.

2) 제7차 교육과정: 고등학교 영어 선택교과의 지도 내용

교육부 고시 제1997-15호에 의거하면, 고등학교 교육과정의 영어 선택교과는 국민공통 기본 이수 이후 학생들의 선택에 따라 다양한 과목을 심화 학습할 수 있도록 구성되었는데, 영어Ⅰ, 영어Ⅱ, 영어독해, 영어회화, 영어작문 등이 해당된다, 각 교과의 지도 내용 및 교수 학습 방법을 선택교과별로 정리하면 다음 도표와 같다.

〈표 45〉 제7차 교육과정 고등학교 영어과 지도 내용(선택 과목별)

〈영어 Ⅰ〉

지도 내용
(가) 듣기 ① 짧고 쉬운 강의, 라디오 뉴스 등을 듣고 이해한다. ② 사실을 다루는 보고를 듣고 이해한다. ③ 다양한 내용의 말을 듣고, 명시적 의미와 함축적 의미를 이해한다. ④ 다양한 내용의 말을 듣고, 전개 방식, 원인과 결과, 결론과 근거 등을 이해한다. ⑤ 일반적인 주제에 관한 말을 듣고, 내용을 평가한다. (나) 말하기

① 일반적인 주제에 관해 자연스럽게 대화한다.
② 일이나 사건을 조리 있게 설명하거나 보고한다.
③ 듣거나 읽은 내용을 평가하여 말한다.
④ 일상 생활에 필요한 전화 대화를 자연스럽게 한다.
⑤ 적절한 도움을 받아 추상적인 주제에 대해서 자기의 생각과 느낌을 말한다.
⑥ 대화 전략을 잘 알고, 적극적인 상호 작용을 한다.

(다) 읽기

① 처음 대하는 글도 자연스러운 발음과 억양으로 읽는다.
② 다양한 글을 읽고, 글의 명시적 의미와 함축적 의미를 이해한다.
③ 몇 개의 문단으로 구성되어 있는 글에서 통일성, 응집성, 연결성을 이해한다.
④ 다양한 글이나 도표를 빨리 읽고, 필요한 정보를 찾는다.
⑤ 다양한 주제에 관한 글을 분석, 평가하며 읽는다.
⑥ 일반적인 주제에 관한 글을 읽고, 글의 분위기, 결론을 추론하고 그 근거를 찾는다.
⑦ 일반적인 주제에 관한 덜 친숙한 내용의 글을 읽고, 비교, 대조되는 의견을 이해하고 자신의 의견을 제시한다.
⑧ 계획표, 시간표, 통계표, 지도, 표지판 같은 표준화된 메시지를 읽는다.

(라) 쓰기

① 일반적인 주제에 관한 말을 듣거나 글을 읽고, 내용을 조리 있게 요약하여 쓴다.
② 일과 사건을 조리 있게 설명하는 글을 쓴다.
③ 몇 개의 문단을 읽고, 의미를 통합하여 쓴다.
④ 일반적인 주제에 관한 말을 듣고 간단히 기록한다.
⑤ 일반적인 주제에 관한 질문, 메모, 전화 메시지 등을 기록한다.
⑥ 특정한 주제에 관해 문단을 적절히 나누어 글을 쓴다.

교수·학습 방법

(가) 학생의 수준, 필요를 고려하여 의사소통 기능을 이해, 적용할 수 있도록 수업을 계획한다.
(나) 학생들의 흥미와 동기를 유발할 수 있도록 학생 중심의 수업을 계획, 지도한다.
(다) 유익한 교수·학습 방법을 교사 간 상호 교환하여 수업을 계획한다.
(라) 의사소통 능력 함양에 적합한 다양한 학습 자료를 이용해 수업을 실시한다.
(마) 학생들의 지적 수준과 언어의 유창성 등을 고려하여 이해 가능한 내용을 제시하고, 국민공통 기본 교육과정 영어의 학습 내용과 연계성이 있도록 지도한다.
(바) 자신감을 가지고 적극적으로 의사소통 활동에 참여하는 태도를 기르도록 도와준다.
(사) 교사와 학생, 학생 과 학생 간의 상호 작용을 통하여 의사소통기능을 이해하고 이를 적용할 수 있도록 한다.
(아) 개인별, 조별, 분단별, 학습과 토론, 과업 등을 통하여 학생들의 참여 의욕을 높이고, 실제적인 상황에서 영어로 표현할 수 있는 기회를 많이 제공한다.
(자) 효과적인 의사소통을 할 수 있도록 다양한 의사소통 전략을 적절히 사용하게 한다.
(차) 사실에 근거한 자료를 활용하여, 언어 표현과 관련된 의미 및 의사소통 요령 등을 이해하도록 한다.
(카) 듣기, 말하기 지도는 유의적, 의사소통 중심의 연습을 많이 시켜 유창성을 기르게 한다.

(타) 읽기 지도는 직독 직해와 속독하는 습관을 기르도록 한다.
(파) 쓰기 지도 시에 실용적인 내용을 주제로 다양한 표현 능력을 기르도록 도와 주며, 우리 말의 낱말과 문장의 단순한 영역보다는 영어식 사고로 표현할 수 있도록 지도한다.
(하) 적절한 문화 학습을 통해 올바른 판단력과 가치관을 기를 수 있도록 도와준다.
(갸) 학생들의 의사소통 능력을 높일 수 있도록 오류의 즉각적인 수정을 피하도록 한다.
(냐) 교과서의 내용은 학생의 수준과 필요, 지역적 특성을 살려 재구성하여 지도할 수 있다.
(댜) 교사용 지도서를 참조하여, 목표와 내용에 따라 가급적 영어로 수업을 진행하도록 권장한다.

〈영어 Ⅱ〉

지도 내용

(가) 듣기
① 관심 있는 주제의 강연, 연설 및 방송을 듣고 대체로 이해한다.
② 다양한 내용의 말을 듣고, 주제나 대의 등을 추론하여 파악한다.
③ 다양한 내용의 말을 듣고, 앞뒤에 나올 수 있는 내용을 추론한다.
④ 다양한 내용의 말을 듣고, 화자나 글쓴이의 의도와 태도를 추론하고 그 근거를 찾는다.
⑤ 일반적인 주제에 관한 말을 듣고, 종합적으로 평가하여 이해한다.
⑥ 일반적인 주제에 관한 덜 친숙한 내용을 듣고, 요지를 기록한다.

(나) 말하기
① 일상적인 주제에 관해 토의한다.
② 일반적인 주제에 관해 대상과 상황, 목적에 맞게 자연스럽게 대화한다.
③ 다양한 내용의 말을 듣거나 글을 읽고, 화자나 글쓴이의 의도나 목적을 요약하여 말한다.
④ 일반적인 주제에 관한 말을 듣거나 글을 읽고, 자기의 주장을 말하고 그 근거를 밝힌다.
⑤ 토의된 내용을 종합하여 말한다.
⑥ 친숙한 주제에 관해 간단한 토론을 한다.

(다) 읽기
① 일반적인 주제에 관한 덜 친숙한 내용의 글을 훑어 읽고, 요지를 파악한다.
② 다양한 내용의 글을 읽고, 글의 통일성, 응집성, 연결성을 이해한다.
③ 다양한 주제에 관한 글을 읽고 비평한다.
④ 배경 지식이나 경험을 통하여 행간의 의미를 파악한다.
⑤ 일반적인 주제에 관한 글의 내용을 자기의 성격으로 고쳐 읽는다.
⑥ 다양한 종류의 글을 읽고, 주제, 요지, 원인과 성격 등을 추론한다.

(라) 쓰기
① 다양한 주제에 대해 자기의 생각이나 느낌을 조리 있게 쓴다.
② 특정 정보나 요지 등을 사용하여 글을 확장하여 쓴다.
③ 실용 편지, 관찰 기록, 짧은 보고서 등을 쓴다.

④ 일반적인 주제에 관한 글을 읽고 첨삭한다.
⑤ 다소 어려운 글을 읽고 쉽게 바꾸어 쓴다.
⑥ 제한된 시간 내에 특정 주제에 대한 글을 조리 있게 쓴다.

교수·학습 방법
(가) 학습 내용은 "영어 Ⅰ"과 연계성이 있도록 지도한다. (나) 시청각 자료와 멀티미디어를 가급적 많이 활용하여 지도한다. (다) 문화에 관한 내용을 학습할 때에는 다양한 자료를 참고하여 문화와 관습의 차이를 이해할 수 있도록 한다. (라) 기타 사항은 "영어 Ⅰ"에 준한다.

〈영어독해〉

지도 내용
(가) 글의 유형, 내용, 성격에 따라 정독, 다독, 속독을 행한다. (나) 글의 맥락과 목적에 맞게 감정을 넣어 자연스럽게 읽는다. (다) 다양한 종류의 글을 읽고, 대의 및 요지, 결론 등을 추론한다. (라) 동일 주제의 다른 글을 비교하여 평가한다. (마) 비유적 표현의 의미를 이해한다.

교수·학습 방법
(가) 독서의 즐거움과 실용적 가치를 강조하여 학생의 학습 동기를 유발하고, 학생의 흥미를 고려하여 학생 중심의 수업을 계획하고 시행한다. (나) 학생들의 지적 발달을 고려한 독해를 주로 하되, 의사소통 능력을 신장시키는 데 도움이 되도록 수업을 계획, 실시한다. (다) 각종 시청각 자료 및 멀티미디어를 활용하여 학습 효과를 높이도록 수업을 준비한다. (라) 학습 방법은 국민 공통 기본 교육 과정 영어와 연계성이 있도록 하고, 학생의 수준을 고려하여 평이하고 이해 가능한 내용을 제시한다. (마) 정독, 다독, 속독을 통하여 학생들이 독해 요령을 터득할 수 있도록 지도한다. (바) 읽기 자료의 세부 내용이 이해에서부터 필자의 의도와 태도, 다양한 표현 방법 등을 이해할 수 있도록 도와 준다. (사) 음독과 묵독을 병행하되, 묵독에 역점을 두고 직독 직해와 속독하는 습관을 기르도록 한다. (아) 내용의 단순한 암기보다는 이해에 중점을 두어 지도한다. (자) 읽기에 흥미를 느끼고 독서 의욕을 높일 수 있도록 오류의 즉각적인 수정을 피하도록 한다. (차) 문화에 관한 내용을 학습할 때에는 외국인의 표현법과 논리, 사고 방식 등을 이해하도록 한다. (카) 자기 주도적 학습이 가능하도록 다양한 독해 자료를 많이 활용한다. (타) 목표와 내용에 따라 현장 학습을 계획하여 실시할 수 있다.

〈영어회화〉

지도 내용
(가) 일상적인 주제에 관해서 자신의 주장이나 의견을 비교적 자연스럽게 말한다.
(나) 대상과 상황에 맞게 다양한 의사소통 기능을 수행한다.
(다) 화제를 바꾸어 가며 간단한 대화를 계속한다.
(라) 일상적인 화제에 관해서 짧은 내용의 구두 발표를 한다.
(마) 일상 생활 속에서 일어나는 문제 해결을 위해 활발한 상호 작용을 한다.
(바) 적절한 도움을 받아 일상적인 주제에 관해 간단한 토론을 한다.

교수·학습 방법
(가) 학습 내용은 국민 공통 기본교육과정 영어와 연계성이 있도록 구성한다.
(나) 학생의 수준, 필요를 고려하여, 의사 소통 기능을 높일 수 있도록 수업을 계획하고 실시한다.
(다) 영어 회화의 실용적 가치를 강조하여 학생들의 학습 동기를 유발하도록 하고, 학생들의 흥미를 느낄 수 있도록 학생 중심의 수업을 계획, 실시한다.
(라) 청해와 표현 능력을 신장할 수 있는 유익한 교수·학습 방법 등 교사 간 상호 교환하여 수업을 계획한다.
(마) 시청각 자료와 멀티미디어를 활용하여 학습 효과를 높이도록 수업을 계획한다.
(바) 회화 지도에 알맞은 학생 중심의 교수 학습 방법을 적용하도록 한다.
(사) 학생들의 정서, 심리적 안정감 등을 고려하여 지도한다.
(아) 학생들이 자신감을 가지고 적극적으로 의사소통 활동에 참여하는 태도를 기르도록 도와준다.
(자) 개인별, 분단별 학습과 다양한 실습과 연습을 통하여 유창성과 정확성을 높일 수 있도록 도와준다.
(차) 공동 활동을 통하여, 주어진 시간에 과업과 내용을 선정, 조직, 토의하여 의견을 종합하고 결론을 도출할 수 있도록 도와 준다.
(카) 실생활과 유사한 상황에서의 모의활동을 통하여 의사소통 요령 및 전략을 터득하고, 말하는 이의 의도와 태도 등을 이해하도록 한다.
(타) 시청각 자료와 멀티미디어를 활용하여 외국의 문화를 바르게 이해하도록 한다.
(파) 현장 학습이나 외국인과의 직접 대화를 통하여 외국인의 사고와 행동 등을 이해하고, 상황에 맞게 적용할 수 있도록 한다.
(하) 교사용 지도서를 참조하여 가급적 영어로 수업을 진행하도록 한다.

〈영어작문〉

지도 내용
(가) 일반적인 주제에 대해 자기의 생각이나 느낌을 조리있게 쓴다.
(나) 적절한 도움을 받아 실용적인 다양한 글을 쓴다.
(다) 듣거나 읽은 내용의 요점을 자신의 말로 풀어서 쓴다.

(라) 도표나 그림으로 된 일상 생활에 관한 정보를 글로 바꾸어 쓴다.
(마) 특정한 주제에 대한 자신의 생각, 느낌 등을 편지로 쓴다.
(바) 글을 읽고, 독후감을 간단히 쓴다.
(사) 우리 문화와 외국 문화를 소개하는 글을 쓴다.

교수·학습 방법
(가) 학습 내용은 국민 공통 기본교육과정 영어와 연계성이 있도록 한다. (나) 작문의 실용적 가치를 강조하여 학생의 학습 동기를 유발하고, 학생들이 흥미를 느낄 수 있도록 학생 중심의 수업을 계획, 실시한다. (다) 각종 시청각 자료 및 멀티미디어를 활용하여 학습 효과를 높이도록 한다. (라) 학생의 수준을 고려하여, 평이하고 이해 가능한 내용을 제시하여 지도한다. (마) 작문 지도에 알맞은 학생 중심의 교수 방법을 적용하도록 한다. (바) 실용적인 내용을 주제로 한 통제 작문과 자유 작문을 통하여 표현 능력을 기르도록 도와준다. (사) 문법 중심의 설명보다는 작문 요령을 터득하여 다양한 쓰기 활동에 흥미를 느끼도록 도와 준다. (아) 작문 시에 논리적인 전개, 영어식 사고 방식 등을 적용하도록 한다. (자) 자기 주도적 학습이 가능하도록 보충 쓰기 자료를 많이 활용하도록 한다.

이상에서 한국의 제1차~제7차 교육과정의 특징을 고찰해보았다. 영어교육의 목표 및 영어과 지도내용을 초등학교, 중학교, 고등학교의 교육과정 내용을 통해서 분석·고찰하여, 한국의 영어과 교육과정의 발전과정을 조명해 보았다. 제1장, 제2장, 제3장을 통해서 고찰한 한국 영어교육의 발전과정은 다음 3.5절에서 가장 핵심적인 특징만을 요약하여 제시하고자 한다.

3.5 영어과 교육과정 변천사 요약

본서의 제1부는 한국 영어교육의 발전사를 고찰하였다. 제1장 한국 영어교육의 태동기 부분에서는 구한말 근대화교육의 시작과 더불어 동문학, 육영공원, 관립외국어학교 등 근대식 교육기관이 설립되고, 아울러 이 시기에는 선교사들이 기독교를 전파하려는 목적으로 기독교 계통의 사립학교, 이화학당, 배재학당, 경신학교, 배화여고, YMCA학관 등이 건립되었던 과정과 각각의 교육기관에서 실시하였던 영어교육의 특징을 고찰하였다. 이 시기에 한국에서 최초의 영어교육이 시작되었으므로 본서에서는 이 시기를 한국 영어교육의 태동기라로 규정하였다. 이 시기의 영어교육은 영어의 모국어 화자가 직접 영어교육을 담당하고 미국의 교과서, 성경, 찬송가 등이 영어 교재로 활용되어서 영어교육의 질적인 측면에서는 비교적 우수한 자질의 영어교육이 실시되었다고 평가될 수 있다.

그 후 일제침략시기를 거치면서 일어를 통한 영어교육이 시작되는 상황에 이르러서 한국의 영어교육은 이전의 영어교육 태동기에서 한 걸음 후퇴하는 국면을 맞게 된다. 일본에서 해방된 후 미군정시기에 과도기와 임시교수요목시기를 거치면서, 해방 이후의 사회·정치적인 혼란을 수습하고 대한민국 정부가 수립되면서 제1차 교육과정이 제정되고 한국의 공식적인 교육과정 시기가 열리게 된다. 이 과정은 다음 〈표 46〉에 요약·정리되어 있다.

〈표 46〉 한국 영어교육의 변천 과정 I (영어교육의 태동기~영어교육의 침체기)

<table>
<tr><th rowspan="2">시대 구분</th><th rowspan="2">영어교육의 태동기</th><th colspan="3">영어교육의 침체기</th></tr>
<tr><th>일제침략시기</th><th>과도기</th><th>임시교수요목시기</th></tr>
<tr><td>연도</td><td>19세기 말~</td><td>1910~1945</td><td>1945~1946</td><td>1946~1954</td></tr>
<tr><td>교육 목표</td><td>• 관립영어교육기관: 역관, 외교관 양성. 근대화를 도모함
• 사립학교: 선교활동 및 근대화를 도모함</td><td>• 실용주의 표방
• 일어사용을 강요하여 영어교육은 극도로 제한됨</td><td rowspan="4">• 해방직후 사회적 혼란을 수습하기 위해 군사조치 단행
• 한국교육위원회를 조직하여 당면한 교육문제를 해결함</td><td>• 문장문법에 대한 기초 능력, 회화능력 배양
• 교과의 체계적인 지도와 지력을 기르는 데 중점</td></tr>
<tr><td>교과서</td><td>• 미국의 교과서, 성경, 찬송가 사용</td><td>• 일본인이 저술한 교과서만을 사용
• 교과서의 저자는 미국유학을 경험한 사람이거나 정규 영어교육을 받은 사람임</td><td>• 교사가 준비한 등사물, 판서에 의거
• 새로 편찬한 교과서도 모두 일본의 내용을 답습함</td></tr>
<tr><td>교사</td><td>• 대부분이 영어 모국어 화자
• 중국인도 포함되고 후반에는 한국인도 포함됨.</td><td>• 초기에는 미국인과 일본인이 담당했으나 후에는 미국인은 모두 귀국하고 한국인도 영어교육에 참가</td><td>• 일본인이 모두 철수하자 한국인이 영어교육을 담당하게 됨</td></tr>
<tr><td>교육 내용</td><td>• 듣기, 말하기, 읽기, 쓰기의 네 가지 기능의 발달을 고루 도모함.</td><td>• 번역위주의 교육
• 발음, 받아쓰기도 포함됨</td><td>• 문장문법에 대한 기본 능력, 회화능력 배양
• 각국의 문화를 이해하는 능력 배양</td></tr>
</table>

교수 방법	• 한국어의 사용을 배제하는 직접교수법(Direct Method) 활용	• 한국어나 일어 사용을 통한 영어교육을 실시하여 문법-번역식 교수법(Grammar-Translation Method) 활용		• 한국어를 통한 영어교육이 실시되어 문법-번역식 교수법(Grammar-Translation Method) 활용
역사적 의의	• 1883년 동문학 설립을 필두로 한국의 근대화교육 및 영어교육이 시작됨.	• 일어를 통해서 영어를 학습해야 하는 상황이 발생하여 영어교육이 한걸음 후퇴하는 결과를 초래 • 일본식 교과서가 한국에 오랫동안 영향을 끼침		• 한국어를 통한 영어교육 실시 • 문법에 대한 능력을 중시함 • 문화적 능력 배양을 강조함

제3장에서는 제1차 교육과정에서 제7차 교육과정 시기까지의 각 시기별 교육과정이 제정되는 시대적 배경과 초등학교, 중학교, 고등학교 영어교육 내용을 고찰하였다. 특히 1) 영어과의 교육목표, 2) 영어과의 지도 내용으로 크게 구분하여 교육과정의 변천 모습을 정리하였다. 제1차 교육과정은 한국 최초의 교육법이 공포되고 교육과정이 최초로 제정되었다는 점에서 그 역사적 의의를 찾을 수 있고, 제2차 교육과정은 사회·정치적 변혁 시기에 사회적 안정과 경제개발을 위한 합리적 사고를 강조하는 교육과정의 특징을 지니고 있다. 제3차 교육과정은 새마을 운동, 유신과업의 수행 등, 사회적 배경을 등에 업고 경험 중심 교육과정에서 학문 중심의 교육과정으로 전환되었다. 제4차 교육과정은 유신헌법의 폐지, 제5 공화국 출범 등 변혁의 시기에 교육 과정의 모든 면에서 개혁이 시도되었다. 제5차 교육과정 시기는 1986년 아시안게임, 1988년 올림픽 경기가 한국에서 개최됨으로써 국제화 시대에 부응하는 영어능력 배양이 강조되는 시기를 맞이하게 된다. 제6차 교육과정 시기 중에는 한국이 OECD 회원국에 가입하게 되면서, 국제화시대에 맞는 영어의 구사력 배양이 영어교육의 목표로 더욱 선명하게 부각되면서, 아울러 영어과 교육과정에서도 문법 중심 교수요목에서 의사소통 중심 교수요목으로 탈바꿈하는 일대 전환점을 맞이하게 된다. 제7차 교육과정에서는 제6차 교육과정의 개혁의 분위기를 몰아서 학생들의 학습능력을 강조하는 수준별, 학생 중심 교육과정으로 전환하는 발전사를 거치게 된다. 위의 내용이 〈표 47〉에서 일목요연하게 정리되어 있다.

〈표 47〉 한국 영어교육의 변천 과정 II (제1차-제7차 교육과정 시기)

시대 구분	한국 영어교육의 발전기 (제1차~제7차 교육과정 시기)						
	제1차	제2차	제3차	제4차	제5차	제6차	제7차
연도	1954~1963	1963~1973	1973~1981	1981~1987	1987~1992	1992- 1997	1997~2006
시대적 배경	• 한국 최초로 교육법이 공포되고 교육과정이 최초로 제정됨 • 검인정 교과서 제도 사용	• 4·19 혁명, 5·16 군사혁명 등 정치·사회적 변화 시기 • 사회적 안정과 경제개발을 위한 합리적 사고 강조	• 새마을 운동, 유신과업의 수행, 국적 있는 교육의 강조 • 경험 중심 교육과정에서 학문 중심 교육사조를 도입함	• 유신헌법의 폐지, 제5공화국 출범 등 변혁의 시기 • 교육내용, 각 교과의 시간배정, 수업방법, 평가방법등 모든 면에서 변혁이 시도됨	• 1986년 아시안게임, 1988년 올림픽 개최 등으로 국제화 시대에 부응하는 영어 구사력에 대한 요구가 팽배 • 해외여행자유화 조치로 영어구사력에 대한 욕구 상승	• 한국의 경제 성장으로 한국인이 자신감을 회복함 • 한국이 OECD에 가입하게 되어서 국제화 시대에 대한 요구가 더욱 강해짐 • 국가발전과 국제사회에 기여함을 강조	• 교육과정에 구성주의 철학을 도입 • 구성주의 교육철학에 기초하여 교육의 형식보다는 학생들 스스로의 학습능력을 강조
영어과 교육 과정의 특징	• 생활중심의 교육과정 표방 • 임시교수요목 시기와 유사한 교육목표 설정 • 문장 문법에 대한 기초 능력, 회화능력 및 각국의 문화를 이해하는 능력 배양	• 일상적인 언어를 듣고 말하는 능력 배양 • 듣기·말하기 구두훈련 강조 • 외국어를 통한 한국의 문화 소개를 강조함 • 외국인에 대한 이해 증진	• 영어의 네 가지 종합적인 어학능과 사용능력 배양 • 문형, 문법사항, 필수어휘표, 제시문장의 제한 등을 도입하여 영어교육이 문법중심으로 일관됨	• 국제화·개방화 국정지표에 맞추어 영어교육도 생활영어 구사력 배양을 강조 • 지도방법을 의사소통능력 신장에 중점 • 영어의 네 가지 기능에 대한 고른 평가 강조	• 영어의 네 가지 기초능력을 신장하여 의사소통능력을 강조하는 교육과정 편성 • 문장중심에서 담화중심으로 이동	• 학생들의 요구를 반영함 • 인간적인 발달과정을 중시함 • 의사소통중심 교수요목 도입 • 실용성 우선의 방법과 내용 도입 • 언어기능의 재분류	• 의사소통능력 과 언어사용능력 신장 강조 • 음성언어 우선의 영어교육 • 수준별 교육과정 권장 • 다양한 학습과업을 통한 수행활동 강조 • 학생중심 교육과정

다음에서는 초등학교, 중학교, 고등학교 영어과 교육목표를 비교하여 한국 영어교육의 변천모습을 조망해보고자 한다. 초등학교 영어과 교육은 제4차 교육과정 시기부터 실시되었다. 제4차 교육과정에서는 초등학교 영어과의 교육목표를 간략하게 제시하였고, 제5차 교육과정에서는 제4차 교육과정과 크게 차별되는 교육목표를 제시하지 않아서 그 내용이 4차 교육과정과 동일한 것으로 간주된다. 제6차 교육과정에서부터 교육목표가 보다 세분화되었고 제6차 교육과정과 제7차 교육과정 사이의 가장 큰 차이점은 제7차 교육과정에서는 외국문화를 이해하고 우리의 문화를 새롭게 인식하는 측면을 강조하였다는 점이다. 위의 내용은 〈표 48〉에서 요약·정리되어 있다.

〈표 48〉 초등학교 교육 목표(일반) 비교 표

4차	5차	6차	7차
	제4차 교육과정 내용과 동일	영어에 흥미와 자신감을 가지며, 기초적인 영어를 이해하고 표현할 수 있는 능력을 기르게 한다.	일상생활에 필요한 영어를 이해하고 사용할 수 있는 기본적인 의사소통능력을 기르고, 외국문화를 올바르게 수용하여 우리 문화를 발전시키고, 외국에 소개할 수 있는 바탕을 마련하도록 한다.
① 영어의 발음을 정확하게 읽는다.		① 간단한 말을 듣고, 이해하는 능력을 기르게 한다.	① 영어에 흥미와 자신감을 가지게 한다.
② 영어에 흥미를 갖게 하고 친숙하게 한다.		② 쉽고 간단한 글을 읽고, 이해하는 능력을 기르게 한다.	② 의사소통을 할 수 있는 기본 능력을 기른다.
③ 의사소통능력의 기초를 닦는다.		③ 간단한 말을 발음하여 말로 표현하는 능력을 기르게 한다.	③ 일상생활과 일반적인 화제에 관해서 자연스럽게 의사소통을 한다.
		④ 쉽고 간단한 말을 글로 써서 표현하는 능력을 기르게 한다.	④ 외국의 다양한 정보를 이해하고 이를 활용할 수 있는 능력을 기른다.

		⑤ 우리말의 쓰임을 이해하고, 사용하는데 도움이 되게 한다.	⑤ 외국의 문화를 이해함으로써 우리 문화를 새롭게 인식하고 올바른 가치관을 갖도록 한다.

중학교와 고등학교 교육과정의 교육목표(일반)의 변천 과정은 〈표 49〉, 〈표 50〉에 요약·정리되어 있다. 중학교와 고등학교의 교육목표는 영어능력 향상에 대한 기본적인 항목은 교육목표에서 공통적으로 제시하면서 제4차 교육과정에서 부터는 세부적인 교육목표를 숫자 항목으로 제시하기 전에 일반적인 교육목표가 제시되는 특징을 발견할 수 있다. 특히 제6차, 7차 교육과정에서는 중학교 고등학교의 교육목표 내용 속에 외국문화에 대한 수용과, 우리 문화를 발전시키고 소개할 수 있는 능력을 강조하여 1990년대 이후의 한국의 경제 성장과 더불어 국제화 시대에 대한 요구가 교육목표 속에 적절하게 반영되어 있음을 알 수 있다.

한 나라의 교육과정은 그 시대의 정치적·사회적 상황을 반영하는 것이다. 한국의 영어과 교육과정도 그 시대적인 요구 사항을 반영하여 제정되고 변경되었으며, 우리는 영어과 교육과정의 변천사를 통해서 한국 영어교육의 목표와 내용의 적절성, 또 앞으로 영어교육의 발전 방향을 점검해 볼 수 있다.

향후 정보통신과 기술력의 발달이 가속화되면서, 전 세계의 의사소통의 필요성이 더욱 가중될 것이다. 이러한 의사소통의 시대적인 요구 사항을 이행할 수 있는 세계 공통의 언어는 영어라는 점에는 의심의 여지가 없는 것으로 판단되며, 앞으로 세계어로서의 영어가 수행해야 하는 역할은 그 비중이 더욱 커질 것임이 분명하다. 이러한 국제화 시대에 적합한 인재를 양성하기 위해서 한국의 영어교육은 시대적인 요구에 능동적으로 대처할 수 있는 방향으로 변화되어야 할 것이며, 이러한 발전 목표를 결정하는 과정에서 영어교육에 대한 역사적인 고찰이 그 근본 방향을 제시해 줄 수 있으리라고 믿어 의심하지 않는다. 본서가 한국의 영어교육을 연구하는 후학들에게 역사적인 발전과정에 대한 정확한 인식과 더불어 향후 한국의 영어교육이 나아가야 할 발전 방향을 제시하는 데 기본적인 청사진을 제시해 줄 수 있으리라고 믿는다.

〈표 49〉 중학교 교육 목표(일반) 비교 표

1차	2차	3차	4차	5차	6차	7차
			영어의 사용 능력을 길러, 영어 상용 국민의 문화를 이해함으로써 우리 문화 발전에 이바지하게 한다.	쉬운 영어를 이해하고 생각과 느낌을 바르게 표현할 수 있는 기본 능력을 길러, 외국 문화를 올바로 수용하고 우리 문화를 소개할 수 있는 바탕을 마련하게 한다.	쉬운 영어를 이해하고 생각과 느낌을 바르게 표현할 수 있는 기본 능력을 길러, 외국 문화를 올바로 수용하고 우리 문화를 발전시키고 이를 외국에 소개할 수 있는 바탕을 마련하게 한다.	일상생활에서 필요한 영어를 이해하고 사용할 수 있는 기본적인 의사소통능력을 길러 외국 문화를 올바르게 수용하여 우리 문화를 발전시키고, 외국에 소개할 수 있는 바탕을 마련한다.
① 영어의 성음, 어휘, 문법, 어태(語態) 서식을 이해 체득시킴으로써 국어와의 상이점을 이해하는 능력을 기른다.	① 일상 생활에서 사용하는 간이한 영어를 듣고 말하는 능력을 기른다.	①영어 사용의 초보적인 기능을 길러, 쉬운 영어를 이해하고 생활 주변에 관한 내용을 간이한 영어를 써서 효과적으로 표현할 수 있게 한다.	① 생활 주변 및 일반적인 화제에 관한 쉬운 영어를 이해하고 사용할 수 있는 능력을 기른다.		① 일상 생활과 일반적인 화제에 관한 쉬운 말이나 글의 내용을 이해하게 한다.	① 영어에 흥미와 자신감을 가지며, 의사소통을 할 수 있는 기본 능력을 기른다.
② 피아(彼我) 간의 사고, 감정, 예의, 풍속, 습관, 역사, 자연환경과 기타 문물 제도의 상이점을 이해 체득시킨다.	② 영어의 초보적인 어법에 익숙케 하여 간이한 일상 영어를 읽고 쓰는 능력을 기른다.	② 영어 학습을 통하여 국제 사회 속에서의 자신을 인식하게 하고, 장차 국제적 활동에 참여할 수 있는 바탕을 마련하게 한다.	② 영어 상용 국민의 문화를 이해할 수 있는 바탕을 마련한다.		② 이해한 내용을 토대로 하여 말이나 글로 간단히 표현할 수 있게 한다.	② 일상생활과 일반적인 화제에 관하여 자연스럽게 의사소통한다.

③ 상기 모든 상이가 있음에도 불구하고 호상존중(互相尊重)은 공통된 의무이며, 정의는 인류생활 공통의 기본원칙임을 이해 체득시킨다.	③ 영어 학습을 통하여 영어 국민들의 일상 생활과 그들의 풍속 습관을 이해케하고 국제적 이해와 협조심을 기른다.	③영어 학습을 통하여, 영어 사용 국민들의 사고방식과 문화를 이해하게 하고, 이를 통하여 우리 문화의 가치를 더욱 깊이 인식하게 함으로써 민족 문화 발전에 기여할 수 있는 기본적 자질을 기른다.			③ 쉬운 말이나 글로 상황에 적합하게 의사소통을 할 수 있게 한다.	③ 외국의 다양한 정보를 이해하고, 이를 활용할 수 있는 능력을 기른다.
④ 현대 영어의 평이(平易)하고 비근한 어휘로 구성된 간이한 문형을 체득시키어 기초 영어의 이해력과 발표력을 가지게 한다.					④ 외국 문화를 이해함으로써 우리 문화를 새롭게 인식하고 올바른 가치관을 가지게 한다.	④ 외국 문화를 이해함으로써 우리 문화를 새롭게 인식하고 올바른 가치관을 기른다.
					⑤ 우리 문화를 말이나 글로 간단히 소개할 수 있게 한다.	

〈표 50〉 고등학교 교육 목표(일반) 비교 표

1차	2차	3차	4차	5차	6차	7차
			외국어 사용 능력을 길러, 외국 문화를 이해함으로써 우리 문화 발전에 이바지 한다.	외국어로 의사 소통을 할 수 있는 능력을 기르고, 외국 문화를 이해함으로써 우리 문화 발전에 이바지한다.	외국어를 이해하고 생각과 느낌을 표현할 수 있는 능력을 길러, 외국 문화를 올바로 수용하고 우리 문화를 발전시키며, 이를 외국에 소개할 수 있는 바탕을 마련하게 한다.	일상생활에 필요한 영어를 이해하고 사용할 수 있는 기본적인 의사소통능력을 기른다. 아울러 외국 문화를 올바르게 수용하여 우리 문화를 발전시키고 외국에 소재할 수 있는 바탕을 마련한다.
① 영어의 성음, 어휘, 문법, 어태, 서식을 이해 체득시킴으로써 국어와의 상이점을 이해하는 능력을 기른다.	① 일상 생활에서 사용하는 언어를 듣고 말하는 능력을 기른다.	① 외국어의 기본 어법을 습득시켜 듣기, 읽기, 말하기, 쓰기의 종합적인 어학 능력을 기른다.	① 생활 주변 및 일반적인 화제에 관한 외국어를 이해하고, 이를 사용할 수 있는 능력을 기른다.	① 일상 생활과 일반적인 소재에 관한 외국어를 이해하고, 이를 사용할 수 있다.	① 일상 생활과 일반적인 화제에 관한 말이나 글의 의미를 이해하고, 이를 자연스럽게 표현할 수 있다.	① 영어에 흥미와 자신감을 가지며 의사소통 활동 할 수 있는 기본능력을 기른다.
② 피아간의 사고, 감정, 예의, 풍속, 습관, 역사, 자연환경과 기타 문물제도의 상이점을 이해 체득시킨다.	② 외국어의 기본적인 어법을 습득시켜 읽고 쓰는 능력을 기른다.	② 외국어의 학습을 통하여 외국과 외국인에 대한 이해를 증진시켜 국제적 협조심을 기르고, 사물에 대한 식견을 넓혀 우리 스스로의 발전을 도모하도록 한다.	② 외국 문화를 폭넓게 이해하게 하여 국제적인 안목을 넓힌다.	② 외국 문화를 폭넓게 이해하여 국제적인 안목을 넓히게 한다.	② 외국어를 통하여 다양한 정보를 받아들이고 이를 활용할 수 있게 한다.	② 일상생활과 일반적인 화제에 관해서 자연스럽게 의사소통을 할 수 있게 한다.

③ 상기 모든 상이가 있음에도 불구하고 호상존중(互相尊重)은 공통된 의무이며, 정의는 인류생활 공통의 기본 원칙임을 이해 체득시킨다.	③ 영어 학습을 통하여 영어 국민들의 일상 생활과 그들의 풍속 습관을 이해케 하고 국제적 이해와 협조심을 기른다.	③영어 학습을 통하여, 영어 사용 국민들의 사고방식과 문화를 이해하게 하고, 이를 통하여 우리 문화의 가치를 더욱 깊이 인식하게 함으로써 민족 문화 발전에 기여할 수 있는 기본적 자질을 기른다.			③ 쉬운 말이나 글로 상황에 적합하게 의사소통을 할 수 있게 한다.	③ 외국의 다양한 정보를 이해하고, 이를 활용할 수 있는 능력을 기른다.
④ 현대 영어의 평이(平易)하고 비근한 어휘로 구성된 간이한 문형을 체득시키어 기초 영어의 이해력과 발표력을 가지게 한다.					④ 외국 문화를 이해함으로써 우리 문화를 새롭게 인식하고 올바른 가치관을 가지게 한다.	④ 외국 문화를 이해함으로써 우리 문화를 새롭게 인식하고 올바른 가치관을 기른다.
					⑤ 우리 문화를 말이나 글로 간단히 소개할 수 있게 한다.	

연구과제

study assignments

1. 과정중심주의 교육철학에 기초한 제6차, 제7차 교육과정의 개혁적인 특징을 기술하시오.

2. 다음의 각 시기별 교육과정을 시대적인 배경과 영어교육 내용의 특징을 설명하시오.

   ① 제3차 교육과정　　② 제4차 교육과정

   ③ 제5차 교육과정

3. 제6차 교육과정의 특징 중 교수요목 설계 측면의 특징을 기술하시오.

4. 제7차 교육과정의 다섯 가지 개정 원칙을 설명하시오.

5. 제7차 교육과정에서 제시한 수준별 교육과정 내용을 설명하시오.

6. 제1차~제5차 교육과정과 제6차~제7차 교육과정이 크게 구분되는 경향이 있다. 이렇게 양분될 수 있는 시대적인 배경과 이전의 교육과정과 제6차, 제7차 교육과정 내용상의 가장 특징적인 차이점을 기술하시오.

제4장

한국 영어교육의 개혁기 (2009년 개정 영어과 교육과정)

2009 개정 교육과정(총론) 취지에 부합하고, 창의성과 인성을 갖춘 글로벌 인재 육성을 위한 영어과 교육과정 개정이 시대적 요구였다고 볼 수 있다. 수업 운영방식 개선 중심의 '2009 개정 교육과정(총론)'에 이어 수업 내용 개선 중심의 전면적 각 교과 교육과정 개정의 성격이 내포되어 있고 국가영어능력평가시험 개발 방향과 연계하여 학생의 수준과 필요에 따른 영어교육이 이루어질 수 있도록 영어과 교육과정을 개선하고자 한 특징이 있다.

4.1 실용영어 중심의 교육과정 편성 운영

4.1.1 2009 교육과정의 주요 개정 방향

1) 학생 중심 교육과정 구현

– 학습자의 발달 단계와 요구를 고려하여 학습 내용과 교수·학습 방법을 선정

– 학생의 수준, 필요 및 진로별 특성을 반영하여 실용영어 중심 혹은 기초학술영어 중심의 교과목 선택 이수 및 평가 체제를 구축함

※ 고교 영어과 선택과목 체제: 기본과목(1과목) – 일반과목(8과목) – 심화과목(6과목)

※ 고등학생의 진로·진학별 특성에 따라 실용영어 중심 및 기초학술영어 중심의 교과목 선택 이수 및 평가 체제 구축(일반과목)

2) 교육과정 내용 적정화 및 연계성 강화

– 필수 학습 내용을 학생의 수준에 비해 과도하지 않도록 적정화하도록 조정

– 초·중·고교 간, 또 학년 간의 교육 연계성을 강화하고, 학습 격차를 완화함

3) 실제적 영어 사용능력 향상을 위한 실용영어 교육 강화

– '교수·학습 방법' 및 '평가'를 단계 및 언어 기능별로 구체적이고 세분화하여 제시

– 말하기, 쓰기능력 향상을 위한 성취기준을 개발하고 교수·학습 방법의 예시를 개발 제시함

– 정확성보다는 유창성에 중점을 두고 실제적 영어 사용능력 중심의 실용영어 교육을 강조함

4.1.2 공통 교육과정과 선택 교육과정

(1) 2009년 개정 교육과정은 '공통 교육과정'과 '선택 교육과정'으로 구성되어 있는 것이 특징임

(2) 공통 교육과정은 초등학교 1~6학년과 중학교 1~3학년까지 9년간의 교육과정을 가리키며, 선택 교육과정은 고등학교 1~3학년의 3년간의 교육과정을 가리킴

(3) 초·중 교과(군)별 20% 범위 내 수업시수 자율 증감 가능

〈표 1〉 2009개정 교육과정 학년군별 시간(단위) 배당 기준

명칭	공통교육과정(초·중학교)			선택교육과정(고등학교)
교과목	영어(초등)		영어(중등)	영어
구분	3~4학년군	5~6학년군	1~3학년군	영어 교과
시간/단위	136시간	204시간	340시간	15단위(10단위) ※( )는 전문교육을 하는 학교

4.1.3 공통 교육과정의 주요개정 내용

(1) 학년군을 고려한 필수 학습 내용을 정선하고, 학습내용의 양을 적정화함.

※ 초·중학교 성취기준의 내용 및 수 감축: 167개(현행) → 118개(개정)

(2) 초등학교와 중학교 성취기준의 연계성 강화를 위해, 초등학교 성취기준 중에서 난이도가 상급에 속하는 것은 중학교로 이동함.

(3) 초등학교의 체계적인 문자지도를 위해, 읽기, 쓰기 성취기준 보완 및 3~4학년군에서 파닉스, 알파벳, 기초적인 쓰기 및 기타 쉬운 문자언어 지도방안을 제시함.

(4) 중학교 읽기, 쓰기의 일부 성취기준의 수준을 낮추어 초·중등 교육 연계성 강화 및 교육 격차 완화를 유도함.

✤ 교수·학습 방법

(1) 교실 수업에 실질적 도움을 줄 수 있도록, 교수·학습 단계별 및 언어 기능별로 필요한 사항을 구체적으로 제시함

(2) 의사소통 능력의 신장뿐만 아니라, 창의성 계발, 인성 교육도 고려한 교수·학습

계획의 수립 및 운영 등 강조함

(3) 통합적 언어사용 능력 습득을 위해 단일 언어기능과 더불어 언어기능 간의 연계 및 통합 교수·학습 방법도 강조함

✤ 평가

(1) 학교에서의 영어 평가에 실질적 도움을 줄 수 있도록, 평가 단계별 및 언어 기능별로 필요한 사항을 구체적으로 제시함

(2) 자기주도적 학습 및 영어 학습에 대한 긍정적 태도, 학습 동기 유발에 도움이 되는 방향으로 평가를 활용할 것을 강조함

(3) 말하기와 쓰기의 표현 능력의 평가는 수행평가로 실시할 것을 강조함

✤ 소재

(1) 창의 인성, 다문화, 글로벌 사회 등 관련 소재를 추가함

※ 협력, 배려, 봉사, 책임감에 대한 내용 / 창의력, 상상력을 확장할 수 있는 내용 / 다문화 사회, 글로벌 에티켓 등

✤ 어휘

(1) 기본어휘 관련 지침을 개선하고, 진정성과 유용성이 높은 어휘를 기본어휘 목록에 확대 포함함

※ 기본어휘 목록 어휘 수: 2,315개(현행) → 2,988개(개정)

(2) 학년군별 어휘를 제시하고, '5% 범위 이내에서 가감'하여 사용할 수 있게 함으로써 어휘 사용의 융통성을 증대시킴

(3) 기본어휘 활용 비율을 확대하여 공통어휘 이외의 어휘 학습의 비중을 낮춤으로써 학습 부담 완화 도모

※ 기본어휘 vs 기본어휘 외 비율: 75% vs 25%(현행) → 80% vs 20%(개정)

〈표 2〉 2009교육과정 초등학교, 중학교의 이수 권장 어휘 수

학년군	어휘 수
초등학교 3~4학년군	240 낱말 내외(±)
초등학교 5~6학년군	260 낱말 내외(±)
500 낱말 내외(±)	

중학교 1~3학년군	750 낱말 내외(±)
1,250 낱말 내외(±)	

✤ 의사소통기능과 예시문 및 언어 형식

(1) 음성 및 문자언어 활동에 도움을 줄 수 있도록 의사소통 전략을 포함한 의사소통기능과 예시문을 체계화하여 확대 제시함.

※ 7개 범주, 87개 기능 항목(현행) → 11개 범주, 134개 기능 항목(개정)

(2) 언어 형식에 있어서, 유창성 및 정확성의 향상에 도움을 줄 수 있도록 문법 항목 및 예시문을 확대 제시함.

※ 36개 문법항목, 237개 예시문(현행) → 40개 문법항목, 365개 예시문(개정)

4.1.4 선택 교육과정 주요개정 내용

(1) 수준별을 고려한 기본과목 - 일반과목 - 심화과목 체제의 교과목 및 일반과목에서의 실용영어 과목군과 영어 과목군 교과목의 성취기준의 내용과 수준을 차별화, 특성화하였음.

(2) 기본과목 - 일반과목(실용영어 과목군 +영어 과목군) - 심화과목 체제에 따라 학생들의 필요와 진로 등에 따라 선택하여 이수할 수 있음.

(3) 우리나라 영어환경을 고려, 학습자의 이해기능 능력과 표현기능 능력의 차이를 반영하여, 듣기 - 읽기와 말하기 - 쓰기 성취기준을 체계적으로 차등화 함.

(4) 각 과목의 어휘 수준을 현행 교육과정보다 다소 낮춤으로써 영어 표현의 이해보다는 활용 연습과 실용적 구사에 중점을 둠.

✤ 교수·학습 방법

(1) 교실 수업에 실질적 도움을 줄 수 있도록 교수·학습 단계별로, 또 언어 기능별로 필요한 사항을 구체적으로 제시함

(2) 의사소통 능력 신장뿐만 아니라, 창의성 계발, 인성 교육, 문화 교육도 고려한 교수·학습 계획을 수립하여 운영할 수 있도록 함

(3) 언어의 네 가지 기능 간의 연계 및 통합 교수·학습 방법을 강조하여 실질적 언어사용 능력을 배양할 수 있도록 함

(4) 학생의 개인차를 고려하여 수준별 수업(학급 내 등)을 운영할 수 있음

✤ 평가

(1) 학교에서의 영어 평가에 실질적 도움을 줄 수 있도록, 평가 단계별 및 언어 기능별로 필요한 사항을 구체적으로 제시함

(2) 선택 교과목에 공통적으로 적용되는 평가 영역 항목 이외에 각 교과목별 평가 시의 중점 사항도 제시함

(3) 언어 기능별로 평가의 방법과 평가상의 유의점을 제시함으로써 체계적이고 효율적인 평가 실행에 도움이 되도록 함

(4) 통합적 언어사용 능력 배양을 위해 단일언어 기능과 더불어 언어 기능 간 연계·통합 평가를 하도록 강조함

(5) 말하기와 쓰기 표현능력의 평가는 수행평가로 실시하도록 권장함

〈표 3〉 2009 개정 교육과정 선택 교육과정의 구성 및 특징

<table>
<tr><th>구분</th><th colspan="2">과목명</th><th>어휘 수</th><th>비고</th></tr>
<tr><td>보통교과
(기본과목)</td><td colspan="2">기초 영어</td><td>1,300</td><td>–고등학교 영어를 학습하는 데 있어 요구되는 기초영어 능력을 보충해 주기 위한 과목</td></tr>
<tr><td rowspan="8">보통교과
(일반과목)</td><td rowspan="4">실용영어
과목군</td><td>실용영어 I</td><td>1,600</td><td rowspan="8">–실용영어 I, Ⅱ 및 영어 I, Ⅱ는 언어의 네 기능 통합 과목
–실용영어 과목군(실용영어 I, Ⅱ, 실용영어 회화, 실용영어 독해와 작문)은 실용영어능력을 기르는 과목으로 국가영어능력평가시험 3급과 연계
–영어 과목군(영어 I, Ⅱ, 영어회화, 영어 독해와 작문)은 기초학술영어능력을 기르는 과목으로 국가영어능력평가시험 2급과 연계</td></tr>
<tr><td>실용영어
회화</td><td>1,200</td></tr>
<tr><td>실용영어
독해와 작문</td><td>1,800</td></tr>
<tr><td>실용영어 Ⅱ</td><td>2,000</td></tr>
<tr><td rowspan="4">영어
과목군</td><td>영어 I</td><td>1,800</td></tr>
<tr><td>영어회화</td><td>1,500</td></tr>
<tr><td>영어독해와
작문</td><td>2,200</td></tr>
<tr><td>영어 Ⅱ</td><td>2,500</td></tr>
<tr><td rowspan="6">보통교과
(심화과목)</td><td colspan="2">심화 영어</td><td>2,800</td><td rowspan="6">–2007 교육과정의 전문 교과 10개 과목을 통합하여, 6개 과목으로 조정
–'심화영어'는 언어의 네 기능 통합, 그 외의 과목은 언어 기능별(말하기·듣기, 읽기, 쓰기) 과목이며, 회화와 독해는 I, Ⅱ로 위계화</td></tr>
<tr><td colspan="2">심화 영어회화 I</td><td>1,800</td></tr>
<tr><td colspan="2">심화 영어회화 Ⅱ</td><td>2,000</td></tr>
<tr><td colspan="2">심화 영어독해 I</td><td>3,300</td></tr>
<tr><td colspan="2">심화 영어독해 Ⅱ</td><td>3,500</td></tr>
<tr><td colspan="2">심화 영어작문</td><td>2,300</td></tr>
</table>

✤ 선택교육과정의 과목 체제

(1) 일반과목의 실용영어 과목군 교과목(실용영어 중심): 일상적 주제나 실용적 내용의 자료나 정보를 이해, 적용하는 데 요구되는 의사소통 능력을 함양하기 위한 과목으로 국가영어능력평가시험 3급과 연계됨
(2) 일반과목의 영어 과목군 교과목(기초학술영어 중심): 실생활 주제뿐만 아니라 대학에서의 수학능력 신장을 위해 필요한 기초 학술적인 내용을 이해, 적용하는 데 요구되는 의사소통 능력을 함양하기 위한 과목으로 국가영어능력평가시험 2급과 연계됨
(3) 심화과목의 교과목: 공통 교육과정이나 일반과목군의 교과목에서 배운 내용을 기반으로 하여, 장차 학생의 진로 및 예상 전문 분야와 관련된 다소 높은 수준의 영어 이해 능력과 표현 능력을 기르는 과목으로, 일반고 학생들도 이수 가능함
(4) '기초영어'는 고등학교 영어 학습에서 필수적으로 요구되는 기초 영어 능력을 보충해 주기 위한 과목으로, 학교나 학생이 필요하다고 요구할 경우 개설할 수 있음
(5) '실용영어Ⅰ', '실용영어Ⅱ', '영어Ⅰ', '영어Ⅱ', '심화영어'는 언어의 네 가지 기능을 통합하는 과목임

4.2 초등영어 교육과정

초등학교 영어는 일상생활에서 사용하는 기초적인 영어를 이해하고 표현하는 능력을 길러 주는 교과로서 음성언어를 중심으로 의사소통 능력의 바탕이 되는 언어기능 교육에 중점을 둔다. 문자언어 교육은 쉽고 간단한 내용의 글을 읽고 쓸 수 있는 내용으로 하되 음성언어와 연계하여 내용을 구성한다. 초등학교의 영어 교육은 초등학교 학생의 특성을 고려하여야 한다.

4.2.1 신구교육과정 특징 비교

– 대분류가 7개 항목에서 11개 항목으로 늘어남
– 소분류 및 예시문도 수정됨

2007 개정 교육과정	2009 개정 교육과정
1. 친교 활동 2. 사실적 정보 교환 3. 지적 태도 표현 4. 감정 표현 5. 도덕적 태도 표현 6. 지시와 권고 7. 상상하기	1. 정보 전달하기와 요구하기 2. 사실에 대한 태도 표현하기 3. 지식, 기억, 믿음 표현하기 4. 양상 표현하기 5. 의지 표현하기 6. 감정 표현하기 7. 도덕적 태도 표현하기 8. 설득, 권고하기 9. 사교활동 하기 10. 담화 구성하기 11. 의사소통 개선하기

4.2.2 목표

초등학교 영어는 영어에 대한 흥미와 관심을 가지고 일상생활에서 사용되는 기초적인 영어를 이해하고 표현하는 능력을 기르는 것을 목표로 한다.

가. 영어에 대한 흥미와 기초적인 영어 사용에 대한 자신감을 가진다.
나. 일상생활에서 영어로 기초적인 의사소통을 할 수 있는 능력을 기른다.
다. 영어 학습을 통하여 다른 나라의 관습이나 문화를 이해한다.

4.2.3 언어기능

듣기, 말하기, 읽기, 쓰기의 언어의 네 기능을 점진적으로 함양할 수 있도록 한다. 또한 언어기능을 통합적으로 사용할 수 있는 능력을 기르도록 한다.

언어기능 / 언어 구분	음성언어	문자언어
이해기능	듣기	읽기
표현기능	말하기	쓰기

라. 성취기준의 특징
－학년군 성취 기준이 신규로 제시됨
－성취 기준별 학습 활동의 예 제시

1) **초등학교 3~4학년군**

(가) 영어의 간단한 소리를 식별하고, 쉽고 간단한 말, 대화, 찬트, 노래, 게임 등을 이해하며, 단순한 과업을 수행한다.

(나) 영어의 간단한 소리를 듣고 말하고, 주변의 친숙한 대상을 낱말과 문장으로 말하며, 학습 활동에 참여하여 간단히 묻고 답한다.

(다) 알파벳을 식별하고, 소리와 철자의 관계를 이해하며, 쉽고 간단한 낱말이나 문장을 따라 읽고, 간단한 낱말과 어구의 의미를 이해한다.

(라) 알파벳 인쇄체 대·소문자를 쓰고, 낱말과 어구를 따라 쓰며, 보고 쓴다.

2) **초등학교 5~6학년군**

(가) 간단한 말이나 대화를 듣고 내용을 이해하며, 전화 대화를 이해하고, 과업을 수행한다.

(나) 간단한 말이나 대화를 듣고 내용에 맞게 말하며 내용에 관해 묻고 답하고, 전화로 대화하며 상황에 맞게 지시하거나 요청한다.

4.3 초등영어 교과서: 다양성

4.3.1 국정 1종에서 검정 초등영어 교과서 사용

제7차 개정 영어과 교육과정(2007, 2008, 2009)은 초등영어 교과서에 관한 인식의 전환을 요구하고 있다. 그 이유는 2001학년도부터 2009학년도까지 시행되어왔던 국정 1종 초등영어 교과서 중심의 학교 교육이 다수의 검정 초등영어 교과서 중심의 학교 교육으로 전환되었기 때문이다. 즉 이는 대한민국 영어교육의 패러다임이 변화됨을 의미할 뿐만 아니라 교육경제 분야의 물질적 풍요로움에 따른 시대적 변화 요청에 적절하게 부응하는데 그 의의가 있다.

또한 이러한 변화는 현장의 교육, 즉 지역별 학교별 학년별 초등영어 교육의 일대 변화를 시도하게 됨을 의미한다. 구체적으로, 대학수학능력시험에서 영어교과 평가에 대한 인식의 전환, 다시 말해서 의사소통 친화적 영어교육, 즉 영어 읽기와 쓰기교육에 대한 가중치를 고려한 일대 전환을 요구하고 있다.

그 변화의 징검다리 역할은 제7차 초등영어 교육과정에서 추구하였던 영어 교과서관의 전환이라는 숙제를 검정 제도를 도입하게 됨으로써 그 결실을 보게된 것이다 2001년도 1종도서 편찬 추진 계획(교육인적자원부, 2001)에 따르면, 과거와 현재의 초등영어 교과서 관의 전환이 실질적으로 구현되었다고 해도 과언이 아니다. 개정 초등영어 교육과정에 따른 다양한 종류의 초등영어 교과서들이 실로 그 내용의 선정과 조직 및 단원 전개 구성 방식들이 매우 다양하게 집필되었다.

4.3.2 2009 개정 교육과정에 따른 검정 교과서의 특징

- 글로벌 영어 역량 함양을 위하여 영어권 및 비영어권 사람들과의 의사소통능력 신장에 도움이 되는 교과서
- 창의·인성 교육을 실현할 수 있는 내용으로 구성되어 있는 교과서
- 과업 및 체험 활동을 중심으로 자기주도적 학습이 가능한 교과서

4.3.3 초등영어 교과서 교수요목

초등영어 교과서 내용 구성에 있어서 학습할 내용을 어떻게 조직하고 어떤 순서로 조합하여 전개하느냐는 직선형 교수요목(linear syllabus), 나선형 교수요목(spiral syllabus), 통합형 교수요목(integrative syllabus)으로 구분된다.

1) 직선형 교수요목(linear type of syllabus)

학습 내용을 순서화, 등급화하여 산수 급수식으로 누적되어가는 것을 언어발전의 모형으로 보고 교과서 내용을 구성하는 것을 말한다. 수식으로는 A+B+C+…N으로 나타낼 수 있고, 도형으로는 일직선 → 으로 진행과정을 표시할 수 있다. 학습내용 구성이 선형적이어서 앞에서 한번 학습한 내용은 다시 학습되어지지 않는다는 단점이 있다.

2) **나선형 교수요목**(spiral type of syllabus)

학습 내용을 순서화, 등급화 함에 있어서 학습의 단위가 직선적으로 가산되는 것이 아니라는 전제에서 시작된다. 몇 개의 이질적인 내용으로 된 학습단위가 유기적인 조화 속에 하나의 사이클을 형성하고, 그 사이클의 목표를 향해 나선형으로 진행되어 나가는 체계를 말한다. 각 학습단위의 사이클을 수식으로 표시하면 (A+B)+ (A+B+C+)+(B+C+D+)+(A+D)+…+N으로 나타낼 수 있고 도형으로는 사이클 모양인 나선형으로 표시하여 진행과정을 나타낼 수 있다. 이 사이클의 개념은 여건과 목적에 따라서 항상 새로운 사이클을 삽입할 수 있어야 한다는 점이다. 따라서 이것을 '순환적 교수요목(cyclical syllabus)'이라고도 한다.

3) **통합형 교수요목**(integrated type of syllabus)

학습내용을 듣기, 말하기, 읽기, 쓰기, 문법, 어휘, 발음, 유창성 등으로 각각 나누어 구성하기보다는 여러 가지 기능과 구성 요소가 통합될 수 있도록 조합하는 방식이다. 새 영어 교과서의 내용을 구성함에 있어서 한번 학습한 내용은 다시 다루지 않는 직선형·단선형 교수요목보다는 앞에서 학습한 내용을 다시 복습하면서 새로운 학습을 부가시켜가는 나선형·통합형 교수요목을 반영하도록 하는 것이 바람직하다.

초등영어 교과서 개발은 2007년에 초등영어 교육과정 내용 개정과 함께 추진되었고 2008년에는 시수확대에 따른 14종 검정 초등영어 3, 4학년 교과서는 교육과학기술부가 제시한 검정 지침에 따라 철저히 개발되고 현장에 보급되었다. 또한 2012학년도에는 4종의 5, 6학년용 검정 초등영어 교과서가 현장에 보급될 것이다.

4.3.4 미래형 교과서: 학년군 초등영어 교육과정에 따른 교과서

- 학년군 교육과정과 연계하여 초등학교 3~4학년군과 초등학교 5~6학년군별로 개발하되, 수업시수와 학습 분량 등을 고려하여 학년군 내에서 분책하여 개발
- 단원의 수와 각 단원의 학습 분량은 교육과정 시간 배당 기준에 따라 무리 없이 운영될 수 있도록 적정하게 구성한다. 연간 34주를 기준으로 한 기준 수업 시수는 3~4학년군은 136시간, 5~6학년군은 204시간
- 교수·학습 활동은 학생 간의 상호작용을 촉진하고, 타인에 대한 배려와 나눔의 실천을 할 수 있는 소집단 공동학습 활동 등을 통하여 인성교육이 이루어지도록 구성

4.3.5 어휘

새로운 어휘는 3~4학년군에서는 240 낱말 내외, 5~6학년군에서는 260 낱말 내외를 제시하되, 교육과정 '기본 어휘 목록'에 제시된 초등 권장 어휘 중에서 80% 이상을 선정한다. 부록 자료는 사용자의 편의성을 고려하여 제작한다(쪽수의 제한이 없음).

4.4 초등영어 교수·학습 방법

2007 개정 영어과 교육과정에 비해 교수·학습 방법이 매우 상세하게 서술되는 특징이 있으며 창의성 및 인성 교육 부분이 추가되었다.

4.4.1 교수·학습 계획

1) 교수·학습 계획의 방향

(가) 교육과정을 기반으로 학습 목표와 내용에 맞도록 교수·학습 계획을 수립한다.

(나) 영어 학습에 대한 학생들의 동기를 유발하고 흥미와 자신감을 기를 수 있도록 교수·학습 계획을 수립한다.

(다) 학생들의 영어사용능력 및 인지적, 정의적 특성에 있어서의 개인차를 함께 고려한 교수·학습 계획을 수립한다.

(라) 학생 중심의 과업 및 체험 학습을 통해 자기 주도적 학습이 이루어지도록 교수·학습 계획을 수립한다.

(마) 의사소통능력 신장, 창의성 계발 및 인성교육이 함께 이루어지도록 교수·학습 계획을 수립한다.

4.4.2 교수·학습 방법

1) 교수·학습 방법 선정의 방향

(가) 학습 목표와 내용에 적절한 교수·학습 방법을 선정한다.

(나) 학생들의 실제 언어 사용능력을 배양할 수 있는 교수·학습 방법을 선정한다.
(다) 학생의 영어사용능력, 인지적·정의적 특성, 학습유형 및 전략 등을 고려하여 다양한 학생 중심의 교수·학습 방법을 선정한다.
(라) 단일 언어 기능에 대한 교수·학습 방법뿐만 아니라 두 가지 이상의 언어기능을 연계하는 교수·학습 방법을 선정함으로써 실제적이고 통합적인 영어사용능력을 신장하도록 한다.
(마) 학생들이 협력하여 과제를 해결하는 경험을 많이 가지도록 유도하고, 타인에 대한 배려와 나눔의 실천 등 인성교육을 강화할 수 있는 방법도 고려하여 선정한다.
(바) 영어권 및 비영어권의 다양한 문화를 이해할 수 있는 교수·학습 활동을 구안한다.
(사) 교수·학습 내용 등의 성격에 따라 교수·학습 방법의 선정 과정에 학생들을 참여시켜 창의적인 활동을 도출하고, 학습 흥미와 학습 동기 유발을 도모한다.
(아) 필요한 경우 타 교과와 연계·활용할 수 있는 교수·학습 방법을 선정한다.

2) 교수·학습 범위

(가) 듣기 (나) 말하기 (다) 읽기
(라) 쓰기 (마) 어휘 및 언어 형식 (바) 문화

3) 교수·학습 운영상의 유의점

(가) 학생들이 학습목표에 도달할 수 있도록 지도하되, 학생들의 능력이나 수준 등을 고려하여 다양한 학습의 기회와 방법을 제공한다.
(나) 교사 중심의 활동보다는 교사와 학생, 학생과 학생 간 상호작용이 활발히 일어나도록 한다.
(다) 다양한 모둠별 협동·협력학습을 통하여 학생들이 과업을 수행해 나가면서 영어 의사소통 활동에 많이 참여할 수 있도록 한다.
(라) 개별 학습 및 모둠 학습을 적절히 활용하여 학생들이 자기 주도적 학습 태도와 협력 학습 태도 및 나눔과 배려의 공동체 의식을 기를 수 있도록 지도한다.
(마) 학교 여건에 따라 영어지도교사 간에 협의를 통하여 학습 내용을 분석한 후 기본학습, 심화학습, 보충학습 등에 필요한 요소를 추출하여 지도할 수 있다.
(바) 학교 실정에 따라 수준별 수업을 운영할 수 있다.

(사) 영어로 진행하는 영어 수업을 학생들의 언어능력 수준에 맞게 점진적으로 확대한다.

(아) 초등학교 3, 4학년에서는 찬트, 노래, 게임, 역할놀이 등을 활용한 쉽고, 재미있는 교수·학습방법을 많이 적용하고, 초등학교 5, 6학년에서는 보다 다양한 의사소통 중심의 교수·학습 방법의 비중을 늘려 나가도록 한다.

(자) 찬트, 노래 등을 활용할 때는 영어의 강세, 리듬, 억양 등이 자연스럽게 습득되도록 유의한다.

(차) 게임 및 역할놀이 등의 활동 중심 수업에서는 흥미 유발과 언어 학습이 동시에 이루어질 수 있도록 한다.

4.4.3 평가

1) 평가 방법 선정의 방향

(가) 평가의 목적과 종류, 학생의 수준에 따라 적절한 평가 방법을 사용한다.

(나) 학생의 의사소통능력을 효과적으로 측정할 수 있도록 다양한 평가 방법을 사용한다.

(다) 언어 및 의사소통 전략 등을 활용할 수 있는 평가 방법을 사용한다.

(라) 표현기능(말하기, 쓰기) 평가는 수행 평가를 통해 가급적 직접 평가 방법을 활용한다.

(마) 학생의 통합적인 영어 능력을 신장시킬 수 있도록 듣기, 말하기, 읽기, 쓰기의 개별 기능에 대한 평가뿐 아니라 두 가지 이상의 기능을 통합한 평가도 학생 수준을 고려하여 적절히 실시한다.

2) 평가 절차

(가) 평가의 시행은 평가계획서에 제시된 방법과 절차를 따른다.

(나) 문항 초안을 작성한 후에는 동료교사 등의 검토를 받아 수정하고 보완할 수 있다.

(다) 학생이 평가의 세부 절차와 유의사항을 분명히 알 수 있도록 사전에 명확하게 안내한다.

(라) 수행평가의 채점은 사전에 준비된 채점 기준과 척도에 근거해서 해야 하고, 사전에 학생이 알 수 있도록 제시한다.

3) 평가 방법상의 유의점

(가) 평가를 통하여 학생들의 학습 참여도와 집중도를 높이고, 평가를 교수·학습의 효과를 높이는 수단으로 활용한다.

(나) 말하기 및 쓰기와 같은 언어 표현 능력을 평가하고자 할 때에는 가급적 수행 평가를 실시한다.

(다) 다양한 유형의 과제와 적절한 난이도의 문항을 통하여 학생의 수행 정도와 범위를 평가한다.

연구과제

study assignments

1. 2009년 개정 교육과정의 특징을 설명하시오.

2. 2009년 개정 교육과정이 초등학교 영어교육에 끼친 영향을 기술하시오.

제 2 부

영어과 교육과정 이론

제5장

교육과정의 기초이론

교육과정과 영어교재는 밀접한 관계를 유지하고 있다. 영어교재는 한 나라의 영어 정책을 교실현장에 구현하는 실체이기 때문에, 영어교재와 교육과정의 연관성은 대단히 밀접하다. 교육과정의 내용이 결정되고, 그 내용 속에 교육철학이 반영되지 않는다면, 그 내용을 기초로 제작된 영어교재는 한낱 빈껍데기에 불과하다. 따라서 영어교재 개발 이론을 구체적으로 진행하기에 앞서서 교육과정 이론을 체계적으로 점검해 보는 것은 필수적인 단계이다. 이번 장은 박경자 외(2002)의 '교육과정과 영어교재' 이론을 토대로 교육과정을 구성하는 일반요소를 고찰하고, 각 요소들의 내용을 구체적으로 탐구하여, 교육과정 구성에 대한 개념 및 그 실천적 이론을 정립하고자 한다.

5.1 교육과정의 구성요소

교육과정을 개발하는 것은 교육자 및 교수집단, 교육행정가, 학습자들의 합의를 도출하는 다양한 활동과정이다. 교육과정의 역할은 학습자의 입장에서, 주어진 상황에서 가능한 한 가장 효율적으로 배울 수 있도록 도움이 될 수 있는 틀을 제공하고 교사의 입장에서는, 주어진 상황에서 교사의 전문적인 판단으로 가장 적합하다고 느끼는 교수활동의 조직이 가능하도록 도와줄 수 있는 틀을 제공하는 것이다.

〈그림 1〉은 교육과정 개발 및 유지를 위한 지속적인 연결단계를 제공해 주는 모형이다. 이 모형은 교수기법 및 교육과정 구성 과정에서 오랜 기간 체계화한 접근법이며, 새로운 언어 프로그램 개발을 위한 단계들을 제시하고, 이미 존재하는 언어 프로그램의 보강 및 유지를 위한 구성 요소들을 제시하고 있다.

다음에서는 〈그림 1〉의 각 구성요소에 대한 일반적 특징을 고찰하고자 한다.

5.1.1 요구분석

요구분석에 대한 기존의 입장은 단지 학습자가 목표어로 사용할 것으로 보이는 언어형태를 인식하는 것으로 간주하였다. 브라운(J. D. Brown, 1995)은 학습자가 요구분석에 초점을 두어야 하지만 다양한 출처로부터 많은 종류의 정보들을 이러한 요구분석을 위해서 고려해야 한다는 점을 강조하였다. 즉, 학습자들의 언어적인 것 이외의 인간적인 요구와 관심을 분석하는 더욱 포괄적인 관점을 취하여야 한다는 것이다.

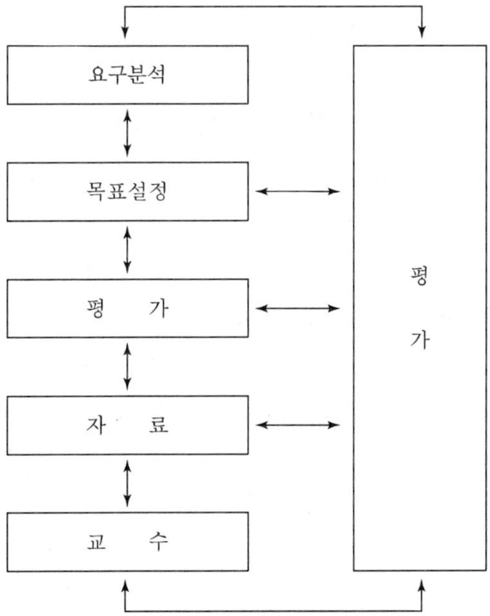

출처: J. D. Brown(1995), p. 20. / 박경자 외(2002), p. 26.

〈그림 1〉 교육과정 구성 및 운영을 위한 체계적 접근법

요구분석의 정의는 학습상황에 포함되는 개개의 교육기관의 맥락 안에서 학습자의 언어학습 요구를 만족시키기 위해서 필요한 연관된 모든 정보들에 대한 체계적인 수집과 분석이라고 할 수 있다.

5.1.2 목적과 목표

교육과정에서 사용되는 목적과 목표의 용어 구별은 때때로 명확하진 않으나 두 용어를 구분하여 사용하는 것이 영어교육 현장에서 유용하다.

- 목적(Goals): 학습자의 요구를 결정하는 체계적인 결과물, 다시 말해 학습자의 요구를 유지·만족시키기 위해서 성취되어야 하는 것을 일반적으로 기술하는 것이다. 예를 들면 미국유학을 준비하는 한국 학습자들의 보고서 작성 과업 등이 여기에 속한다.
- 목표(Objectives): 어떤 특정목적을 달성하기 위해서 꼭 터득해야 하는 내용과 기술에 관한 구체적인 진술이라 할 수 있다. 예를 들면 보고서 작성을 위해서 필수적인 도서관 이용기술 등이다.

5.1.3 언어평가

교육과정상의 목적과 목표는 다양한 목적에 맞는 방대한 평가도구의 개발을 요구한다. 예를 들면 배치 고사(placement test), 영어 유창성 평가(language proficiency test), 진단 평가(diagnostic test), 성취도 평가(achievement test)[1] 등이 포함된다.

또한 평가를 다음의 두 가지 유형으로 구분할 수 있다.

- 상대 평가(norm-referenced tests): 학습자의 상대적인 수행결과를 서로 서로 비교하기 위한 평가. 학습자 집단의 평균을 백분율의 수준으로 알아본다.
- 절대 평가(criterion-referenced test): 다른 학습자들의 성적과는 무관하게 평가되며, 미리 결정된 목표나 기준에 학습자가 도달·충족되느냐를 알아보는데 활용된다.

이 두 가지 평가유형은 프로그램 안에서 서로 다른 목적을 위해서 사용될 수 있다. 교육과정 설계자는 교육과정 설계의 전 단계인 요구분석과 목표설정에 대해 가능한 많은 것을 연구함으로써 그 다음 단계인 교수자료 개발의 중대하고 비용이 많이 들 수도 있는 낭비를 최소화할 수 있으며, 적절한 평가는 교육과정을 통합하고 통일성과 통제의 의미를 부여할 수 있다. 학습자와 교사의 기대를 조절하여 이에 적합한 프로그램을 창출하기 위해 사용될수 있으므로 평가는 교육과정 개발에 매우 핵심적인 요소이다.

5.1.4 교재개발

교육과정 체계에서 학습자의 요구분석이 끝나고, 이를 토대로 학습목적·학습목표가

---

1) 다양한 평가유형의 내용을 정리해 보면 다음과 같다.

- 배치 고사(placement test): 언어교육 프로그램에서 학습자의 언어 능력에 따라 입학순서를 결정하기 위해서 사용하는 평가
- 유창성 평가(language proficiency test): 학습자가 그 언어의 특정한 사용기술과 관련하여 알고 있는 바를 측정하는 평가. 예를 들어서 학습자가 미국대학의 대학원 과정에 입학할 정도의 영어를 알고 있는가 등을 평가하는 유형이 여기에 속한다.
- 진단 평가(diagnostic test): 학습자의 부족한 점을 진단하여 학습자들에게 그에 적합한 보완적 학습을 시행하는 데 사용되는 평가
- 성취도 평가(achievement test): 특정한 프로그램이나 교재와는 무관하게 학습상황에서의 성취상황을 측정하는 평가

설정되고, 학습자에 대한 적절한 평가가 끝난 후에는 이런 과정을 기초로 잘 정리된 수업자료를 채택, 개발, 적용하는 과정이 남아 있다.

교재개발에 필요한 접근법, 교수요목, 수업기술, 연습문제에 관한 결정은 항상 현장에 있으면서 상황을 잘 알고 있는 교사들의 의견을 충분히 반영하는 것이 바람직하다. 학습자의 요구, 목표, 평가, 교수, 프로그램 평가의 각 단계가 각기 서로 긴밀히 연관되며 더 나아가 교재의 선택과 사용은 프로그램의 다른 구성요소들로부터 얻은 바와 상호 영향을 주고받을 것이다. 또한 어떤 상황에서도 교재가 합리적으로 운용되어야 한다.

5.1.5 언어교수

교육과정을 구성하는 다음 단계는 언어교수 과정이다. 이 단계에서 교사들은 주어진 교과목의 목적과 평가방법 등을 잘 숙지하고 있어야 한다. 이를 위해 (교사들은) 정부의 후원과 교육과정의 개발과정에 교사들이 긴밀하게 개입되는 것이 필요하며, 다른 교사들, 행정가들, 학습자들의 요구가 교육과정의 목표를 정하기 위해서 수렴되어야 한다.

전통적으로 이러한 과정은 전적으로 교사의 몫이었으나 현재에는 모든 과정을 집단의 노력으로 보고 있다. 이 점을 강조하는 것은 시간의 부족과 적절한 업무를 수행할 전문성의 부족으로 그런 과업을 잘 수행하는 것이 힘들기 때문에 그러한 프로그램에 관련된 모든 사람으로부터 가능한 전문성, 시간, 에너지를 끌어낼 수 있는 집단 에너지가 필요하기 때문이다.

합리적이고 우수한 프로그램이 지원될 때 교사는 과목을 가르치는 데 가장 효과적인 교수방법들에만 집중할 수 있다. 주어진 특정수업의 특정학습자들에 대해서 가장 적절한 판단을 내릴 수 있는 것은 단지 교사들만이 할 수 있는 일이기 때문이다. 교사들은 가능한 모든 수준에서 그들의 업무에 대한 지원을 받아야, 교육과정 영역에서 매우 핵심적인 단계인 교수단계에서 최선의 역량을 발휘할 수 있다.

5.1.6 교육과정 평가

교육과정 평가는 교육과정의 질적 향상을 도모하고 관련된 특정 교육기관의 맥락 안에서 효율성을 평가하는 데 필요한 관련정보의 체계적인 수집과 분석과정이다. 교육과정을 평가하는 평가협조에 대한 또 다른 연구로는 로저스(T. S. Rodgers)의 교육과정 평가 척도가 있는데, 이 내용은 〈표 1〉에 잘 정리되어 있다.

최근에는 교육과정의 개념을 논의해서 결정하는 집단논의 과정의 개념을 강조하는데 집단 간의 논의과정 속에서 어떻게 하면 집단논의가 가장 효율적이고 집단계획이 어떻게 구성되고 운영되는지를 평가하고 결정된 교육과정 내용이 목표에 타당한지를 평가하는 데 일정한 기준이 필요하다.

로저스(1989)는 이런 기준점을 찾는 데 〈표 1〉의 평가 척도를 제시함으로써 그 해결책을 모색했다. 교육과정을 평가할 수 있는 일정한 척도를 설정해서 교육과정을 평가할 수 있다면, 교육방식을 새롭게 개혁하고, 교육개혁에서 실현 가능한 문제점을 인식할 수 있다. 또 교육정책 입안자들이 모르고 있던 사실을 인식할 수 있으며 교육과정을 계획하는 데 시간과 정력을 경제적으로 이용할 수 있으므로 다음 교육과정을 계획하는 데 매우 효과적이다.

교육과정 평가는 정보수집, 분석, 종합의 계속적인 과정이며, 교육과정 평가의 목적은 모든 교육과정의 구성요소들을 지속적으로 향상시키는 것이다. 완성물로서의 교육과정은 한 번에 완성된 불변의 것이며, 과정으로서의 교육과정은 새로운 학습자와 상황에 변화 적용될 수 있는 것으로서 이러한 과정을 체계적인 교육과정 개발이라 칭하며, 최근의 동향은 과정으로서의 교육과정 개발을 중요시하고 있는 실정이다.

〈표 1〉 로저스(T. S. Rodgers)의 교육과정 평가 척도

지적 요소	1	2	3	4
1. 주제 영어	친숙함		낯섦	
2. 기초된 지식	정의됨		정의되지 않음	
3. 지식 구조	단순함		복잡함	
4. 관련된 교재	이용 가능함 이용		가능하지 않음	
5. 지식의 결과	사실		가치	
학습자 요소	**1**	**2**	**3**	**4**
6. 집단 크기	제한됨		일반적임	
7. 동질성	동질적		이질적	
8. 교수 가능성	쉬움		어려움	
9. 동기	고무적임		고무적이지 않음	
10. 목표달성기대	기본적임		복잡함	

교수 요소	1	2	3	4
11. 교육과정 계획	단순함		복잡함	
12. 교육 계획	연구가 충분함		직관적임	
13. 교수 매체	기술적으로 단순함		기술적으로 복잡함	
14. 교사훈련 가능성	광대함		없음	
15. 학교 체계	일관적임		일관적이지 못함	
16. 학교 문제	알려져 있고 단순함		알려지지 않고 복잡함	
17. 경쟁적 프로그램	없음		많음	
관리 요소	**1**	**2**	**3**	**4**
18. 변화 노력(범위)	지역적		국제적	
19. 변화 노력(심도)	부분적임		완전함	
20. 발달 시간	광대함		제한적임	
21. 발달 단체	경험이 있음		경험이 없음	
22. 명성도	훌륭함		알려지지 않음	
23. 매체 영향력	막대함		제한적	
24. 발달 원천	큼		작음	

출처: R. K. Johnson(1989), p. 31.

5.2 요구분석 이론

요구분석의 목적은 학습과정의 내용과 교수방법 및 평가에 필요한 정보를 결정하기 위한 정보를 수집하는 것이다. 이 요구분석의 목적으로 캐슬린 그레이브스(Kathleen Graves, 2000)는 〈그림 2〉와 같이 적절히 나타내고 있다.

또한 그레이브스(2000)는 요구분석을 다음 〈그림 3〉요구분석 단계를 이용하여 적절하게 기술하고 있다. 이러한 요구분석의 목적과 분석 단계를 통해서 알 수 있듯이 요구분석이란 교과목에서 가르칠 내용 및 교수방법, 평가방법을 결정하기 위해서 필요한 정보를 수집하여 학과목의 목적이 달성되도록 유도하는 과정이다.

5.2.1 요구분석의 기본 요소

교육과정의 내용 결정을 위해 학습자들을 대상으로 요구분석을 하기 위해서는 ①

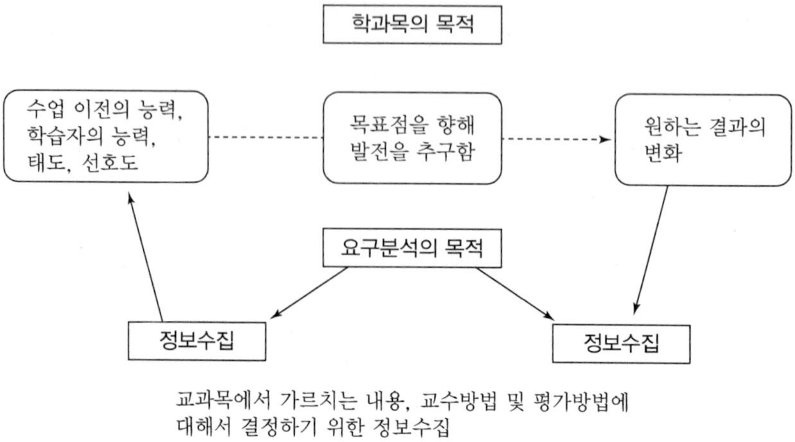

출처: 박경자 외(2002), p. 32.

〈그림 2〉 요구분석의 목적

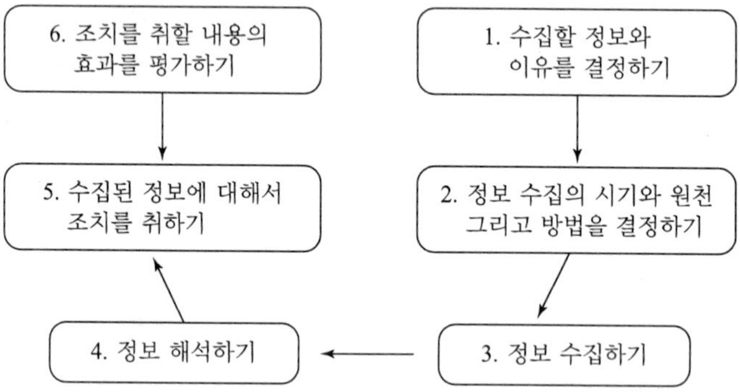

출처: 박경자 외(2002), p. 33.

〈그림 3〉 요구분석의 단계

요구분석에 관여하는 사람들, ② 수집할 정보의 유형, ③ 관점의 선택, ④ 관점과 철학의 상호작용 방법에 대한 기본사항을 결정해야만 한다. 다음에서는 각 사항들의 내용을 고찰하기로 한다.

요구분석에 관여하는 인적요소들은 다음과 같다.

1) 요구분석에 관여하는 사람들

① 목표 집단(target group): 정보수집 대상 집단, 학습자, 교사나 관리자가 포함된다.

② 관련자 집단(audience): 분석 또는 언어 프로그램에 영향을 미치는 모든 사람, 교사, 교사 보조원, 프로그램 관리자, 감독관청 등이 포함된다.

③ 요구 분석가 집단(needs analysts): 요구분석을 수행하는 사람, 컨설턴트, 교수진이 포함된다.

④ 자료제공 집단(resource group): 목표집단에 관한 자료를 제공하는 사람들. 부모, 재정적 후원자, 후견인, 국외자(미래의 고용주, 학습자의 학과 담당 교수) 등이 포함된다.

2) 수집할 정보의 유형

수집할 정보의 유형은 채택하는 철학에 따라 달라지는데 이 과정에는 네 가지 철학이 관여된다. 이 내용은 다음과 같다.

① 불일치 철학(discrepancy philosophy): 학습자에게서 기대되는 수행(performance)과 학습자의 실제적 수행 사이의 차이를 요구라고 보는 입장이다. 차이의 해소가 요구의 충족이므로 차이를 해소할 수 있는 정보를 수집한다.

② 민주적 철학(democratic philosophy): 집단 중의 다수가 바라는 변화를 모두 요구로 보는 입장으로 선택된 집단에 의해 가장 많이 요망되는 학습에 관한 정보를 수집하는 것이 특징이다.

③ 분석적 철학(analytic philosophy): 학습자들에 대해 알려진 것과 학습사정에 근거하여 학습자들이 다음 단계에서 자연스럽게 배우게 될 것은 무엇이나 모두 요구라고 간주하는 입장으로서 제2언어 습득에 관한 기존의 문헌을 조사한다.

④ 진단적 철학(diagnostic philosophy): 없으면 해로운 것으로 입증되는 것은 모두 요구라고 보는 입장으로서 일상의 요구를 조사하고 그 요구를 성취하는 데 필요한 언어유형을 조사한다.

3) 요구분석에 필요한 세 가지 이분법적 관점

교육과정을 구성하기 위해서 제1단계로서 학습자들의 요구를 분석할 때, 학습자들의 요구를 정의하는 관점에는 세 가지의 이분법적인 분류체계가 있다. 즉 상황 요구 대 언어 요구, 객관적 요구 대 주관적 요구, 언어내용 대 학습과정 요구의 세 가지 이분법적 관점이 존재하는데, 이를 도형으로 나타내면 〈그림 4〉와 같다.

다음은 각각의 이분법적 관점을 정리한 내용이다.

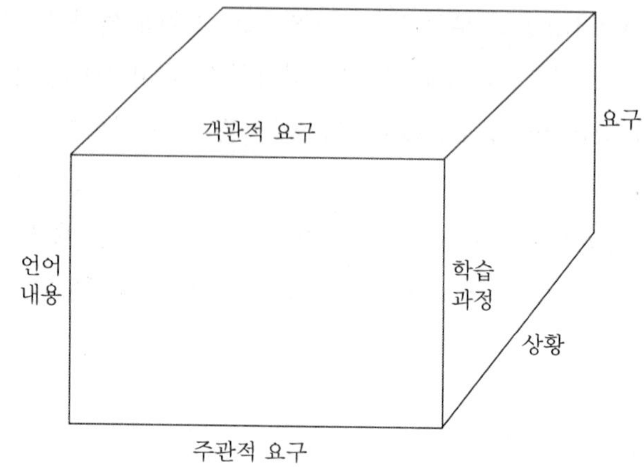

출처: J. D. Brown(1995), p. 42. / 박경자 외(2002), p. 36.

〈그림 4〉 요구분석에 관한 세 가지 이분법적 관점

1) 상황 요구 대 언어 요구

상황 요구란 학습이 일어나는 물리적, 사회적, 심리적 환경에 대한 요구를 의미하며 언어 요구는 목표언어 행동에 대한 요구이다. 두 범주를 분명히 구별하기는 어려우나 둘 사이의 균형을 맞추는 것이 정보를 분류하고, 유용한 패턴 찾기에 도움이 된다.

2) 객관적 요구 대 주관적 요구

브린들리(G. Brindley, 1984)가 정보유형을 양분하는 방법으로 객관적 요구와 주관적 요구를 제안했다. 객관적 요구란 상황, 학습자, 목표언어, 학습자의 현재와 언어 능숙도 및 언어기술 수준에 관한 명확하고 관찰 가능한 자료를 근거로 파악되는 요구이다.

주관적 요구는 원하는 것, 바람, 기대와 관련된 요구로서 파악하기가 더 어려운 경향이 있다. 둘 사이의 균형을 맞추는 것은 요구분석 과정에서 많은 다른 중요한 사항들에 영향을 미친다.

3) 언어내용 대 학습과정 요구

언어내용 요구는 학습자들이 배워야 할 내용 측면에서의 명시적인 요구이고 이외에도 학습과정 요구는 학습과정 측면에서의 명시적인 요구이다.

위도우슨(H. G. Widdowson, 1981. p.2)은 "목표지향적 요구 정의와 과거지향적 요구 정의"라는 양분법으로 규정하고 브린들리(1984, pp.31~32)는 "언어내용과 학습내용이라는 이원성"을 제안하였으며 누난(D. Nunan, 1985)의 "내용과 방법이라는 변수"는 대체로 유사한 개념이다. 요구분석에는 적용된 명칭에 관계없이, 두 입장에서 가치 있는 것은 무엇이나 이용하는 것이 바람직하다.

4) 관점과 철학의 상호작용 방법

이 세 가지 양분법은 서로 상호작용을 하기 때문에 세 양분법 간의 결정은 앞에서 채택된 철학들 사이의 균형과 일관성을 가져야 한다. 제시된 철학과 양분법 간의 우열은 없으나, 그 철학적 기초를 조기에 결정하는 것이 후속되는 작업에서 막대한 양의 반복작업, 낭비되는 에너지, 좌절을 덜어 주는 방법이 될 것이다.

5.2.2 요구분석의 방법

요구분석 과정에서는 다음 사항에 관한 정보를 찾아서 활용하는 것이 효과적이다.

① 언어가 사용될 상황(그 언어를 누구에게 사용할 것인가를 포함)
② 언어가 필요하게 되는 목표와 목적
③ 사용될 의사소통의 유형(예: 쓰기, 말하기, 공식적 유형, 비공식적 유형 등)
④ 요구되는 능숙도 수준

위에서 기술한 영역들을 결정할 때는 요구평가 과정의 진행에 따라 영역의 수에 가감을 가하는 융통성을 발휘하는 것이 필요하다. 다음에서는 요구분석에 필요한 정보수집 과정에 활용되는 기법들을 살펴보기로 한다.

1) 질문의 유형

정보수집 과정에서 제일 많이 사용되는 방법은 질문 유형이다. 질문을 할 때 고려할 다섯 가지 범주(A. Rossett, 1982), 즉 문제점, 우선순위, 능력, 태도 및 해결책을 이용하여 정보를 수집하는 것이 바람직하다. 다음은 그 다섯 가지 범주에 대한 간략한 설명들이다.

(1) 문제점

문제점과 관련된 질문이 가장 많으며 목적은 목표집단이 경험하는 문제점들을 확인하는 것이고 질문이 개방형이며 설명적인 특징이 있다.

(2) 우선순위

우선순위에 관한 질문은 어떤 화제, 언어용법, 언어기술 등이 목표집단이 학습하기에 가장 중요한 것으로 간주되는지를 조사하는 것인데, 우선순위는 언어프로그램에 따라 달라질 수 있다.

(3) 능력

능력에 관한 질문은 학습자 자신에게 초점이 맞추어지며, 대개 학습자들의 능력을 파악하기 위해 얻어진 정보는 프로그램을 위한 기초 및 출발점 설정에 매우 중요하다.

(4) 태도

태도에 관한 질문은 프로그램의 요소들에 대한 참여자들의 감정과 태도에 관한 정보를 밝히기 위해 포함된다.

(5) 해결책

해결책에 관한 질문들은 어떤 변화들이 타협과 해결책을 가져올 것인가 하는 견지에서 인식된 문제점들에 대한 해결책들을 모색하기 위해서 필요한 내용이다.

2) 도구의 유형

브라운(1989)은 요구분석의 역할, 도구, 절차에 대한 내용을 〈표 2〉와 같이 제시하였다. 이 중에서 요구분석을 위해서 활용되는 도구에는 기존의 정보, 평가, 관찰, 면접, 회의, 설문지 등이 활용된다. 다음은 각각의 내용에 대한 설명이다.

(1) 기존의 정보

이미 존재하는 정보를 이용하는 과정이다. 기존의 정보는 프로그램의 내적인 자료(파일, 기록 등)와 외적인 자료(도서관의 자료, 다른 프로그램에서 교환된 자료)로 분류할 수 있으며, 기존의 정보를 적절히 활용하는 것이 요구분석에서는 매우 효과적이다.

① 기록분석

프로그램 구성요소 각각의 경향을 알아보는 것이다. 예를 들어서 등록자 수, 이익, 교재선택, 물리적 조건이나 교수내용에 대한 학습자의 평가 등이 여기에 속한다.

② 체제분석

기록분석과 유사하나 더 넓은 범위로서, 프로그램의 다양한 구성요소를 분석하여 이들이 서로 분리되어 있지 않고 상호작용을 한다는 점을 알아낸다는 것이다.

③ 문헌연구

책, 잡지, 신문 등의 도서관 자료를 통해 유사한 프로그램에서 학습자들이 언어학습에서 요구하는 것에 대한 정보를 얻는다. 예를 들어서 외국인 학습자가 과학과 관련된 영어연수를 미국 대학에서 받으려 할 때 동일한 목표를 가진 프로그램이 있는지 찾아보는 것이 유용하다.

④ 서신교환

다른 프로그램에 있는 사람과 편지를 교환함으로써 서로의 정보와 생각을 공유하는 것이다.

(2) 평가

평가를 통해서 학습자들의 요구를 분석하여 학습자들의 전반적인 능력수준, 프로그램 내에서 능력별로 그룹 만들기, 학습자들의 언어학습에서 나타날 수 있는 특정한 문제점, 선행된 프로그램에서의 성취도에 관한 많은 정보를 활용할 수 있다.

〈표 2〉 요구분석의 역할, 도구, 절차

요구분석의 역할	도 구	절 차
내부의 모습을 관찰하는 외부인	기존의 정보	기록분석 체계분석 문헌연구 서신교환
	평가	능숙도 평가 배치 평가 진단적 평가 성취도 평가
	관찰	사례 연구 일기장 연구 행동 관찰

		상호작용적 분석
정보를 이끌어내는 과업의 촉진자	면접	개별 면접 집단 면접
	회의	델포이식 회의 고문 회의 이해집단 회의 점검식 회의
	설문지	인적사항 조사 의견 조사 판단 평가

(3) 관찰

개인이나 소수집단을 관찰하고, 그들의 언어나 교실행동을 비형식적 또는 민속방법론과 같은 형식으로 기록하는 것이다.

① 사례 연구

특정 개인이나 소수의 개인을 선택하여 언어적 특성을 기록한다. 예를 들면 대학 교육을 받은 비모국어 화자의 공학전공 학습자가 요구하는 영어 프로그램의 요구분석을 위해 원어민 화자인 공학교수의 강의를 연구하는 것을 말한다.

② 일기기록 연구

개인이 조사자로서 자기관찰을 통해 참여한다. 예를 들어서 언어학자들이 자신들의 언어학습 과정에서 느낀 점이나 생각을 기록하는 내용 등이 여기에 속한다.

③ 행동 관찰

구두행동 조사를 위해 관찰과정에서 점검표를 사용하여 더 공식적인 형식을 활용한다. 특정한 언어기능의 빈도 관찰, 언어적 특성 조사에 유리하다.

④ 상호작용적 분석

점검표와 다른 기록법을 조사연구 과정에서 동시에 사용하는 것을 말한다. 예를 들면 오류정정 연구에서 여러 종류의 오류정정 유형의 빈도수를 조사하는 점검표, 학습자 각각의 정정에 대한 반응을 동시에 연구하는 것이 있다.

⑤ 목록표

언어적인 측면뿐만 아니라 학습상황에서 물리적 제약의 고려도 중요하므로 단순한 목록표가 요구분석에서 필요하다.

(4) 면접

요구분석을 위해 활용되는 면접에는 다음과 같은 종류가 있다.

① 개별 면접

개개인의 사적인 응답이나 견해의 수집, 참석자의 실제적인 의견에 대한 성찰이 가능하나 시간의 소비가 크다. 설문지나 행동관찰 같은 좀 더 구조적인 과정에서 추구할 질문이나 문제를 미리 정하는 데 사용되는 것이 합당하다.

② 집단 면접

시간의 소비는 줄일 수 있으나 집단 면접의 정보가 반드시 신뢰할 수 있는 것은 아니다. 그러나 정치적인 문제처럼 개인 면접과 집단 면접에서는 의견이 다를 수도 있다.

(5) 회의

회의는 참석자의 특정한 과업성취를 위해 구조화된 것으로, 과업성취를 위해 노력하는 집단의 과정을 관찰함으로써 유용한 정보를 얻을 수 있다. 요구분석을 위해 활용되는 회의에는 다음과 같은 종류가 있다.

① 델포이식(Delphi) 회의

수행되는 과업의 목적이 의견일치, 합의점에 도달하는 회의이다. 예를 들어서 교사의 의견이 질문지를 통해서 도출되고 그 결과에 따라 회의를 소집해서 의견 차이를 토의한 후 의견일치에 도달한다.

② 고문들의 회의

요구분석의 초기단계에서 교직원이나 고문에게 요구분석의 목적, 사용되는 기술과 이 과정들을 통해 얻는 장·단점을 논의하기 위해서 이용되는 회의이다.

③ 이해집단 회의

프로그램 내에서 발생한 견해의 차이점을 의견일치나 절충을 통해서 해결하는 것이 목적인 회의이다.

④ 점검식 회의

다른 과정을 통해 얻은 정보를 분석하고 선별하는 것이다. 예를 들어서 어떠한 정보를 받아들이고 무시할 것인가, 여러 다른 정보 중 상대적으로 중요한 것은 무엇인가, 상충되는 정보를 어떻게 다룰 것인가를 결정하기 위해서 진행하는 회의이다.

(6) 설문지

설문지 방식은 학습자들의 요구에 대한 많은 정보를 수집하는 데 있어서 다른 방법보다 효과적이다. 설문지 유형에는 다음과 같은 내용이 포함되는 것이 일반적이다.

① 인적사항 조사

참석자 각각의 배경에 대한 사실을 도출하기 위한 조사이다. 예를 들면 나이, 성별, 언어학습기간 등이 포함된다.

② 의견 조사

의견이나 태도 등을 밝히기 위한 것으로 프로그램 목적, 자료, 테스트에 대한 교사의 생각을 알아보는 것이다.

③ 자아 평가

개인이 자신의 능력, 흥미수준, 동기 등을 평가하는 것이다.

④ 진단 평가

참석자가 프로그램의 다양한 면을 평가하는 것이다. 학습자가 프로그램에서 사용되는 교재가 얼마나 흥미롭고 유익한지 판단하는 경우가 여기에 포함된다.

5.2.3 요구분석의 요건

요구분석을 철저하고 효과적으로 진행하기 위해서는 그 절차상에 다음과 같은 신뢰성, 타당성, 이용가능성의 요건이 충족되어야 한다. 다음에서는 각 특징들을 간략히 살펴보기로 한다.

① 신뢰성

요구분석의 결과는 동일한 사람이나 사물에 대해서 측정할 때마다 유사한 결과가 도출되어야 한다. 즉, 정보를 획득한 과정의 일관성을 의미한다. 예를 들어 교실에서의 상호작용에 관한 점검표는 신뢰성이 가장 먼저 고려되어야 한다. 신뢰성을 통계적으로나 상식적 측면에서 점검하고 유사하거나 같은 결과가 반복되면 그 과정은 신뢰할 만한다고 볼 수 있다.

② 타당성

측정하고자 하는 것을 측정하고 있는가의 정도이다. 측정하고자 하는 것을 어느 정도 측정하고 있는가, 그 측정이 특정한 요구평가에 어느 정도 적합한가를 고려해서 모호한 점이 있으면 절차가 타당해 지도록 수정해야 한다.

③ 이용가능성

조사절차가 실제 사용하기에 얼마나 실용적인가를 판단해야 한다. 행정적인 측면이나 해석, 점수화가 상대적으로 쉬운지를 생각하고 초기에 고려하면 요구분석의 문제점을 예방할 수 있다.

요구분석 과정이 신뢰성, 타당성을 유지하더라도 실용적이지 않을 수도 있다. 예를 들면 석유를 얻기 위해 시추하는 현장주인과 노동자의 실제 언어 자료수집은 비실용적이다. 신뢰성, 타당성, 이용가능성은 서로 연관되어 있으며 요구분석 절차는 신뢰성, 타당성, 이용가능성을 구비해야 하나 모든 절차가 완전할 수는 없으며 각각 다른 장단점을 지니고 있다. 요구분석은 여러 가지 복합적인 정보가 사용되어야 하고 주어진 상황 안에서 적합한 정보가 어떤 것인지도 고려해야 한다.

5.3 교육정책 결정 이론

체계적인 교육과정 구성에서 가장 중요한 것은 교육과정의 목적이다. 이번 장에서는 요구분석에서 수집한 정보를 어떻게 목표로 진술한 것인지에 대해서 다음 내용을 중심으로 고찰할 예정이다.

① 요구, 목적, 목표의 정의와 상관관계
② 교육적 목표를 구체화하는 과정
③ 목표사용에 대한 찬반론

5.3.1 교육목적 · 목표 이론

1) 목적

목적이란 언어의 상황적 요구에 근거한 바람직하고 획득 가능한 프로그램의 목적과 관련한 일반적 진술이다. 학습자들의 요구에서 목적을 도출할 때, 반드시 고려해야 할 사항은 다음과 같다.

① 목적은 프로그램의 목적에 관한 일반적 진술이다.
② 목적은 프로그램이 미래에 달성하기를 희망하는 것, 특히 학습자들이 프로그램을 마칠 때 할 수 있어야 하는 것에 초점이 맞추어져야 한다.
③ 목적은 보다 자세하고 관찰 가능한 목표를 개발하기 위한 하나의 기초여야

한다.

④ 목적을 영구적이라고 생각해서는 안 된다. 왜냐하면 새로운 학습자들이 프로그램에 들어올 때마다 언어적 요구와 상황적 요구는 변하기 때문이다. 목적 설정은 교육적 목표의 기초가 된다.

2) 목표

목표는 교육과정이나 언어 프로그램이 끝날 때 학습자가 알거나 행할 것이라고 기대되는 특정한 시기, 행동, 기술의 구체적인 진술이다.

메저(R. F. Mager, 1975)가 제시한 교육적 목표의 세 가지 필수요소는 다음과 같다.

① 수행: 학습자가 무엇을 할 수 있는가?
② 조건: 수행이 어떤 조건에서 일어나는가?
③ 기준: 수용 가능하다고 받아들여지는 수행의 질이나 수준은 무엇인가?

학습자들의 요구를 목적과 목표로 전환하는 과정은 훌륭한 교육과정을 구성하는 모든 교수활동을 정의하는 기초 단위가 된다. 그러나 이러한 과정이 항상 쉬운 것은 아니다. 요구가 아주 자세히 인식되어서 더 큰 범주로 재분류되어 진술되는 경우도 있고, 또 다른 경우는 요구가 너무 일반적으로 진술되어 있어서 요구를 유용한 교육과정 목적으로 범위를 좁혀 진술하는 경우도 있다.

그 다음 단계에 할 일은 목적을 최소단위로 분할하여 잘 어울리는 것들의 집합으로 분류하는 것, 즉 목표를 끌어내는 것이다. 이렇게 목표를 기본 구성요소들로 분류하고 그것들을 다시 재조직하는 과정을 통해서 학습자들의 요구에 대해 초기에 이해한 것이 조정될 수도 있다.

요구를 목적으로, 목적을 다시 교육적 목표로 바꾸는 과정은 다음과 같이 요약할 수 있다.

① 요구분석 과정에서 발견되고 제시된 학습자들의 요구를 검토한다.
② 실현 가능한 목적과 관련된 학습자들의 요구를 진술한다.
③ 결과로 나온 목적진술을 최소단위로 분석하고, 논리적으로 재배열하고, 학습자들이 목표를 달성하기 위해서 알거나 할 수 있어야 하는 것이 정확하게 무엇인

지 생각함으로써 결과적으로 도출된 목적진술의 범위를 구체화시킨다.

④ 문맥 내에서 표현이 자연스럽게 되도록 정확하고 보다 구체적인 목적을 목표로 진술한다.

목적을 잠정적인 목표로 바꾸는 과정이 전적으로 과학적인 것이 될 수는 없으나, 교육과정 계획자는 언어와 상황요구에 대해서 인식하고 이를 바탕으로 적절한 교육목적과 목표를 설정해야 한다.

5.3.2 교육목표 설정 방법

학습자들의 요구에 기초하여 만든 목적과 목표는 형식화되어 문서로 제작된다.
학습자들의 요구분석 결과를 기초로 교육목적과 목표를 설정하는 데 활용될 수 있는 자료로는 다른 언어 프로그램과 문헌이 존재한다.

(1) 다른 언어 프로그램

다른 언어 프로그램 자료를 활용하면 불필요하게 행해지는 중복된 노력을 피할 수 있으며, 새롭고 창의적인 아이디어들을 얻을 수 있다.

(2) 문헌

언어교수 이론, 특히 요구분석, 목적과 목표 그리고 교육과정 개발 등과 같은 주제에 대해 쓴 책이나 학술지 등을 검토한다.
스턴(H. H. Stern, 1992)은 언어교육의 목표를 다음과 같이 세 가지로 구분하였다.

① 능숙도 목표

학습자들이 언어를 학습할 때, 어느 정도의 능숙도에 도달하리라는 기대감을 갖고서 학습한다. 이때 학습자들이 갖게 되는 기대감이 능숙도 목표이고, 이 개념은 다음과 같은 하위개념으로 구분할 수 있다.

- 언어능력으로서의 능숙도: 가장 추상적이고 심리적으로 깊은 단계에서 존재하는 능숙도
- 언어기술 습득으로서의 능숙도: 언어기술을 완전히 습득하는 것으로서의 능숙도
- 언어행동으로서의 능숙도: 언어행동, 활동, 사용성, 기능을 구체화시키는 측면에

서의 능숙도

② 인지적 목표

목표어에 대한 지식과 정보로 구성된 목표로서, 다음과 같은 하위개념으로 분류된다.

- 언어학적 지식: 통사론과 형태론 분야에서 다루어지는 언어의 분석적 지식과 의사소통 수단으로서의 언어의 체계적 측면에 대한 지식을 포함한다.
- 문화적 지식: 모국어 화자의 사회문화적 규칙과 정보에 대한 통제적이고 체계적인 지식

③ 정의적 목표

학습자들은 언어학습에 대해서 감정적인 반응을 하게 되고, 스스로 참여하게 되는 과정에서 언어학습에 대한 이해와 적응과정을 거치는데, 이 과정에서 학습자의 흥미, 태도, 가치체계의 변화를 다루는 차원의 목표이다. 이 목표도 다음과 같은 하위개념으로 분류될 수 있다.

- 제2언어 능력: 처음 외국어를 접했을 때, 느끼는 좌절감이나 혼동감을 극복하고 제2언어 능력을 획득하는 것을 목표로 설정한다. 학습자들에게 새로운 언어형태에 대한 수용과 감응을 통해서 좋아하는 감정을 장려하는 목표를 가진다.
- 사회문화적 능력: 목표어 공동체 구성원들과 의사소통하고 통합하려는 요구가 그 자체로서 중요한 목표이고 언어학습을 성공적으로 이끈다.
- 언어학습: 긍정적인 태도로 언어학습 과업에 접근하도록 장려하는 것이 정의적인 목표의 한 요소이다.

교육과정에서 목표를 설정하는 것에 대해서는 옹호입장과 반대입장이 존재한다. 타일러(R. W. Tyler, 1949)는 교육과정의 목표를 설정하는 일은 교육과정을 구성하는 첫 번째 중요한 단계일 뿐만 아니라 교육과정의 실질적인 내용을 이루는 학습경험이나 그 경험을 조직하는 일, 그리고 그것을 평가하는 일을 결정하는 데 기준이 된다는 점에서 가장 중요한 과업이라고 주장하였다. 그러나 툼포스키(N. R. Tumposky, 1984)는 복잡하고 창의적인 학습은 목표로서 정의하기 어렵다는 견해를 피력하여 반대의 입장을 취하였다.

다음에서는 반대와 찬성의 의견을 간단히 살펴보기로 한다.

1) 목표사용에 대한 반대의견

(1) 행동주의 심리학적 측면

비행동주의자들은 목표가 필연적으로 행동주의 혹은 행동주의자와 관련되어 있다고 보고 목표진술을 기피한다. 또한 목표는 학습자의 수행 또는 행동만을 기술한다. 왜냐하면, 목표는 광범위하거나 일반적이라기보다는 구체적이기 때문이며, 또한 수행이나 행동은 우리가 구체화할 수 있는 것이기 때문이다. 그러나 학습에는 반드시 구체화시킬 수 없는 추상적인 개념도 포함된다. 때문에 목표설정은 이러한 추상성을 포함시킬 수 없다는 단점도 있다.

(2) 목표로 구체화시킬 수 없는 경우

교수활동 중에는 목표로 표현할 수 없는 것들이 있다. 특히 문학이나 예술분야는 정확한 측정을 할 수 없는 경우가 있다. 예를 들어서 셰익스피어의 소네트를 읽고 토론할 수 있는 학습자에게서 기대되는 행동유형이나, 인상주의의 그림을 감상한 학습자로부터 기대되는 행동유형을 기술하기는 어렵다.

목표는 모든 상황에서 가능하거나 필요할 수도 있고, 필요하지 않을 수도 있다. 하지만 학습자들이 배운 것과 배움의 결과로서 학습자들이 무엇을 할 수 있는지 정의하려는 시도가 과소평가되어서는 안 된다.

문학수업에서 목표는 다음과 같이 경험적 용어로 표현될 수 있다. 예를 들어서 학습자들은 적어도 커밍스의 시 10개를 소리 내어 읽으면서 의미뿐만 아니라 억양과 리듬을 생각할 수 있다. 문화적, 정서적 문제를 전달해야 하는 언어수업에서 교사는 언어수업의 본질적인 특성 때문에 측량할 수 없는 어떤 경험이 있을 수 있다고 보는데, 이 경우에도 학습자들이 실제로 그 활동에 적극적으로 참여하도록 그런 경험들도 입증되어야 한다.

(3) 목표는 수업을 간소화시킨다.

목표는 교사들이 수업목표로 표현된 것에만 집중하게 함으로써 수업을 간소화시키는 경향이 있다. 문제는 목표가 수업을 간소화시키는 것이 아니라, 일부 교사의 마음속에 정형화된 목표가 그대로 수업에 사용될 때 생겨난다. 성공적으로 목표를 사용하기 위한 방법은 각각의 목표에 대한 적절한 기준 특성을 결정하는 것이다.

(4) 목표가 교사의 자유영역을 축소시킨다.

언어교수라는 복잡한 과업을 진행해야 하는 교사가 요구분석, 목표설정, 테스트, 자료개발, 평가에 있어서 모두 전문가가 될 수는 없다. 목표설정이 교육과정에서 중심적인 역할을 수행하기 때문에, 목표를 선정할 때 교사 사이에 합의를 구하는 일이 필수적이다. 즉, 학습자가 무엇을 배울 필요가 있을까, 어떤 목적이 중요할까, 어떤 목표가 프로그램 목적에 필요할까, 각각의 목표에 적당한 기준특성은 무엇인가에 대한 교사들의 협의가 중요하다.

(5) 언어학습은 목표로 표현될 수 없다.

발레트(R. M. Valette, 1980)는 "언어학습은 무수히 많은 부분들의 총합이 아니다. 즉, 1,000개의 문법규칙, 1,000개의 동사, 3,000개의 어휘를 배우는 것이 언어학습은 아니다."라고 주장하였다.

툼포스키(1984)는 목표는 외국어 학습의 특성상 부적절하다고 했는데, 이는 언어는 창의적이며 예측이 불가능하기 때문이라고 설명한다. 그는 목표의 정형화된 특성들을 열거한 후, "효율성의 신봉"이라는 표현으로 비난하여 교육과정에서 언어학습의 목표설정을 반대하였다.

2) 목표사용에 대한 찬성 의견

교육과정에서 교육목표를 설정하고 사용하는 데에 찬성하는 학자들은 목표사용에 대한 부정적 견해가 대체로 목표가 실제수업에서 실용적이기보다는 편협하며 정형화된 틀이라는 오해에서 비롯되었다는 주장을 한다.

현재 언어 능숙도에 대한 견해는 구체적인 목적과 활동을 달성하기 위해서 언어를 사용하는 능력에 초점을 맞추고 있다. 즉 학습자들이 언어를 가지고 무엇인가를 하도록 가르치고 있다. 이러한 행동은 여기서 기술된 목표와 자연스럽게 연관된다.

목표사용의 옹호자들은 다음과 같은 목표사용의 이점을 나열하고 있다.

① 교사가 학습자들의 요구를 교수요점으로 전환할 수 있다.
② 교사가 교수요점을 분류, 조직할 수 있다.
③ 교사가 중요한 다른 수업항목들을 기술과 하위기술을 통해 생각할 수 있다.
④ 교사가 수업이 끝난 시점에 학습자들이 무엇을 할 수 있는지 결정할 수 있다.
⑤ 교사가 교수활동에 대해 적절한 기준특성을 결정할 수 있다.

⑥ 평가 개발자와 다른 평가도구에 대한 청사진을 제공한다.
⑦ 학습자들의 요구에 최대한 부응하는 교수자료를 채택, 개발, 적용시킬 수 있다.
⑧ 교실에서 교사가 성취해야 할 것에 집중함으로써 전문적인 자기개발을 할 수 있다.
⑨ 전반적인 프로그램의 효율성뿐만 아니라 각 학습자의 발달과정을 평가할 수 있다.
⑩ 교사가 지속적인 교육과정 개발에 기여하고 또한 배울 수 있도록 한다.

그러나 목표 설정 시 반드시 유의해야 할 사항들도 다음과 같이 제시하였다.

① 목표는 유형과 기준 특성으로 범주화되어야 한다.
② 목표는 반영구적이다. 즉, 학습자들의 요구와 유형이 변화됨에 따라 목표도 유동적이어야 한다.
③ 목표는 관련된 모든 교사의 의견 수렴을 거쳐 개발되어야 한다. 또한 교사는 목표의 성공적인 성취에 관심을 가져야 한다.
④ 목표가 학습자들의 성취를 위해 교사의 행위를 제한하는 지시적인 표현이 되어서는 안 된다.
⑤ 위에 기술한 특성상, 목표는 필연적으로 특정 프로그램에 대해서 구체적이어야 한다.
⑥ 무엇보다도 목표는 교사를 도와주도록 설계되어야 하며, 교사의 노력을 방해해서는 안 된다.

만족스러운 수업목표를 정하는 과정은 어려우며, 이 경우 교사들의 협동 자세가 중요하다. 목표는 교육과정의 작은 일부이며, 만일 다른 요소들과 밀접하게 연관되어 있지 않으면 의미가 없다. 그러므로 목표는 변경 가능해야 한다.

결론적으로 목표는 교사로 하여금 교과목의 수업이 끝났을 때 학습자의 성취수준을 가늠해 주는 유용한 도구이며, 사람들이 목표를 구성하고 사용할 수 있을 만큼 창의적이어야 한다. 프로그램 혹은 프로그램 내의 다른 과목에 따라 다양해야 하며, 교사의 특성과 상황 혹은 시간에 따라 목표는 달라질 수 있다. 그러므로 목표는 유동적이고, 암시적이며, 개정할 수 있어야 한다.

5.3.3 교육정책 결정 과정

언어정책 결정단계에서 언어정책을 결정하는 데 참여하는 사람들을 중심으로 전문가 중심의 정책결정 과정과 학습자 중심의 정책결정 과정으로 구분한다. 최근에 교육과정 연구에 대한 논의에서 학습자 중심의 교육과정에 대한 논의가 활발한데, 위 두 가지 측면에서의 장·단점을 고찰하는 것은 교육정책의 결정 과정에서 매우 필요한 일이다. 〈표 3〉은 교육정책의 결정 과정에서 전문가 중심의 정책결정 과정과 학습자 중심의 정책결정 과정의 차이점을 나타낸 것이다. 다음에서는 각 결정 과정의 특징을 기술해 본다.

1) 전문가 중심의 정책결정 과정

전문가 중심의 정책결정 과정을 보면 교육정책의 단계에서는 정책 입안자들이, 교수요목 설계 단계에서는 요구 분석가와 방법론자들이, 교육과정 프로그램 단계에서는 교재 제작자와 교사 훈련가가, 교실수업 단계에서는 교사와 학습자들이 정책결정에 참여한다. 또한 전문가 중심의 정책결정 과정은 단순하고 군대식 명령체계를 갖고 있다. 다양한 결정에 대한 이해나 책임이 분명히 정의되고 각 영역에 대한 내용이 전문가들에 의해서 결정된다는 장점을 갖고 있다. 또한 의사결정 과정의 흐름이 일방적이고, 다양한 역할을 부여받은 사람들 가운데서 참고할 사항이나 상호작용이 없다. 가정이 잘못되어도 의문시되지 않고, 의견의 일치를 위한 동의도 쉽게 이루어지지 않는다는

〈표 3〉 전문가 중심의 정책결정 과정과 학습자 중심의 정책결정 과정

참여자	교육과정 발달단계						
	정책	교수요목		프로그램		교실	
		목표	방법	교재원천	교사훈련	교수활동	학습활동
정책입안자	////						
요구분석가		////					
방법론자			////				
교재집필자				////			
교사훈련가					////		
교사						////	
학습자	\\\\	\\\\	\\\\	\\\\	\\\\	\\\\	XXXX

* 전문가: ////// 학습자 중심: \\\\\\

단점도 있다.

2) 학습자 중심의 정책결정 과정

학습자 중심의 정책결정 과정은 교육과정의 모든 참여자들에게 상호작용과 협동, 창조에 대한 최대한의 기회를 부여해 주고, 동의, 참여, 학습동기의 발달에 최대한의 가능성을 부여해 주면서 의사결정의 모든 순간에 학습자들이 참여한다는 장점을 갖고 있다. 따라서 학습자들의 인식된 욕구, 생각의 변화, 현실적인 제약의 변화에 대한 학습자들의 반응이 대응적이다. 이 정책결정 과정의 단점은 명령의 체계가 없고, 결정에 따른 구체적인 책임감이 아무에게도 주어지지 않으며, 학습자들이 교육과정에 대한 명확한 개념을 갖고 있지 않고, 교육과정에 대해서 형식적으로 평가할 수 없다는 점이다.

교육과정의 정책을 결정하는 데 전문가 중심의 정책결정 과정과 학습자 중심의 정책결정 과정은 나름대로 장점과 단점을 갖고 있다. 우리나라의 교육정책 결정 과정의 특색을 고려해 볼 때, 우리나라는 "전문가 중심의 정책결정 과정"을 따른다. 앞에서도 지적했듯이 전문가 중심의 정책결정 과정은 다양한 결정에 대한 책임감이 분명하다는 장점과 의사결정의 흐름이 일방적이라는 단점이 있다.

이런 상황에서는 정책 결정자가 현실에 대한 모든 문제점을 인식하고 정책을 결정하고, 그 수행상의 과정에서도 제한점들을 모두 고려해야 하는 부담감을 갖고 있는데, 현실적으로 이런 조건을 모두 충족시키는 것은 쉽지 않는 문제점을 안고 있다. 그러나 "학습자 중심의 정책결정 과정"은 학습자들이 교육과정에 대한 전문적인 지식이 결여되고, 구체적인 책임감을 부여할 수 없다는 문제점도 있다. 따라서 위의 두 가지 정책결정 과정의 바람직한 모형은 "학습자 중심의 정책결정 과정"의 장점은 유지하되 각 단계마다 결정한 내용을 수행하는 책임은 전문가가 맡도록 하는 통합된 방식을 이용하는 것이다.

정책결정에 대한 개념의 변화모습을 로저스(1898)는 전통적-협의적 견해로 구분하였다. "전통적 견해"에서는 의사결정이 정부의 고안에서 내려온다. 정책의 생성이 기술적이고, 규칙 지배적이다. 언어교육의 목표, 내용 선택, 과업분석, 학습 행동의 고안, 행동결과의 목표, 목표달성에 대한 평가 등을 정책 결정자가 하고, 프로그램 행정가는 문제점 진단과 과정적 변화의 해결에 대한 결정을 내린다.

"협의적 견해"에서는 언어정책 결정 과정이 비선형적, 다층적, 유기적, 상황의존적 과정이고 언어정책 결정은 교사, 학습자들이 모두 참여하는 지속적이고 폭넓은 영역의 과정이다. 앞에서 제시한 여러 가지 이론을 종합해 볼 때, 언어정책 결정에 대한 최근의 강조점은 선형적, 양적, 하향식, 참여자에게 국한된 모형을 지양하고, 다층적, 질적, 상호작용적, 참여자의 확대된 견해를 지향하는 추세에 있다. 이상과 같은 언어정책 결정에 대한 이론과 변화의 추이를 고려하여 우리나라에서도 다층적, 질적, 상호관련적, 참여자의 견해를 존중하는 언어정책 결정을 지향해야 할 것이다.

이번 장에서는 영어교재 개발의 청사진을 담고 있는 교육과정에 대해서 이론적으로 고찰을 하였다. 교육과정을 구성하기 위해서는, 학습자들의 요구분석이 이루어지고, 그 분석결과를 토대로 교육목적과 목표가 설정되며, 설정된 교육목적 및 목표에 의거하여 교재가 개발되어야 한다. 이러한 교육적 목적과 준비된 교재를 바탕으로 언어교육 과정이 진행되며, 마지막으로 프로그램 전체 진행을 평가한 결과가 다시 교육과정의 정책을 수립하는 데 피드백을 제공해 준다. 따라서 영어교재 개발에 있어서 교육과정은 그 철학적 배경이며 기본골격의 구실을 한다고 할 수 있다.

연구과제

study assignments

1. 교육과정을 구성하는 6가지 기본 요소는 무엇인가?

2. 교육목표를 설정하여 외국어 교육에 활용하는 방안에 대해서 찬반양론이 존재한다. 이 중에서 찬성하는 주창에 대한 이론적 근거를 기술하시오.

3. 언어교육 정책을 결정하는 데는 전문가 중심과 학습자 중심의 결정과정이 존재한다. 이 두 가지 결정과정의 장·단점을 기술하시오.

4. 브라운(1989)이 제시한 요구분석의 도구에 대해서 설명하시오

5. 교육과정의 목적과 목표를 정의하고, 양자의 상관관계를 기술하시오.

6. 스턴(1992)이 제시한 언어교육의 세 가지 목표가 무엇인지 기술하시오.

제6장

영어교육의 교육철학

교육철학은 교육의 이념을 상징하며, 교육과정을 구성하는 데 이론적 토대가 되기 때문에 교육과정과의 연관성이 매우 깊다. 따라서 교육과정에 대해서 논의할 때 교육철학적 바탕에서 심오한 성찰이 없으면 교육과정의 달성 목표가 희미해지고 목표 달성의 성공여부도 매우 불투명해진다.

그 어느 때보다도 영어교육에 대한 논의가 매우 뜨겁게 달아오르고 있는 현시점에서 영어과 교육과정의 뿌리를 형성하고 있는 교육철학의 문제를 논의하는 것은 필수조건이라고 할 수 있다. 현재의 교육현상에 중요한 영향을 끼쳤던 교육철학은 고전적 인문주의, 재건주의, 과정중심주의[1])로 구분된다. 고전적 인문주의는 일반화된 지적 능력을 증진시키는 것이 가장 큰 목적이고 지식, 문화, 세대 간의 기본적인 것을 전달하고 유지하여 엘리트의 보호자를 조성하는 것이 교육 철학의 가장 큰 특징이다. 재건주의 교육철학은 교육을 통한 특정 목표를 달성하기 위해서 사회적 차별화를 추구하는 것이 기본 목표이고, 모든 국민의 평등한 가치를 위한 평등주의를 기본으로 국가의 사회 목표를 실질적으로 교육과 연결시키는 것을 교육의 중요한 목적으로 설정한다. 과정중심주의 교육철학은 전인격체의 개인 발달을 교육의 주요 목표로 설정하고 학습자의 책임 증진과 학습법의 능력을 증진시키는 것을 추구한다.

이번 장에서는 고전적 인문주의, 재건주의, 과정중심주의 교육철학과 외국어 교육과정과의 연관성, 교육개혁의 측면에서 교육철학의 문제점 등을 논의하고자 한다.

6.1 고전적 인문주의 교육철학

6.1.1 개요

교육에 대한 고전적 인문주의 접근에 대한 분석은 암기와 분석, 분류, 지식의 요소를 재구성하는 능력을 포함한, 무엇보다도 광범위한 인지적 능력을 발달시키기 위한 요구로 정의될 수 있다. 그래서 이러한 능력은 인생에서 우연히 마주칠 수 있는 여러 가지 도전들을 감당할 수 있게 한다. 지식은 일련의 드러난 진실로 보이며, 그것을 강조하는 규칙과 질서는 학습해야 되고 의식적으로 인식되어야 한다. 교사는 자신이 알

---

1) 본서에서 "과정중심주의"로 정의한 철학사조는 국내에서 "진보주의(Progressivism)"로 소개되었다.

고 있는 지식을 자신이 지도하는 학생들에게 전달하는 역할을 수행한다. 학습자의 임무는 지식을 조절하고 새로운 문맥에 적용하기 위해 지식을 습득하며 그 지식의 근간을 이루는 규칙을 의식적으로 이해하는 것이다. 연구한 규칙을 의식적으로 이해하고 사고와 자각 및 조정된 지식을 적용하는 것이 학교에서 강조된다. 지식이 한 세대에서 다음 세대로 넘겨지는 것과 같이 문화적인 가치는 교육과정 속에서 묵시적으로 전달되어야 한다. 그것은 입증된 도덕과 예술적인 가치의 연구 결과를 거쳐서 생긴 것이며, 그것의 고유한 장점은 다음 단계에서 널리 인정되었다.

고전적 인문주의 전형은 영국 교육체계에서 찾아볼 수 있다. 영국 교육체계는 중등교육에서 가치 체계의 유지와 발전이라는 두 가지 명백한 교육 유형의 교육기능을 행하고 있다. 영국에서는 두 가지 구별된 가치가 교육의 유형을 만들어감으로써 고전적 인문주의가 형성되었다. 엘리트 계층을 위해서는 그들이 일반화할 수 있는 인지능력과 비판적 판단을 조장하는 목적으로 상류계층의 문화와 추상적인 지적사유를 소개한다. 일반 대중을 위해서는 좀 더 비추상적이고 구체적인 생활방식과 현실적인 직업적, 여가활동에 대한 그들의 기대를 충족시키기 위해서 더 실용적인 교육과정을 제공해준다. 고전적 인문주의 가치체계는 가치 기준을 유지하는 기준을 중요시하여 일반적으로 학교 연습과 기준을 관찰하고 보고하는 업무를 책임지는 강력한 국가적인 검사단 단체로 운영되어 왔다. 그것은 또한 유명한 검사 위원회의 설립을 이끌었고, 검사위원회 임무는 적절한 크기의 엘리트를 선발하고 다음 단계의 교육에 들어가는 자격을 규제하는 시험을 만들어내는 것이다. 학문적인 전통과 기준이 유지되는가를 확인하기 위하여, 국가 지혜의 후견적인 대학들이 효과적으로 학교 시험 체계를 통제해왔고 교실에서 무엇이 행해져야 하는지 결정해왔다.

6.1.2 고전적 인문주의 교육과정의 특징

교육과정의 결정은 필수적으로 목표, 내용과 방법론이 상호 밀접한 관계가 있는 특별한 방식에 의해서 결정되고, 각 교육철학은 목표, 내용, 방법론에 대해서 강조하는 내용이 서로 상이하다. 고전적 인문주의는 교육 내용을, 재건주의 교육철학은 교육 목표를, 과정중심주의 교육철학은 교육 방법론을 강조한다. 그러므로 세 가지 교육철학은 매우 다른 교육과정의 유형을 탄생시킨다. 우선 교육과정 형성에 인문주의 고전주의가 끼치는 영향력을 검증해보고자 한다.

1) 교육과정 목표 설정의 원칙

전통적인 인문주의 교육과정의 광범위한 목표는 지식 요소의 연구와 연구된 특별한 과목의 고유한 사고의 방법을 통하여 일반적인 인지 능력을 촉진시키는 데 있다. 고전적 인문주의 교육과정의 주요한 특성은 내용 중심이다. 교육과정을 계획하는 사람은 고유한 교과 내용의 구성을 분석하고, 학습하기에 더 쉬운 요소로부터 좀 더 복잡한 것까지 내용을 배열한다.

2) 교육과정 구성 원칙

교사의 임무는 교실에서 교재를 정하고 등급을 매기는 과정을 조심스럽게 수행할 수 있도록 정당한 방법 안에서 단원과 단원에서 제시된 연속된 학습경험을 지도하는 일이다. 전체적인 학급이 동일한 속도로 교재의 다양한 단원을 통해 한 집단으로 움직이는 것이 기대되기 때문에, 학급들이 성취 수준과 학습 속도에서 대체적으로 동질성을 따르는 것이 특징이다.

3) 인문주의 교육과정의 수행 원칙

인문주의 교육과정에서 선호되는 방법론은 의식적이고 계획적인 학습을 강조하고 새로운 문맥에서 그러한 규칙들을 의식적으로 재적용하는 것이다. 교사는 하나의 특별한 규칙을 강조하기 위해서 제작된 자료를 제공한 후 규칙들을 도출하고 설명한다. 그런 다음 학습자는 그것을 더 공개적인 문맥 안에서 적용하기 전에 조심스럽게 조정된 상황에서 규칙을 적용하는 원칙을 연습하는 것을 주된 방법으로 삼았다.

4) 평가원칙

고전적 인문주의 접근에서 평가는 표준 지향적이다. 평가자는 높은 성취자와 낮은 성취자를 구별하기 위한 시험을 구성하고, 그 다음에 학생들의 수행 결과가 비교될 수 있는 서열 순서를 결정한다. 시험은 정상적으로 학습자들이 어떤 지식의 영역을 학습하는 분량과 그들이 자신들의 지식을 새로운 문맥에 적용할 수 있는 영역까지 평가하도록 제작된다. 표준 지향적인 평가의 주요 목적은 적절한 학습자의 수가 다음 단계의 교육을 위해서 선택되고 그 안에서 균등한 그룹 속에 학습자를 배치함으로써, 각각 새롭게 구성된 학급이 대략 유사한 속도로 다음 순서가 정해진 학습 경험을 거쳐 하나의 집단으로 진행시키기 위한 것이다. 국가적인 공식 시험은 특별한 직업 혹은 좀 더 높은 교육을 받기 위한 사람을 선출하기 위해서 국가의 공적인 위원회에서 평가를 시행하고 여러 가지 과목에서 학생의 등급을 표시하는 증명서가 발급되는 것이 일반적이다.

6.1.3 외국어 교육과정과 고전적 인문주의

고전적 인문주의에 바탕을 두고 탄생한 외국어 교육과정에서 가장 잘 알려진 교수방법론은 문법-번역식 교수방법론이다. 가르치고 학습한 내용은 하나의 특별한 언어를 구성하기 위해 음성학, 문법, 어휘적 요소의 용어로서 표현된다. 이것들은 간단한 것으로부터 복잡한 순서로 연결되어 있고 그런 다음에 그러한 요소들의 의미가 전달되기 위해서 창조되고 선택된 등급화된 일련의 본문으로 엮어 진다. 이러한 과정은 하나씩 의도적인 학습을 거쳐서 의식적인 규칙의 이해를 통해서 구성된다. 지적인 능력을 증진시키기 위해서 학습자들은 문장 구성을 강조하는 규칙을 이해하고 예시문과 문법적인 체계와 하부체계를 암기하고, 문장을 그들의 구성 성분으로 분석하고, 분류하고, 그런 다음 이 모든 지식이 번역과정에서 재구성되도록 지도된다. 이러한 학습과정은 중요하고 심미적인 판단을 증진하기 위해서 고유한 가치를 지닌 특별한 문학의 높은 단계의 연구에서 강조된다.

6.1.4 교육과정 개혁과 고전적 인문주의

교육과정을 혁신하기 위해서 고전적 인문주의 접근법은 주로 대학 당국의 영향권 안에 놓여 있었다. 국가적 차원의 지혜의 수호자로서 대학들은 상위 학급뿐만 아니라 초기 학년까지 학급에서 다뤄지는 학습내용을 교육정책 목표와 일치시키기 위해서 시험 체제를 조정하는 권한이 주어졌다. 교육과정 혁신에 영향력을 행사하기 위한 고전적 인문주의 전략은 시험을 바꾸는 일이다. 고전적 인문주의 철학에서 개혁은 점진적으로 이루어지는 경향이 있고, 긴 현상유지의 기간 뒤에 주기적으로 따르는 변화에 의해 특성화된다. 교육과정에 대한 변화는 학교 외부에서부터 일어나는 것이 일반적인 특징이다.

국가의 교육적인 기준의 수호자인 일련의 검사 단체는 학급교수법과 학습을 평가하고 좋은 수업내용을 확인하기 위해 정부로부터 권한을 부여받는다. 이러한 내용들은 여러 가지 정책 서류, 토론, 보고서 등으로 기술된다. 교육과정에 참여하는 사람들은 그들의 부서에서 교사들로부터 수집한 정보를 기초로 새로운 정책을 제안하여 교육과정의 개혁을 논의한다.

6.1.5 고전적 인문주의에 대한 비판

1) 사회의 변화 추세

엘리트를 위한 지적인 학교교육과 대중을 위한 실제적인 학교교육의 사회적인 구분 형태의 고전적 인문주의는 그 자체의 교육 체계 안에서 더 큰 사회적 이동성과 더 큰 기회의 균등성을 증진시키는 것을 강조하는 시대에는 수용되지 않는다. 모든 사람들이 기술과 사회 변화의 발전에 재빨리 적응하도록 하는 지적이고 실제적인 학습이 교육을 통해 이루어져야 하는 방향으로 시대가 변화되고 있었다. 학교에서 얻을 수 있는 기술과 특별한 지식이 더 이상 인생에서 충분히 기대될 수 없기 때문에 엘리트를 위한 지식과 문화의 형태에서 불변의 진리 전달자 혹은 대중 속에서 불변하는 기술의 증진자로 교육의 관념이 퇴색하게 되었다.

2) 외국어 활용 능력의 측면

지식과 기술의 제공이 학교 교육과정의 일부분이든 아니든 학교는 학습자들에게 동기를 부여해야 하는 의무가 있다. 엘리트를 위한 고전적 인문주의는 교육과정에서 보여주는 실제적인 기술을 위한 관심이 부족하기 때문에, 특별한 언어를 구성하는 다양한 문법적인 지식과 어휘를 정복하는 것에 전적으로 관심을 갖게 된다. 그 결과 영국에서 65~70%의 학생이 외국어 학습에서 실제적인 관련성을 발견하기 힘들고 상급과정에 진급한 학생들은 외국어 학습 능력이 더 저하된 자신들을 발견하게 되었다. 고전적 인문주의 교육철학의 기본은 학습자들이 문자 구조의 규칙을 정복하고 적절한 어휘를 습득하면, 학습자들이 궁극적으로 의사소통을 할 수 있을 것이라 기대한다. 그러한 정책이 영국에서 학교 외국어 학습자들 중에 많은 수의 탈락자를 생산했을 뿐만 아니라, 만약 학습자들이 효과적으로 의사소통을 하기 위하여 언어를 배운다면 교사가 그들의 학습과정에서 의사소통할 수 있는 기회를 제공해야 한다는 최근의 방법론적인 신념과 교육철학이 갈등을 유발하게 되었다. 문법-번역식 접근법에서는 매일의 회화 혹은 응답 기술의 발전이나 관련된 세대들과 연관된 외국어 잡지에서 기사를 읽는 것과 같은 실제적인 내용 강독을 위한 관련성이 거의 없다.

문법-번역식 과정에서는 높은 수준에서 언어학적 능력이 형성된다고 해도 '의사소통 능력'은 구체화되지 않는다는 것을 보여준다. 고전적 인문주의 외국어 교실에서 성공적인 학습자가 사람들 간의 대화나 일상생활의 표현을 영어로 한다는 것은 다소 어려운 것이 사실이다.

3) 평가 측면에서의 문제

고전적 인문주의와 관련된 표준 지향적인 형태는 보통 교사, 학생 혹은 학부모들에게 학생들이 무엇을 할 수 있고, 못 하는지에 대한 정보를 제공해주지 못한다. 평가는 학생이 그룹 내에서 다른 사람과 관련되어 한 학생이 얼마나 일을 잘 수행하는지를 나타낸다. 등급이 정해진다면, 학생들의 외국어 수행 능력과는 무관하게, 낮은 등급을 받는 학생은 항상 존재할 것이다. 그러므로 모든 시험에서 낮은 등급을 기록한 학생들이 종종 있기 때문에, 그들은 실패자로서 자신을 필연적으로 규정하려는 경향이 있을 것이다. 그러한 학생들이 동기를 상실하고 종종 학교 내부에 문제를 일으키는 경우를 발견하기도 한다.

애매한 평가제도 내에서는 성취를 능력과 혼동하는 경향이 있고, 학과 성취도에서 낮은 등급을 받은 학생을 자동적으로 내적으로도 능력이 가장 빈약한 학생으로 간주하는 경향이 교사들 사이에서 존재하게 된다. 다른 학과목의 내용을 측정하는 점수는 전반적인 점수 혹은 등급을 형성하는 것으로 보이지만, 다른 학과목의 측면은 다른 지식과 기술을 연상시킬 수 있다.

4) 교육과정 혁신의 측면

교육과정 혁신이 대학의 조정과 학교 외부의 검사관 아래에 있는 인문적 교육과정의 형태는 교육 개혁의 측면에서 비효과적이다. 교육과정을 더 높은 단계에서 조정하려는 학교와 정부 사이에 적당한 협상의 여지가 없기 때문이다. 그러므로 시험의 변화는 학교의 요구와 실제적인 교육현상 사이에 괴리감을 형성한다.

본질적으로 교육에서 고전적 인문주의 접근은 대학과 검사관이 학교로 교육과정을 전달하고 교사는 학생에게 전달하는 엘리트주의, '하향식' 전달로 특성화할 수 있다. 전통적인 문화적 가치와 지혜를 전수하기 위해서, 지적인 능력을 크게 증진하기 위하여, 엘리트를 선발하기 위해서 고전적 인문주의적 교육 체제는 효과적으로 작용할 수도 있을 것이다. 그러나 엘리트주의는 인류평등 경향을 표방하는 재건주의 교육철학에게, 다른 한편으로는 학습자 중심의 교육철학을 표방하는 과정중심주의 교육철학에게 길을 내어 주게 되었다.

6.2 재건주의 교육철학

6.2.1 개요

재건주의(Reconstructionism)는 1930년대 미국에서 발생한 철학사조로서 위기에 처한 현대 문명의 재건을 목표로 설정하고, 이 목표를 수행하는 데 교육의 역할을 중요시 한 교육철학이다. 이 운동의 대표적인 인물로는 1930년대에 카운츠(George Counts)와 러그(Herold Rugg), 1950년대에 브라멜드(Theodore Brameld) 등이 있다. 그 내용을 간단히 살펴보면 다음과 같다.

재건주의는 인간과 환경을 개선할 수 있다고 믿는 낙관주의적인 이념이다(M. Skilbeck, 1982). 재건주의는 합리적 계획에 의해서 사회적, 경제적, 지적, 영적 진보를 이룰 수 있다는 신념이며, 교육은 이러한 진보를 가져오는 중요한 동인으로 간주된다. 예컨대, 교육은 출생과 초기 양육에서 오는 불평등을 시정하고, 국가적 합의를 통해 모든 시민이 동등하게 대우를 받는 세상을 만드는 데 필요한 수단으로 간주된다. 재건주의는 계획의 역할, 목표의 역할, 교육 제도에서의 의도적 개입의 역할에 대한 큰 신념을 가지고 있다. 재건주의가 지니고 있는 강한 평등주의적 성향은 고전적 인문주의의 분리주의적 특성과 반대되는 것으로 종합중등교육, 이질학급편성 및 모든 학생에 대한 공통 교육과정이 실행되게 하였다. 재건주의자들은 인간을 개인으로 그리고 목적을 가진 행위자로 보아야 하고, 능력이나 성취 수준에 관계없이 동등한 존재로 대우받아야 함을 강조하며, 교육의 실용적인 측면을 강조한다. 외국어 학습에서 재건주의자는 의사소통을 통해 집단 간, 국가 간의 이해와 통합을 성취할 수 있는 능력 신장을 강조한다.

이상의 내용을 종합해 볼 때, 재건주의는 첫째, 교육을 통한 사회 변화를 추구하고, 둘째, 모든 시민을 동등하게 대우하며, 셋째, 성취 목표에 대한 합의를 도출하고 목표 달성 수단을 엄격하게 계획하며, 넷째, 고등 교육과정과 이질 학습을 채택하는 종합중등교육을 실시하며 다섯째, 효과적인 의사소통을 통해 국가적 이해와 국제적 이해를 증진시키는 것이 특징이다.

6.2.2 재건주의 교육과정의 특징

고전적 인문주의 교육과정이 내용 지향적이며 주제에 기반을 두고 있는 데 반해, 재건주의 교육과정은 목표 지향적이며 행동 결과에 기반을 두고 있다. 재건주의 입장에서 교육과정을 개발한다는 것은 교육과정을 통해 교육목표를 실행하는 것을 의미한다(Tyler, 1949). 재건주의 가치는 교육과정 구성에서는 목적 - 수단적 접근법(ends-means approach)을, 교실에서는 완전학습법(mastery learning)을 낳았다. 재건주의 교육철학의 교육목표 설정, 교육과정 구성, 수행 방법, 평가, 학습 경험에 대한 원칙을 다음과 같이 정리할 수 있다.

1) 교육목표 설정

교육목표는 교육과정 구성에 도움이 되도록 최대한 명시적으로 예시되어야 하고, 학생들의 행동에 변화를 측정할 수 있도록 명시되어야 한다(Mager, 1962). 행동적 목표들(Behavioral Objectives)은 인지적 영역, 정의적 영역, 정신·운동 영역으로 구성된다. 블룸(S. Bloom, 1956)은 인지적 영역의 목표들을 지식, 이해, 적용, 분석, 종합, 평가의 6가지 범주로 나누었다.

2) 교육과정 구성

교육과정은 학습자가 쉽게 빠르게 습득하고 성취감을 맛볼 수 있도록 작은 단계들로 구성되어야 하며, 각 단계의 내용은 행동적 교육 목표로부터 직접 도출되어야 하고, 간단한 것에서 복잡한 것으로 순서를 짜고 전체 목표를 향해 집적되도록 해야 한다. 목적 - 수단 교육과정 모델에서의 방법론은 보통 부분적 언어기술을 연습하고 이것이 연결되어서 전체 목표를 연습하는 것을 강조한다.

3) 평가

고전적 인문주의에서 사용해 온 규준 지향적 평가는 의도한 결과의 획득 여부나 획득 정도를 알려주지 못하기 때문에 재건주의에서는 부적합하다. 이것을 대신할 수 있는 평가 방법으로 글래서(R. Glaser, 1963)는 잘 만들어진 준거로 수행정도를 측정함으로써 개인이 할 수 있는 것과 없는 것에 대한 명시적인 정보를 제공하는 준거지향적인 평가를 제안했다. 준거지향적인 평가를 시행하면 모든 학생이 각 단계별 목표를 달성하는지를 진단하기 위해 학습 기간 중에 정기적으로 형성 평가를 실시할 것을 제안하였다.

4) 수행 방법

개별화의 요소를 목적-수단적 접근법에 도입하기 위해서 학생 계약 계획(pupil contract schemes)이 창안되었다. 이 계획에 참여하는 학습자는 사전에 명세화된 학습 목표를 향해 미리 정해진 방식으로 미리 정해진 일련의 과제를 스스로의 계획에 따라서 해 나가도록 되어 있었다. 이 계획에서 학생들은 스스로 학습하고 교사는 관리자의 역할을 담당하도록 설계되었다.

5) 학습 경험

완전 학습(mastery learning)은 행동적 목표, 형성 및 종합 준거지향평가 행동주의 방법론을 결합한 수업 방법이다. 이 방법은 학생의 적성이 학습 수준을 결정하는 요인으로 간주되어서는 안 되고, 이상적 환경에서 주어진 수준에 대한 특정한 행동을 배우는 데 요구되는 시간의 양을 결정하는 것으로 정의되어야 한다는 것을 근거로 설정한다(J. B. Carroll, 1963). 블룸은 좋은 학습 환경이 제공되면 학생들의 학습능력, 학습속도, 심화학습 동기가 매우 비슷해진다고 하였고(1976), 적절한 학교 환경이 교육의 가장 큰 관건이라고 주장하였다(1978). 블룸은 취학 전 학습 경험의 차이를 지적하고 동등한 학업 성취를 위해서는 능력별 수업을 해야 한다고 주장하였다(1976). 또한 그는 형성 평가를 통하여 진도가 더딘 학생에게는 보충 학습을 시키는 방법을 적용하는 이질학급편성을 주장하였다.

재건주의 수업에서 교사가 긍정적으로 평가하는 측면으로는 목표를 명시한다는 점, 학생의 진도를 잘 관찰할 수 있다는 점, 평가로부터 얻은 피드백을 이용할 수 있다는 점, 학생들이 성취감을 느끼도록 한다는 점이 있다. 재건주의 수업에서 학생들이 얻을 수 있는 장점으로는 학습 과제에 목적이나 의도를 가지고 접근할 수 있다는 점, 매 단원마다 성취감을 맛볼 수 있다는 점, 준거지향평가를 함으로써 학생들 간의 협동심을 기를 수 있다는 점이 있다.

6.2.3 외국어 교육과정과 재건주의

재건주의 교육과정에 기초한 외국어 교육은 사회 집단들이 효과적으로 의사소통하도록 지도함으로써 집단 내, 집단 간의 이해나 통합을 증진시키는 것에 관심을 둔다.

따라서 재건주의자들은 2개 국어를 사용하는 나라에서는 2개 국어 교육 정책을 촉구하는 경향을 보이며, 이민 공동체가 있는 나라에서는 원주민이 이민 공동체의 말을 배울 것을 주장한다.

재건주의는 외국어 교육과정 구성에 많은 영향력을 행사하여 구두-청해 접근법(audio-lingual approach), 시청각적/상황적 접근법(audio-visual/situational approach), 화제중심적 접근법(topic-based approach), 개념-기능적 접근법(funcational-notional approach)등을 낳았다. 이 중에서 이번 장에서는 외국어 학습에 가장 큰 영향력을 미친 기능-개념적 접근법에 대해서 살펴보고자 한다.

기능-개념적 접근법의 효시는 '언어적 활동'이라는 범주를 외국어로서의 독일어 교육과정 구성에 처음으로 도입한 너필드(Nuffield) 팀이었다. 너필드 팀은 할리데이(N. A. K. Halliday), 매킨토시(A. McIntosh) 및 스트리븐스(P. Strevens, 1964)의 제안에 따라 언어적 활동이라고 불리는 화자의 의도를 정보요청하기, 원망표현하기, 사과하기, 지시하기 등으로 나누었다. 이것은 윌킨스(D. A. Wilkins)의 의사소통기능 범주의 전신이다(Wilkins, 1976). 그리고 너필드 팀의 교육과정 범주는 언어적 활동, 의미론 분야, 문법 범주, 어휘 사전을 포함하고 있는데 이것은 유럽회의(Council of Europe) 팀이 채택한 외국어 교육과정 구성의 유형을 예고하는 것이었다.

유럽회의 팀이 제안한 기능-개념적 접근법은 타바(H. Taba)의 목적-수단적 접근법으로부터 탄생되었다. 유럽회의 팀의 팀장인 트림(J. L. M. Trim)에 의하면 이 접근법은 목표 설정, 지식과 기법의 설정, 학습 프로그램 제작, 시험과 평가라는 과정으로 구성된다.

트림의 제안은 교육과정 내용을 계획할 수 있도록 학습자의 의사소통 요구를 사전에 분석할 수 있다는 전제에 근거하였다. 하임스(D. H. Hymes)에 의하면, 형태와 문맥적 특징을 연결하는 타당성에 대한 규칙들은 단순하게 문법 능력에 접목되는 것이 아니라, 문법 능력과 동시에 획득되어진다고 한다. 하임스의 연구 업적을 이용하여 반 엑(van Ek)은 초보 수준(threshold level) 언어 능력에서의 학습 목표 설정을 위한 행동의 구체화 항목을 작성하였다.

윌킨스는 전통적 문법 중심 교수요목에는 특수한 언어 욕구에 대한 적용이 없으며, 모든 문법 체계가 모든 학습자에게 동일하게 중요하지는 않으므로, 행동적 목표를 언어 내용으로 구체화하기 위해서는 전통적인 문법 중심 교수요목을 버릴 필요가 있다고 제안하고, 그 대안으로 학습자의 행동적 요구를 반영하는 개념적, 즉 의미적 접근법을 제시하였다. 이 접근법은 학습자가 행하고 말하고 싶어하는 것을 교육 내용으로 삼았는데 윌킨스는 사람들이 언어를 통해 행하고자 하는 것이 전체 문법 체계를 습득하는 것보다 더 중요하다(1976)고 주장하고 이를 뒷받침하였다.

학습자의 요구 조사 방법으로는 오스틴(J. Austin)의 '발화행동이론(speech act theory)'을 이용하였다. 이 이론은 모든 발화는 개념적 의미 외에 화자의 의도를 실현시키는 언어 외적 가치(illocutionary value)를 갖는다고 주장하였다. 이것은 실용적인 가치를 존중하는 재건주의 견해에 따라 학습자들의 욕구를 반영하기 위하여 의미적 범주를 기준으로 삼게 되었다는 것을 의미하며, 이 접근법은 문법 범주 중심이 아닌 의미 범주 중심이라는 측면에서, 개념적으로 의미 중에서도 기능적 의미를 중시했다는 측면에서는 기능적이라고 불리게 되었다.

개념적 접근법(notional approach)은 의미가 어떻게 표현되는지를 습득하고 그것을 상황에 맞게 조정하고 결합할 수 있도록 해주는 것을 목적으로 한다(Wilkins, 1976). 이 과정에서는 불가피하게 문법이 필요하게 되는 바, 그 결과 의미 중심의 교수 요목은 문법을 비체계적으로 지도하게 된다는 문제점을 낳게 되었다. 이에 대해서 윌킨스는 문법 체계의 일부를 집중적으로 다룸으로써 체계성에 대한 요구를 완벽하게 충족시킬 수 있다고 하였는데(Wilkins, 1981), 사실 이것은 구조주의 접근법과 크게 다르지 않은 것이었다. 기능-개념적 접근법이 가지는 방법론은 본질적으로 행동주의적 특성을 띠며 평가는 준거지향원리에 근거하였다. 요약하면 유럽회의에 의해 제시된 기능-개념적 접근법은 교육과정에 대한 재건주의의 목적-수단적 접근법을 엄격하게 실현한 것이다.

6.2.4 재건주의 교육철학에 대한 비판

재건주의 교육철학은 목표 지향적이며 합리적이고 계획에 의해 사회적, 경제적, 영적 진보를 이룰 수 있다는 낙관적인 견해를 취한다는 장점이 있으나, 교육과정 시행과정에서 여러 가지 취약점을 드러냈다. 클라크(J. L. Clark)는 재건주의 취약점을 매우 자세하게 비판하였는데 이를 요약하면 다음과 같다.

1) 재건주의는 민주주의 원리가 충실하게 적용되지 못했다. 교육과정이 교육 활동에 선행하여 결정됨으로써 교사와 학생이 교육과정에 종속되는 결과를 낳았으며, 따라서 가치의 다양성이나 개별적 학습 결과가 전혀 고려되지 않았다.
2) 인식론적 관점에서 볼 때 재건주의는 특정 기법의 훈련보다는 지식과 지식의 실

행에 의존하는 교육과정을 제시함으로써 언어 수행에 대해 임의적 한계를 설정하였고, 그 결과 지식이 그 시대의 지각으로부터 생기는 일련의 가설이 아니라 수정이 불가능한 진리의 집합이라는 생각을 학습자에게 심어줄 수 있다(Stenhouse, 1975)는 단점을 제시하였다. 학습자는 새 지식에 기존의 지식을 부과함으로써 새 지식의 성질을 바꾸는 능동적 행위자인데 재건주의는 이러한 측면을 고려하지 못한 단점이 있다. 또한 재건주의는 교수의 측면에서 학습자의 발달단계에 대한 증거를 무시하고 있는 듯이 보이는 단점이 있다.

3) 완전학습(mastery learning)은 지식의 습득이 단선적이 아니라는 점을 고려하지 않았다. 학습은 한 번에 한 가지씩 완전하게 이루어지는 것이 아니라 여러 가지가 다양한 습득 정도를 취하면서 이루어진다(Prabhu, 1980). 올바른 행동을 원하는 대로 즉각적으로 내재화시킬 수 있다고 본다는 점에서 재건주의는 적어도 부분적으로 오류에 근거하고 있다.

4) 많은 상위 수준의 교육적 결과들은 행동적 목표를 명시적으로 설정하기가 어렵다는 것을 보여주는 것에 반해, 재건주의는 모든 학습 대상에 대해 행동적 목표들을 명시적으로 설정하려고 하였다. 재건주의는 예술적, 사색적 학습 분야 및 깨달음과 관련된 상위 수준 학습 분야들의 행동적 목표를 설정하는 데 한계를 지닌다. 또한 모든 학습 경험들의 결과를 미리 정한다는 것은 가능하지도, 유용하지도 않다는 견해가 지배적이다.

5) 사용된 용어의 의미가 명확하지 않다. 예컨대 요구에는 객관적 요구와 주관적 요구가 있는데 막연히 요구라는 용어를 사용함으로써 의미의 혼란을 유발시킬 가능성이 있다. 학생들은 주관적인 요구와 개인적 흥미에 동기화가 잘 되는 데 반해 재건주의는 객관적 요구와 학생의 최상의 흥미에 더 관심을 갖는다. 결국 이러한 한계 때문에, 재건주의 교육과정은 모든 학생을 만족시키려고 하지만 목적달성에는 어려움이 있다(Dearden et al, 1972).

6) 의사소통 요구를 명시적으로 설정하려고 한 시도에 한계가 있다. 과정중심주의 교육 철학자들 중 일부는 후에 이점을 인정하고 객관적인 목표에 주관적 목표를 추가하는 방향으로 선회하였다(Richterich, 1973a, 1973b, 1978).

7) 유럽회의 팀이 모국어 화자의 요구와 외국어 화자의 요구를 완전하게 동일한 것으로 가정한 것이었다. 외국어 화자는 어휘와 구문 능력, 언어 외적 표현법이 취약한 반면, 모국어 학습을 통하여 여러 가지 의사소통 능력을 습득하고 있으므로, 모국어 화자의 기준을 외국어 학습자에게 축적시키면 외국어를 습득할 수

있다는 가정은 잘못된 원리이다.

8) 재건주의에서는 정확한 발음 유형을 익히는 것을 목표로 하고 있지만, 실제로는 상호작용에 의해 대화가 진행되므로 이러한 유형이 그대로 사용되는 경우가 드물다. 기계적인 학습법은 대화의 자연스러운 흐름을 막는 경향이 있으므로(Burstall et al, 1974), 외국어로 대화하기 위해서는 역할극이나 내적 자아를 포함하는 종류의 역할 논의를 연습할 필요가 있다.

9) 재건주의 교육과정 접근법은 언어적 능력, 담화 능력, 전략적 능력의 습득에 주력하고 있으나 원어민과 접촉하면 사회언어학적 능력을 추가하는 것이 가능하다.

10) 재건주의 교육과정 접근법에는 이론적으로 취약한 면이 있다. 상황, 화제, 기능, 개념과 같은 범주는 애매한 측면을 갖는다. 이것들은 언어습득 이론을 따르고 있지 않으며(Paulston, 1981), 언어사용 이론을 따르고 있지도 않다(Corder, 1981). 그러므로 교사는 상호작용이 가능하도록 교육과정의 정적 특성을 실생활에 응용하는 노력을 기울여야 한다.

11) 학습자는 특정한 기능과 의미를 의식적으로 선택하지 않는다. 마찬가지로 학습자는 특정 문법 범주를 의식적으로 선택하지는 않는다. 다시 말해서 말하는 것이 먼저이고 분석은 후속되는 과정인 것이다. 교사와 학생이 수사적, 의미적, 문법적 내용에 주목하는 것은 좋지만, 그것들은 언어 사용 후에 적용되어야지 언어 사용 전에 적용되어서는 안 된다.

12) 문법은 언어사용에 있어서 경제적이고 체계적이고 생산적인 측면을 제공해주기 때문에 교육과정은 문법을 핵으로 하고 그 주변에 개념적, 기능적, 상황적, 명세서가 나선형으로 둘러싸고 있는 형태가 유용할 것이다(Brumfit, 1980). 즉 교육적 논리를 찾기 위해서는 문법을 기준으로 하는 것이 화제, 주제, 상황, 기능, 개념을 기준으로 하는 것보다 더 용이하다.

13) 재건주의에 입각한 상황적, 화제 중심적, 또는 기능-개념적 접근법은 학습자들로 하여금 자료를 암기하게 하고 체계를 스스로 발견하게 하여 학습자에게 과중한 부담을 준다. 학습자는 특정한 언어적, 의미적, 수사적, 상황적 특징들보다는 교재의 질과 내재적 가치를 더 중요하게 인식한다.

14) 유럽회의 팀은 언어의 체계적이고 분류학적인 구분을 거부하고 학습 상황의 분석을 선호하였으나 결과적으로는 분류학적인 모습을 갖춘 교수요목으로 되돌아오게 되었다. 이것은 교사와 학생이 교수 및 학습 과정에 대한 결론을 얻는 데 도움이 되지 않는다.

15) 목적 - 수단적 접근법은 학습 과제는 구성 요소로 분리되어야 한다는 가정에 근거하고 있다. 그러나 여러 요소가 함께 작용하는 비행기 조정과 같은 활동 과제는 전체를 하나로 다루는 것이 더 효과적이라는 증거가 있다(Welford, 1968). 따라서 특정 의사소통 과제는 특정한 기능, 개념 또는 문법 형태에 중점을 두기보다는 전체를 하나로서 접근하는 것이 더 낫다.

16) 학생 계약 계획은 원래의 의도와는 달리 교사와 학생의 상호작용, 학생의 요구에 대한 즉각적인 도움, 인지적 요구에 대한 도움이 결여되어서 고전적 인문주의 학습처럼 융통성이 없는 학습 계획이 되었다.

17) 완전 학습에서 추구하는 동등한 성취는 기회의 불평등을 내포하고 있다. 이것은 선천적 능력은 동등하므로 교육의 역할은 초기 양육의 불평등을 시정하는 것이라는 블룸의 견해만큼이나 해로우며 수용할 수 없는 학습형태이다. 세계적으로 교실 학습에서의 학생들의 성취도는 무 성취에서 완전 성취까지 분포하기 때문이다(Altman, 1979). 또한 학습자 간의 인지적 차이는 전적으로 환경에만 의존하는 것이 아니라 적어도 부분적으로는 선천적인 요소에 의존한다는 점을 항상 고려해야 한다.

18) 학생의 성취감은 교사의 지도에 의해 얻어지는 측면보다는 학생 자신의 욕구에 대한 지각에 의해 결정되는 측면이 더 크다. 그러므로 임의적인 공통 표준을 세우기보다는 성공과 습득에 대한 세분화를 계획하는 것이 더 의미가 있는 것으로 보여 진다. 또한 학생에게 제한된 수의 행동을 가르치기보다는 그러한 행동들을 해낼 수 있는 능력을 가르쳐야 한다(Brumfit, 1980).

19) 재건주의에서는 결과에 대한 상세한 기술이 학습 경험의 선정에 도움을 준다고 가정한다. 그러나 실제로 학습 결과에 대한 기술은 학습 방법에 대해 아무것도 알려주지 않는다. 교사에게 필요한 것은 적절한 교실 학습 경험과 피드백을 제공함으로써 언어 발달과 의사소통 능숙도를 증진시키는 절차이다.

20) 준거지향적평가에서 사용되는 준거는 그 타당성을 입증해 주는 실험적 증거를 가지고 있지 않다(Gronlund, 1973). 따라서 준거는 직관적인 이상에 근거할 것이 아니라 수행의 규준과 교실의 실상에 근거를 두어야 한다. 능숙도 설정에 관해서는 학습자가 정해진 경로를 따라 거의 동일한 방식으로 의사소통 능숙도의 모든 측면을 발전시킨다고 가정하는 경향이 있다. 실제로 유창성과 정확성의 발달 정도는 학생에 따라서 다르다.

21) 재건주의에 근거한 연구와 평가는 인간적인 변수와 예상치 못한 결과를 무시하

고 초기 목표의 성취 여부를 알아보는 것에만 관심이 있는 것처럼 보인다. 개편 교육과정도 개편 과정보다는 결과에만 관심을 두었다는 점에서 비판을 받을 수 있다.

22) 재건주의 개편 교육과정에서는 하향식 방식을 택하여 시간표, 학급의 크기, 불충분한 교육 기자재 등과 같은 변수를 무시한 결과, 그 성과를 충분히 얻지 못하였다. 하향식 교육과정 결정은 교사의 소속감을 얻지 못한다. 또한 교사는 일반적으로 교육과정을 그대로 수행하기 보다는 실제 교육 환경에 맞게 수정을 하는 경향이 있다.

재건주의는 교수, 학습 및 개편 과정보다는 교수요목, 계획 및 교육과정에 더 관심을 두고 있다. 재건주의는 본질보다는 외형에, 실제보다는 의도에 더 치중한다는 인상에서 벗어날 필요가 있다.

6.3 과정중심주의 교육철학

6.3.1 개요

과정중심주의는 루소(J. J. Rousseau), 피아제(J. Piaget)의 영향으로부터 출발한다. 학습자 중심의 교육을 특징으로 하여 정해진 지식의 전수가 아니라 경험을 통한 문제해결 능력을 기르는 것이 교육의 목표가 된다. 과정중심주의 학자들에게 지식이란 일정하게 고정된 것이 아니라 적절한 도식(Schemata)을 이용하여 창의적인 문제 해결을 해나가는 능력이다. 따라서 학습과정은 곧 새롭게 인식된 내용을 기존의 도식에 동화와 적용을 함으로써 이를 더 풍부하게 확대해 나가는 것으로 간주했다. 이러한 과정에서 학습자는 주도적으로 자신의 학습과정에 참여하며 교사는 환경조성을 위한 조력자 역할을 수행한다.

교육에 있어 능동성을 가진 학습자가 건강한 인간관계를 형성하고 집단의 구성원으로서 책임감을 가질 수 있도록 하는 것이 유용하다고 보았으며 학습의 속도나 목표보다는 학습과정과 방법의 연구에 관심을 기울였다. 즉 과정중심주의 교육철학은 다음과 같은 사항을 교육의 중점 사항으로 설정하였다.

- 상호작용을 통한 개인의 성장
- 경험을 통한 학습
- 지식에 대한 개방적이고 사변적인 관점
- 자연스러운 학습 과정 및 발달단계
- 개별 학습자의 관심과 학습스타일 존중
- 전인으로서의 학습자
- 건전한 인간관계와 집단 내에서의 사회적 관계 중시
- 학습에 있어 학습자의 능동적인 자세 촉진

6.3.2 과정중심주의 교육과정의 특징

내용이나 목표를 중시했던 기존의 경향과는 달리 과정중심주의 학자들은 교육 방법론과 교수·학습과정에 대한 원칙을 중요시여기는 과정중심 입장을 취하고 있다. 이러한 특징 중에서 몇 가지 내용을 소개하면 다음과 같다.

1) 과정중심의 원칙

교수학습과정에 있어 교수요목의 구체적인 항목을 제공한다. 그러나 이러한 절차에 대해서 제안된 몇 가지 원칙들도 사전에 일률적으로 정해진 것이 아니라 학습 과업과 학습 활동에 따라 유동적일 수 있으며 학습을 위한 출발점으로 받아들일 것을 권하고 있다. 학습자가 체험하는 학습과정은 협동과정을 통하여 과업을 수행할 수 있도록 하며 몇 가지 단계로 세분화 되어 기존의 지식과 기술이 새로운 것에 전이될 수 있도록 하는 것이 좋다고 보았다.

2) 학습자의 능동적 참여

학습과정에 있어 학습자는 수행하는 과업을 기술하고 평가하는 적극적인 활동을 한다. 또한 학습에 있어서 인지적 부분뿐만 아니라 학습자의 정의적 요소를 충분히 고려한다는 점도 특징이다. 동료 간의 평가, 혹은 자신의 평가를 통해서 학습자의 능동적 학습활동은 더욱 촉진된다.

3) 학습과 교수 상황에서 개별성의 강조

특정한 학습과업에 따라 교수와 학습의 방법이 세분화되어야 한다. 교사가 교실활동을 평가하고 향상시킬 수 있는 기법과 전략을 개발하도록 해야 한다.

6.3.3 외국어 교육과정과 과정중심주의

외국어 학습에 있어 과정 중심 접근법을 취하는 과정중심주의는 개인의 중간언어 발달에 주목하며 보다 부담감이 적은 환경의 조성과 개별 학습자의 차이점에 부합하는 전략개발, 학습에 있어서 학습자의 능동성 고취 등을 위해 노력한다.

이번 절에서는 외국어 교육과정에 관련되는 과정중심주의 교육철학을 1) 언어습득 과정 인식, 2) 발화 이전 시기 강조, 3) 과정중심 교수요목 강조, 4) 철저한 목표 달성 접근법, 5) 학습자의 개별성 강조로 분류하여 각각의 내용을 고찰하고자 한다.

1) 언어습득 과정 인식

과정중심주의 교육철학은 언어습득에 있어서 응용언어학적 가설의 기본 개념을 바탕으로 한다. 언어습득이란 일반적인 발달 단계를 가지고 암시적인 지식체계를 형성해 가는 잠재적인 과정임을 강조한다. 외국어 학습자들은 문법적 요소와 언어 형식보다는 핵심이 되는 의미단위에 주목하여 언어사용을 하게 되며 따라서 학습단계에 따라 언어형식에 일종의 오류를 가지는 중간언어가 나타난다.

외국어학습에 있어 언어습득은 특정한 단계를 가지고 진행되며 그 진행 정도에 따라서 점차 내용에 영향을 끼치는 언어 형식이 완성된다. 이러한 학습 단계의 진행은 학습자의 개별적 동기에 큰 영향을 받는다. 이들 학자 중에서 크라센(S. D. Krashen)은 특히 언어학습과정을 습득과 학습으로 구분[2]하고 교실수업에서처럼 명시적으로 언어형식을 학습한 경우에는 실제의 언어발화를 유발할 수 없다고 보았다, 따라서 궁극적으로 언어 수업은 지식의 무의식적이고 잠재적인 저장 방식인 습득을 촉진하는 방향으로 진행되어야 한다고 주장한다. 과정중심주의 학자들은 학습자들이 정보를 처리하는 과정을 둘로 나누어서 설정하였는데 그 중 하나는 자료를 인식하고 이를 조직하

2) 크라센(S. D. Krashen)과 테렐(T. Terrell)(1983)은 습득과 학습의 특징을 다음과 같이 구분했다.

습득(Acquisition)	학습(Learning)
아동의 제1언어 습득과 유사함	언어에 대한 형식적인 지식
습득과정 및 결과에 대한 인식이 무의식적	학습과정 및 결과에 대한 인식이 의식적
내면적 지식	외면적 지식
공식적인 교수가 도움이 되지 않음	공식적인 교수가 도움이 됨

며 그 속에서 의미를 추출해나가는 상향식(bottom-up)과정과 다른 하나는 이전 경험을 바탕으로 하여 자료에 대한 즉각적인 의미를 추출하는 하향식(top-down)과정이다. 과정중심주의자들은 이 두 과정을 적절하게 사용해야 한다고 주장한다. 예를 들면 현재의 사전지식과 관련이 적은 새로운 문제일수록 상향식이, 현재의 사전지식과 관련이 깊은 문제의 경우에는 하향식이 적절하다는 것이다.

학습자는 단순히 학습 내용을 받아들이고 표현하는 대상이 아니라 스스로 그 과정의 순서와 위계를 만들어 간다고 본다. 이러한 과정에서 중요한 역할을 하는 것이 바로 학습자의 자기 조정 능력이다. 학습자의 학습 경험이 기억 속에 저장되는 과정에 대한 분명한 합의는 없지만 학습자의 학습 경험이 장기기억 속에 저장되는 것은 지식의 분명한 작은 단위가 한 단위로 조직되고 이것이 기존의 지식 체계와 관련되어서 기억됨으로써 장기기억화 된다.

과정지향적인 과정중심주의 관점이 외국어 학습에서 가지는 커다란 특징 중 하나는 절차의 원리로 정리할 수 있다. 이 절차의 원리는 다음과 같은 특징을 지닌다.

- 학습자는 목표어를 사용하여 유의미한 상호작용에 참여해야 한다.
- 교사나 상대방이 사용하는 언어는 학습자의 수준을 고려한 것이어야 하며 과업의 종류에 따라 상향식 혹은 하향식을 적절하게 고려해야 한다.
- 문제해결을 위한 과업제시와 다양한 체험 활동은 언어교육에 있어서도 그대로 중시되어진다.

2) 발화 이전 시기 강조

인간이 자연 상태에서 언어를 습득하는 과정을 살펴보면 실제 학습자가 말을 하기 시작하는 것은 꽤 오랫동안 듣기과정이 이루어졌을 때이다. 크라센(1981, 1982), 테렐(Terrell, 1980), 어셔(Asher, 1969)는 이러한 원리를 외국어 학습에 적용하여 너무 이른 시기에 학습자에게 발화를 강요하는 것은 학습자에게 걱정과 부담감을 주어 결국은 언어습득에 실패하게 된다고 보았다. 어셔(1969)는 외국어 학습자에게 초기에는 단순한 명령어를 들려주고 행동으로 표현해 보도록 하는 전신반응법(total physical response)방법을 제안하였다. 이는 구두발화 없이 듣기로만 이루어짐으로써 발화 이전단계(silent period)를 외국어 습득 과정의 한 단계로 인정하고 있다는 점이 주목할 만하다.

이 단계에서는 교사의 언어가 보다 세분화되어 제안된다. 즉 학생들이 신체적으로 수행하는 명령문과 지시를 한다. 일상적인 교실 수업 통제에 관한 발화만 한다. 학생들이 그릴 수 있는 물건, 사람, 도표를 기술한다. 그림을 가지고 얘기를 한다. 단순한 게임을 한다 등(J. C. Richards & T. S. Rodgers, 2001:73-77). 발화 이전 시기에는 학습자가 이해 가능한 언어자료를 제공해야 하며 내용 전달에 초점을 맞추어야 하고, 학습자가 감정여과장치[3]를 낮추도록 노력해야 한다.

3) 과정중심 교수요목[4] 강조

학교 수업의 교수요목은 이미 결정된 언어 내용에 주목하기보다는 언어습득을 향상시킬 수 있도록 고안된 과업수행에 초점을 두며 이는 의미와 실제 발화상황, 언어발달 정도에 따라 단계화되어 있다.

과정중심 교수요목으로 분류되는 교수요목에는 과업순서화 교수요목(procedural syllabus), 과정중심 교수요목(process syllabus)과 과업중심 교수요목(task-based syllabus)이 포함된다. 과업순서화 교수요목은 프라부(N. S. Prabhu)가 시행한 방갈로 프로젝트(bangalore project)[5]에서 출발하였다. 즉 수업시간에 학습되는 내용을 구체화시키는 의도에서 상이한 과업들을 기술하고 그 과업들에 대하여 과업에 대한 고찰을 기초로 학습 내용을 순서화시키는 목록이다. 과정중심적 교수요목은 학습과정에서 교사와 학습자 사이의 대화과정을 교수요목에 접합시키는 것이 특징으로, 수업 과정을 통해서 교사와 학습자 사이의 지속적인 대화과정을 통해서 그 내용을 분명하고 이해할 수 있을 정도로 학습자가 재해석하는 과정을 강조한 교수요목이다. 마지막으로 과업중심적 교수요목은 학습자들이 실생활에서 필요한 요구분석을 통해서 과업이 결정되고 이것은 교사와 학습자들이 수업시간에 실제로 행하는 과업의 내용을 결정한다. 과정중심 교수요목에 대한 문제점도 지적되고 있으나, 이러한 교수요목에서는 학습자의 언어형식은 설명이나 명시적 방법으로 제시되지 않으며 수많은 실제발화 내용을 제시해 줌으로써 학습자 개인이 자신의 단계에 맞추어 스스로 획득해 나가는 것으로 보는 경향이 강하다. 이러한 점에서 문법중심 교수요목이나 기능-의미 중심 교수요목이 전통

---

3) "감정여과장치(Affective Filter)"란 용어는 크라센과 테렐(1983)이 "자연교수법(Natural Approach)"을 주장할 때 내세운 다섯 가지 가설에서 등장하였다.
인간은 새로운 언어를 받아들일 때 자신을 방어하려는 방어기제가 작동하는 데 효과적인 언어학습이 이루어지려면, 감정여과장치를 낮추는 방향으로 수업을 진행해야 한다. 크라센과 테렐(1983)은 감정여과장치를 낮추는 방법에는 그 언어에 대해서 학생들이 긍정적인 생각을 갖도록 하는 것, 불안감이 낮은 상황에서 언어를 습득하는 것, 그리고 학습자 자신이 갖는 자신감 등이 포함된다고 주장하였다.

4) 교수요목(Syllabus)에 대한 내용은 제7장. 영어교재 이론 참조.

5) 제7장. 7.1.2 분석적 교수요목 참조.

적인 교육철학에 기초를 두고 있는 반면에 과정중심 교수요목은 과정중심주의 교육철학에서 태동한 것임을 알 수 있다.

4) 철저한 목표 달성 접근법

과정중심주의 교육철학에서는 '과정중심 교수법'을 강조하는데, 이 내용에서는 학습에 대한 지속적인 대화, 학습으로서의 의사소통, 언어사용 그 자체에 대한 대화가 강조된다. 또한 학습을 위해서 사용되는 교재의 내용도 '내용중심 교재'와 '과정중심 교재'로 구분할 수 있다.

- 내용중심 교재: 내용중심 교재는 사실적 언어자료에 의존하고 학습자의 흥미, 요구, 동기에 따라 적절히 선택되며, 교재의 단위는 주제별로 구성된다.
- 과정중심 교재: 과정중심 교재는 창의적인 문제 해결 활동을 포함하고, 철저한 목표 달성 접근법에서의 학습자는 언어를 학습하고 언어를 통해서 학습하며, 언어에 관해서 학습한다.

5) 학습자의 개별성 중시

과정중심주의 교육철학은 외국어교육과정에서 학습자 개개인의 다양성과 차이점을 고려하여 외국어를 지도해야 한다는 점을 강조하였다. 그 구체적인 내용을 고찰해보면 다음과 같다.

① 능력과 적성의 차이점

외국어학습에서는 지능, 일반적 학습 능력 등의 개별 차이가 학습 결과를 초래한다. 외국어를 배우는 데 효과적인 태도는 청취능력이 우수하고 구두 기억력이 좋으며 문법적인 능력이 좋아야 한다.

② 언어 배경과 경험

모국어를 배우는 어린 시절, 부모 및 다른 어른들과 얼마나 많은 상호작용이 있었으며, 풍부한 어휘를 배웠는가의 정도가 외국어학습에 영향을 끼치며, 다양한 언어 경험 - 예를 들자면 이야기하기, 독서하기, 게임하기 - 이 외국어학습에 유용하다.

③ 인지적, 정의적, 사회적 성숙도

학습자의 개별성을 고려하기 위해서는 인지적 성숙도를 고려해야 한다. 즉, 인지 발달이 어느 단계인가에 따라 학습자의 희망, 흥미, 다양성이 달라지므로 그에 적당한 언어 재료를 제공해야 한다. 사회적, 정의적 성숙도도 학습자 발달과정에 대단히 중요한 영향을 끼치는데, 사회적, 정의적 성숙도의 발달이 의사소통적, 문화적 목적 달성에 중요한 영향을 미친다, 왜냐하면 집단 활동, 동료들과의 교류를 통해서 학습하기 때문이다.

청소년기는 내성적이고 동료들과의 합동, 자신감이 부족한 시기이다. 즉 외국어 습득에 바람직하지 못한 경향이 많이 나타나는 민감한 시기이기 때문에 교사는 이러한 상황을 고려하여 외국어를 가르쳐야 하고, 사춘기의 정의적 특징이 사춘기 이전에 언어 습득이 더 쉽다는 한 가지 이유를 설명해 주기도 한다.

④ 성별

학습자의 성별 차이가 외국어 학습에 중요한 영향력을 행사하는 데 사춘기 전후 언어에 대한 긍정적인 정도는 초등학교 시절에는 여학생과 남학생이 비슷한 정도를 보이지만, 사춘기에는 여성이 남성보다 우월한 정도를 보인다.

⑤ 성격

외향적인 성격은 모험 감수를 잘하며 의사소통을 통한 경험적 학습을 선호한다. 내향적인 성격은 활동적이지 않은, 정확성에 관련된 언어 형태에 초점을 맞춘 접근법을 선호한다. 외국어 학습을 성공적으로 수행하기 위해서는 심리적 과정의 융통성을 가지고 외국어에 대한 새로운 자아를 형성해야 한다.

⑥ 학습 유형

학습자를 학습 유형에 따라서 분류하면 다음과 같은 분류법이 적용될 수 있다. 첫째는 청각의존적인 학습자와 시각의존적인 학습자, 둘째는 상황의존적인 학습자와 상황독립적인 학습자이며, 셋째는 전체적 학습자와 일면적 학습자, 넷째는 많은 도움이 필요로 하는 학습자와 자신의 학습에 책임감을 지려고 하는 학습자 등이다. 이러한 학습 유형에 따라서 학습자 본인에게 적합한 학습유형을 고려하여 외국어를 학습하는 것이 효과적이다.

⑦ 동기화

외국어를 학습하려는 동기는 학습자의 자립성에서부터 기인된다. 학습자 자립성은 연습의 무한한 다양성 중 학습자가 자신의 학습요구 성향에 맞는 것을 선택하려는 경향과 학습자 스스로 자신의 학습에 대한 책임을 지고, 학습활동에 대해 교사나 동료들에게서 피드백(feedback)을 받는 과정을 통해서 길러진다. 이러한 학습자 자립성은 학습에 대한 동기를 증가시키는 역할을 한다. 외국어 교육과정에서 나타나는 과정중심주의 교육철학의 특징은 '전인적인 학습자의 발달을 강조'하는 것으로 요약될 수 있겠다.

6.3.4 과정중심주의 교육철학에 대한 비판

학습과정을 중시하고 학습자의 능동적 참여 및 학습자의 개별성을 강조하는 과정중심주의 교육철학이 외국어교육과정에 많은 영향력을 행사했으나 과정중심주의에 대한 다음과 같은 비판적인 견해도 제기된다.

① 교사들의 습관
고전적 인문주의나 재건주의에서 답습된 교과서나 외부 시험에 의존하는 오랜 습관을 갑자기 바꾸기가 어렵다.
② 외국어 학습 상황에서는 자발적인 언어 학습 과정에만 의존하여 언어를 가르치기가 매우 힘들다.
③ 배우고자 하는 언어 형태에 얼마간 초점을 두고 의도적인 언어 학습을 하는 것이 필요하다.
④ 기억력 기술의 사용 없이 학습자의 동기만 가지고는 지속적으로 의사소통 자료를 내재화하거나 심오하게 처리하기가 힘들다.

과정중심주의 교육철학에 대한 이러한 문제점에도 불구하고 이 철학은 고전적 인문주의, 재건주의 교육철학을 보다 발전시켜서 교육의 질적 향상을 추구한 교육철학으로 평가된다.

6.4 교육철학에 대한 비교 및 요약

이번 장에서 고찰한 세 가지 교육철학, 고전적 인문주의, 재건주의, 과정중심주의 교육철학은 인간 학문영역의 전반적인 부분에 지대한 영향을 끼쳤다.
특히 이번 장은 교육학의 전반적인 영역 중에서도 외국어교육과정의 모든 요소에 세 가지 교육철학이 끼친 영향력을 집중분석하였다. 외국어교육과정의 측면에서 세 가지 교육철학의 특징을 비교·분석하면 〈표 4〉와 같이 정리될 수 있다.

〈표 4〉 외국어교육과정과 교육철학의 연관성에 대한 비교·분석표

	고전적 인문주의	재건주의	과정중심주의
언어 교육의 목표	일반적 지적 능력을 향상시킴	타 언어를 사용하는 공동체와 의사소통의 사회적, 내적, 외적인 능력을 향상시킴	개인의 발전과 폭넓은 인간관계를 증진, 언어를 학습하는 법을 배움
언어	문화적	정치적, 경제적 등 국가 내 공동체의 중요성을 강조한 언어	학습자 개인 성향을 고찰함
내용 선정	음성학적, 문법적, 어휘 교육 내용이 미리 결정됨	학습자의 의사소통 요구의 분석에서부터 의사소통의 4개 기능에서 과정에 앞서 미리 결정됨	학습자와 미리 상담을 통해서 선정된 실제 의사소통환경의 활동과 작업, 과정에 앞서 가능한 활동의 설계를 하고 발전의 과정 중에 결정됨
교수요목 등급	간단한 것으로부터 더 복잡한 구조의 직선 과정에 누적적인 학습 방법	적절한 언어 유형과 상황을 통한 직선적 발전. 순서는 과정에 앞서서 결정됨. 학습자가 할 수 있는 것을 토대로 모든 단계에서 가치를 인도하고 직선적이고 점증적인 학습방법	직업과 활동은 사전의 경험을 바탕으로 나누게 됨. 학습자는 내재화될 수 있는 것을 기본으로 학습되는 지식 항목의 순서를 제어함. 여러 가지 상황에서의 요소를 재소개하고 학습함.
방법론적 강조사항	문장 형성에서 밑에 깔려있는 기초적이고 일반적인 규칙의 의식적 이해를 높임. 언어 요소의 계획적인 연습과 제어	연습과 실제상황의 역할극의 리허설을 통한 바람직한 습관 형성. 오류는 회피되어야 할 대상.	환경 설정 자발적 학습을 위한 정신적 과정은 의사소통에 관련된 것을 통해 활성화 됨. 변화하는 과도기적 오류는 언어학습에서 자연스런 과정으로 수용됨
교사의 역할	학습자에 앞서고, 오류의 정정자에서 앞서 정해진 지식의 설명자, 인도자	원어민을 모델로 모방함. 정해진 학습 경험의 조정자와 조직자	학습의 촉진자·학습의 내용과 과정의 교섭자. 학습자 요구의 반응자인 동시에 학습자 책임의 격려자
공통 학습장의 활동	어휘, 문법 등을 학습하고 연습. 학습하지 않은 것의 통역·문어체의 학습과 평가	습관 형성 과정 최고로 유용한 과의 계획된 학습과 연습 교수요목설계에서 실제 상	해석, 표현, 학습자 자신의 의미의 상담, 즉 학습자가 포함된 문제 해결의 활동

		황에서의 역할 분담을 역할극을 통해서 연습	
기대되는 학습	문법과 단어의 직선적 점증적인 완성과 새로운 상황의 지식 적용. 문어체의 정확도 강조. 문학에 대한 지식	사전에 결정된 상황에 적절한 언어직선적 점증적임. 완성된 학습은 적절성, 정확성, 유창성을 유지함	중간언어에 대해서 원어민화 되는 중간단계의 과정으로 판단됨. 유창성에서의 계속적인 증가, 새로운 언어 소통 방법에 집착함
평가의 목적	학습자 사이에서 강점의 순위를 정함. 다음 교육단계로 들어갈 엘리트 선정. 비슷한 수준의 학생들을 묶음	학습자가 할 수 있는 것과 못하는 것을 결정함. 그리고 이미 결정된 기준에서 얼마나 잘 수행할 수 있는지 결정. 학습, 교수과정을 안내함	학습방법, 학습결과물, 자신의 학습과정을 고찰하는 것을 도와줌. 자아평가의 능력을 증진시킴
평가의 내용	일반적 지적 능력을 사용하여 통역, 문법 문제 해결 능력을 평가	사전에 결정된 목표, 대상들의 견본을 취합하여 언어의 네 가지 기능을 통한 구조, 단어, 기능, 목적, 상황활동 등을 평가함	결과물을 가진 과정 활동의 형태 안에서 결정된 과제
평가의 형식	학기말 총괄 평가 혹은 학년말에 평가	형성평가: 각 과의 학습목표에 얼마나 잘 완성되었는가를 평가함. 총괄평가: 전체 학습의 목표 달성이 되었는지 평가함	학습자 스스로 과제를 하는 동안에 경험한 것을 고찰함. 학습자는 결과물을 교사와 함께 분석, 다음 학습을 위한 개선점을 고찰함
평가결과와 평가서	보통 분할 상대평가를 기본으로 하여 각 학습자의 점수를 통계 냄. 학생의 석차를 냄	언어의 네 가지 기능 면에서 각각 수여된 등급을 나타내는 학습자의 개인 보고서 제출	학습자의 결과물과 과정을 묘사한 각 학습자의 개인 보고서 제출

교육의 모든 영역은 철학적인 바탕 위에서 탄생했다. 외국어교육의 영역도 단순한 직관이나 경험을 토대로 탄생한 것이 아니며, 현재의 외국어교육이 탄생하게 된 배경에는 철학적 원칙이 항상 뒷받침된 것이다. 본서가 영어과의 교육과정의 이론을 탐구하는 것을 연구목표로 설정하였으므로 교육과정과 교육철학의 연관성을 모색하는 연구과제는 매우 의의있는 과제라고 판단되며, 향후 영어교육에 대한 연구가 철학적인

원칙을 토대로 진행되어야 진정한 발전을 달성할 수 있다.

또한 한 가지 교육철학이나 교육사조에 너무 편중된 교육정책을 수립하는 것은 교육현장의 다양한 여건을 고려해 볼 때, 그 교육적인 효과 측면에서 바람직하지 못한 결과를 초래할 수 있다. 교육 현장의 여건을 고려하고 교사, 학습자, 교실환경의 조건을 반영하여 현실적이고 합리적인 영어교육을 실시하기 위해서는 이번 장에서 제시한 세 가지 교육철학(고전적 인문주의, 재건주의, 과정중심주의)의 장·단점을 결합한 조화로운 교육정책을 수립하려는 노력이 필요하다.

연구과제

study assignments

1. 고전적 인문주의 교육철학에 대한 장·단점을 논의하시오.

2. 재건주의 교육철학 중에서 외국어교육과정의 특징을 설명하시오.

3. 과정중심주의 교육철학의 일반적 특징을 기술하시오.

4. 과정중심주의 교육철학 중 외국어교육과정의 특징을 설명하시오.

제 7 장

영어교재 이론

교수요목은 구체적인 상황에 적용되는 교육정책을 교육목표와 방법으로 세분화시켜서 교육현장에 연결하는 역할을 하고 그 현장에서 직접 사용되는 영어교재를 제작하는 기본 토대를 형성하기 때문에 영어교육 및 영어교재 연구에서 교수요목 설계에 대한 이론은 매우 중요하다. 영어교재를 개발하는 과정에서 교육과정이 교육철학과 언어교육 정책안을 마련해 준다면, 이 이념적 내용을 보다 구체화시켜서 형상화하는 것은 교수요목이 담당하기 때문에, 교수요목 설계와 영어교재 개발의 관계는 긴밀하다. 이번 장은 박경자 외(2002)의 '교수요목과 영어교재', '영어교재 개발 이론'을 기초로 집필되었다. 그 내용은 교수요목의 역할을 정의하고 교수요목 유형을 종합적 교수요목과 분석적 교수요목으로 나누어서 각 유형에 속하는 교수요목의 특징을 고찰하여 영어교재 제작에 실제적으로 활용할 수 있는 토대를 마련하는 것이 그 목적이다.

7.1 교수요목 설계 이론

전통적으로 교수요목은 교육과정의 부속품으로 간주되는 경향이 있었다. 교육과정은 전반적인 교육 프로그램의 계획, 실행, 평가, 관리 및 행정을 포함하지만 교수요목은 교육내용의 선별과 등급화에만 초점을 맞추는 것으로 통념화되어 있었다. 그러나 교육과정 이론의 전문화에 버금가는 교수요목의 다양화와 체계화 추세에 비추어 볼 때 교수요목에 대한 연구가 다른 이론에 부속될 수 있는 성질이 아니기 때문에 교수요목과 교육과정의 연관성과 교수요목 자체의 특징들을 종합하여 교수요목의 역할을 다음과 같이 새롭게 정의한다.

1) 교수요목은 교육과정과 독립된 요소이다.

교수요목이 단순한 교육항목의 목록이나 교육과정의 부속품이 아니고 독립된 의미를 지닌 핵심적인 요소라는 인식이 부각되면서 교수요목과 교육과정의 연관성에 대한 연구가 활발히 진행되었다(Widdowson, 1987, Breen, 1987). 즉, 교수요목이란 단순한 교과항목 목록 이상의 의미를 지니고, 교수·학습과정을 보다 효율적으로 만들어 주기 위해서 교과과정의 구조화와 순서화에 관련된 언어교수 내용의 구체화 과정이다. 또한 학습자 집단의 특성에 맞추어서 구체적인 학습내용을 조직하는 계획이다.

누난(1988)은 "교수요목"과 "교수방법론"의 관련성[1])을 언급하면서 교수요목의 개념을 정의하였는데, 교수요목은 학습내용의 선발과 등급화에서 본질적으로 관련된 영역이고, "교수방법론"이란 학습과업과 학습활동의 선택에 관련된 요소로 정의하였다. 또한 누난은 광의의 교수요목 관점에서는 의사소통을 지향하는 현대 영어교육의 추세 속에서 학습내용과 과업의 구분이 유지되기 어렵다고 주장해서 교수요목과 교수방법론의 구분을 명확히 하지 않을 것을 제안했다.

지금까지 언어교수 영역에서 다른 이론들에 비해서 교수요목 이론이 활발하게 진행되지 않았는데 그 이유를 옐던(J. Yalden, 1983)은 언어학습을 네 가지 언어 기술의 "완전습득(mastery)"으로 간주하고 교사들도 교수요목 설계보다는 방법론을 연구하는 것이 더 익숙해져 있기 때문이라고 설명했다. 또한 옐던(1983)은 교수요목이 구조화되는 원칙은 언어학적 내용을 선택하는 문제와는 다르다고 주장했는데, 이는 교수요목 설계에는 언어적 요소, 교육적 상황, 학습자의 특성, 교육제도가 운영되는 상황, 언어 교수, 학습이 이루어지는 상황 등을 모두 고려해야 한다는 점을 강조한 것이다. 지금까지 교수요목 설계에서는 문법적 내용, 어휘적 내용만을 고려하는 경향이 있었으나, 교수요목 설계에는 전반적인 교육과정의 모든 요소들이 포함되어야 한다.

이러한 이론적 고찰을 토대로 교수요목과 교육과정의 연관성에서 교수요목은 교육과정의 부속품이 아니고 독립적인 요소이며, 교육내용의 구조화와 순서화 과정을 통하여 교육과정을 효과적으로 만들어 주는 교육과정에서 매우 핵심적인 요소라고 정의할 수 있다.

2) 교수요목은 실체이다.

모로(K. Morrow, 1987)는 교수요목은 물리적, 조직적, 심리적 수준에서 존재하는 실체이고, 학습자의 다양한 요구와 흥미를 충족시켜 줄 수 있도록 학습내용을 조직화, 등급화하는 것은 실제로 불가능하므로 허구적인 속성이 있으나, 행정적 요소와 교수의 측면에서는 편리하므로 행정상 필요한 허구적 속성을 지니고 있다고 정의했다. 그러나

---

1) Nunan(1991)은 교수요목과 교수방법론의 관계가 전통적으로는 명확하게 구분되는 과정이었으나, 의사소통을 지향하는 최근의 언어교육 추세에서는 이 둘의 구분이 다소 어렵게 되었다고 주장했다.

Nunan(1991): Syllabus design is concerned with the selection and grading of content, while methodology is concerned with the selection and sequencing of tasks, exercises, and related classroom activities. Metaphorically speaking, syllabus design is concerned with the destination, while methodology is concerned with the route.

의사소통 중심의 과업중심 교수방법론이 등장하면서 "학습경로"를 강조하기 때문에 교수요목과 교수방법론의 명확한 구분이 어렵다는 것이 최근의 영어교육에서 교수요목과 교수방법론에 대한 지적이다.

교수요목은 교육내용을 구체화시켜서 교육현장에서 실행하게 해주는 구체적인 교육요소이므로 허구가 아니고 물리적, 조직적 수준에서 존재하는 실체이다.

3) 교수요목은 전형이다.

교수요목이 이론과 실험, 연습에서 통일성을 유지하고, 일련의 학자들이 이론을 세우고 연구를 진행하는 데 있어서 일관된 태도를 취한다는 점에서 "전형"으로 정의될 수 있다(Breen, 1987). "전형"이란 이론, 연구, 실행에서 일관된 통일성을 유지하고 일단의 전문가들이 이론을 세우고 연구를 전개시키는 방식을 지칭하는 개념이다. 따라서 교수요목은 교육과정의 내용을 교실현장에서 구현시키기 위해서 그 교육내용의 방법, 절차를 체계화시키는 과정이므로 "전형"이라고 정의할 수 있다.

이상에서 고찰한 대로 교수요목은 교육과정과 독립된 요소이고, 실체로서 존재하며 전형의 역할을 수행한다. 교수요목에 대한 논의에서 중요한 점은 교수요목은 교육과정의 부속품이 아니고 교과내용의 선별화와 등급화를 통하여 교육내용을 구체화시키는 계획이며, 이 구체화 계획이 교육 전반에 미치는 영향력은 대단히 크다는 사실이다. 또한 교수요목은 지도할 내용과 지도시기, 방법을 상당한 정도까지 결정해 주기 때문에 교수요목은 교육과정 개발자, 교사 훈련가, 교사들에게 연구기초를 형성해 준다는 점에서 교육과정 전체 단계에서 필수적인 요소이며, 영어교재 연구와 직접 관련되어 있다.

7.1.1 종합적 교수요목

제2언어 교수요목의 유형을 분류하는 방식에는 분석적 - 종합적 - 교수요목, 결과지향적 교수요목 - 과정지향적 교수요목으로 크게 구분할 수 있다.

첫 번째 방식은 분석적 - 종합적 교수요목으로 분류하는 방식인데 그 내용은 다음과 같다.

① 분석적 교수요목

한 번에 하나씩 작은 단위로 목표의 전체 덩어리를 제시하고 언어적인 간섭이나 통제가 없다. 이러한 교수요목을 입력해서 규칙성을 인식하고 규칙을 추론하는 것은 학습자의 능력에 달려 있다. 과업순서화 교수요목, 과정중심적 교수요목, 과업중심 교수요목은 모두 분석적 교수요목에 속한다.

② 종합적 교수요목

언어의 부분들이 분리되어 제시된다. 언어습득의 전체적 과정 속에서 언어가 습득되며 학습자의 역할은 작은 조각으로 분리된 언어를 재구성하는 것이다. 목표어를 한 번에 하나씩 제시할 수 있도록 분명한 언어항목으로 구분한다. 구조주의적, 어휘적, 기능적, 상황-주제적 교수요목은 모두 종합적 교수요목에 속한다.

두 번째 방식은 교수요목의 중점을 학습의 결과에 두는가, 혹은 학습과정에 두는가에 따라서 결과지향적 교수요목과 과정지향적 교수요목으로 나눌 수 있는데, 그 내용을 정리하면 다음과 같다.2)

① 결과지향적 교수요목

학습되어야 하는 내용에 대해서 중점을 두는 교수요목이다. 누군가 학습할 언어를 미리 선택하고 해석해서 학습자의 특성에 대한 고려도 없이 학습의 목표를 선정한다. 따라서 학습자에게 외부적이고 권위적인 기관에 의해서 학습내용이 결정되며, 이 과정에서 교사를 결정론자로 취급하고 학과목의 학습을 중요하게 간주하며, 성공과 실패를 학습의 측면에서 간주한다.

② 과정지향적 교수요목

언어가 학습되는 방식에 대하여 초점이 맞춰지는 교수요목이다.

인위적인 언어항목에 대한 선별, 배열이 없고 학습목표가 학습자와 교사의 대화에 의해서 결정된다. 학습자에게 내재적이고, 학습과정을 중시하고, 성취에 대한 학습자의 기준에 따라서 성취여부를 결정한다.

종합적 교수요목의 특성과 개별 교수요목의 이론을 살펴보면, 종합적 교수요목은 언어의 각 구성성분들이 따로 떨어져서 지도된 후 학습자들이 언어의 구성성분들을 통합하여 언어구조가 형성되는 과정에 초점을 맞추는 교수요목이다. 흔히 이 교수요목은 "구조주의적 교수요목(Structural Syllabus)"과 결과지향적 교수요목을 동일시하게

---

2) Syllabus 유형에 대한 또 다른 구분은 Nunan(1988)의 "결과지향적인 교수요목(Product-Oriented Syllabus)"과 "과정지향적인 교수요목(Process-Oriented Syllabus)"이다.
"결과지향적인 교수요목"은 교육의 결과로서 학습자들이 반드시 알아야 하는 지식, 기술에 중점을 두는 교수요목이고, "과정지향적인 교수요목"은 학습경험 자체에 중점을 두는 교수요목으로 구분된다. 이 구분과 Wilkins(1976)의 교수요목에 대한 구분은 "과정지향적인 교수요목"-"분석적 교수요목"과 "결과지향적인 교수요목"-"종합적 교수요목"으로 연관적인 개념을 지니게 된다.

되었고, 누난(1988)이 구분한 결과지향적 교수요목도 종합적 교수요목의 개념에 속한다. 분석적 교수요목은 다양한 난이도의 구조를 포함하는 언어의 덩어리(chunk)를 학습자들에게 제시하고 학습자들이 그 언어를 분석하는 과정에서 언어를 학습하게 된다는 점에 근거한 교수요목이다.

즉 종합적 교수요목이란 언어의 일부분들을 분리하여서 목표어를 한 번에 하나씩 분명한 언어항목으로 구분하여 제시하면 학습자들이 작은 조각으로 분리된 목표어를 종합적으로 재구성하여 언어를 습득한다는 점에서 종합적 교수요목이라고 명명한다(Wilkins, 1976). 최근에 종합적 교수요목에 대해서 제2언어 습득에 대한 연구는 종합적 교수요목에서 제시한 분석의 단위 - 언어의 구조, 기능 - 의미, 상황 - 주제, 어휘 등 - 가 언어습득의 단위로서 역할을 수행한다는 사실을 입증하지 못한다는 사실을 지적하고 있다.

다음에서는 종합적 교수요목에 속하는 구조주의적 교수요목, 기능 - 의미적 교수요목, 상황-주제적 교수요목, 어휘적 교수요목의 특징을 소개하고자 한다.

1) 구조주의적 교수요목

구조주의적 교수요목은 영어교육 이론에서 역사가 오래되고 활용도가 여전히 높은 가장 전형적인 교수요목이다. 문법개념의 단순성과 복잡성의 기준에 따라서 교수요목의 입력이 선택되고 등급화되는 것이 구조주의적 교수요목의 특징이다. 구조주의적 교수요목은 언어지식의 측면에서는 고전적 언어분석에 기초하여 언어 자체의 규칙에 기초한다. 즉, 음운론, 어휘, 형태론, 담화의 언어구조에 대한 연구를 우선으로 한다. 구조주의적 교수요목은 언어능력의 측면에서는 새로운 언어를 정확하게 발화하는 능력을 배우는 것에 초점을 맞추고 네 가지 언어기술의 올바른 사용법을 강조한다. '언어사용=언어기술 사용'이라는 등식을 전제로 이해기술 - 표현기술의 순서대로 언어기술이 적용되는 것을 제안한다.

또한 구조주의적 교수요목은 언어 자체에 내재된 논리성을 반영해 주는 방식대로 조직화된다. 교수요목의 내용은 발음, 문법, 어휘, 형태론, 담화구조를 분리해서 조직한다. 또한 학습자가 언어적 하위조직을 완습한 정도에 따라서 학습수준을 결정하며 단순성에서 복잡성으로 언어구조를 조직화한다.

구조주의적 교수요목의 옹호자들이 구조주의적 교수요목의 타당성에 대해서 옹호하는 내용에 대한 근거는 다음과 같다.

첫째는 교수요목의 내용이 잘 조직되어 있고 언어분석의 오랜 전통에 의해서 수행된다.

둘째는 교사들에게 친숙한 언어관을 제시해 준다.

셋째는 학습자에게 체계적이고 규칙에 지배되는 학습과목을 제시한다.

넷째는 언어체계는 어떤 방식으로든 분석 가능하기 때문에 이런 분석범주로 언어를 제시하는 것이 학습을 용이하게 해준다.

다섯째는 일상생활의 언어사용과 같은 무질서한 영역에 질서를 부여해주는 중개 언어의 역할을 한다.

이러한 오랜 전통을 지니고 있는 구조주의적 교수요목은 장점도 많이 갖고 있으나, 여러 가지 측면에서 많은 문제점도 지적되었다.

첫 번째 단점으로 지적되는 내용은 언어형태 : 언어의미=1 : 1의 등식이 항상 성립될 수 없다는 점이다. 옐던(1983)은 의미가 특별한 문법형태와 함께 학습된다는 점을 지적하면서 문법적, 어휘적 의미를 묘사해도 그 문장이 발화 내에서 사용되는 방식과 두 명 이상의 화자들이 의사교환을 할 때의 언어 사용방식을 설명할 수가 없다는 점을 구조주의적 교수요목의 단점으로 들고 있다.

두 번째 단점은 학습자에게 의사소통 능력을 획득할 수 있는 방식을 마련해 주지 못한다는 점이다. 훠레이(P. R. Furey, 1984)는 구조주의적 교수요목이 의미를 전달하고 의사소통적 요구를 충족시키는 방법에 대해서 설명하지 못하고, 언어에 대한 구조주의자들의 분석은 너무 제한적이어서 모국어 화자의 언어능력을 만족스럽게 설명해 주지 못한다고 지적했다.

세 번째 단점으로는 구조적, 어휘적으로 등급화된 대화체나 읽기구문이 인위적이라는 점과 “Usage”를 모델로 교수요목의 내용을 결정한다는 점이다(Long & Crooks, 1993). 예를 들면 “현재 진행형”을 가르치기 위해서 “I am writing on the board.”라는 문장을 제시하는데, 실제적인 라디오 방송에서는 “Police are holding the man on a charge of assault”라는 문장을 사용하는 등 예문들이 너무 인위적이다.

네 번째 단점은 문법적 복잡도와 학습 가능성이 항상 일치하지 않는다는 점과 제2 언어습득 이론에 의하면 언어습득은 제시한 문법항목이 부가적으로 축적되어서 이루어지지 않는다는 점이다(Nunan, 1988). 즉 학습자는 한 번에 하나씩 순서적으로 구조를 획득하지 않는다. 대신에 학습자는 어순, 부정, 의문문, 관계사 등에 대한 분명하게 고정된 발달순서를 통과한다. 이러한 연속적 단계가 비목표어적 – 목표어적 전환의 한 단계를 포함하지 않는다. 게다가 학습자는 언어구조를 분리해서 학습하지 않고 형태 – 기능관계의 복잡한 부분으로서 획득한다. 예를 들면 부정 – 조동사의 발달, 의문문 – 어순의 순서 등 언어습득의 단계가 교수단계를 반영해 주지 않는다. 언어 형태에 대한 집중이 학습을 촉진시킬 수 있으나, 그것은 선택된 언어형태가 학습자 현재의 발달단계에 적합한 경우에만 해당된다.

그러나 구조주의 교수요목과 제2언어 습득에 관한 새로운 연구 결과는 구조주의 교수요목이 제2언어 습득에 반드시 부정적인 역할을 수행한다는 견해를 반대하고 있다. 엘리스(R. Ellis, 1993)는 문법지도가 "의식적 고양"에 초점을 맞추어서 이루어진다면 구조주의적 교수요목도 제2언어 습득의 기초로 채택될 수 있음을 지적했다. 즉 현재의 구조주의적 교수요목은 "연습"을 위해서 많이 이용되는데 "연습"은 모국어의 내재적 지식을 만들어 내기 위한 충분한 기회를 제공해 주는 역할을 하지만 "의식의 고양"은 목표어의 독특한 특징을 학습자가 인식하도록 교사가 의도적으로 지도하는 것을 의미한다. 따라서 구조주의적 교수요목이 제2언어 습득의 기초로 역할을 수행할 수 있다는 점을 수용해서 구조주의적 교수요목의 전통적 역할을 수정하다면, 구조주의적 교육요목도 언어습득에 기여할 수 있다.

2) 기능-의미적 교수요목

1970년대에 영어교육에 대한 이론은 언어구조보다는 언어사용에 대한 관심이 교수요목의 내용에도 영향을 끼쳐서 구조주의적 교수요목을 탈피하고 의사소통에 중점을 두게 되는 "기능-의미적 교수요목"을 탄생시켰다. 윌킨스(1981)에 따르면 구조주의적 교수요목은 문법범주에 가장 높은 우선권을 두는 반면에 기능-의미적 교수요목은 언어에 의해서 표현된 기능과 의미에 우선권을 두는 차이점이 있다. "기능(Function)"이란 우리가 언어를 사용함으로써 추구하는 의사소통상의 목적을 의미하고, "의미(Notion)"란 언어를 통하여 표현되는 개념적 의미로 정의된다.3) 기능-의미적 교수요

3) Function, Notion에 대한 개념을 다음과 같이 정의한다.

① Mary Finocchiaro & Christopher Brumfit(1983, pp. 219~220)

-FUNCTION: The communicative purpose of a piece of language.

-NOTION: A unit of analysis of the purpose of meaning in a language. General notions refer to the way in which a language expresses categories like space, time, result, causality, etc. Specific notions may be simpler meaning elements and are often interpreted to be simply the lexical items, or vocabulary, in a language.

② D. Nunan(1988, pp. 158~159)

-FUNCTION: The communicative use to which an utterance or longer piece of language is put. Examples of functions include: apologizing, greeting, describing, defining, contradicting.

-NOTION: The concepts expressed through language. Examples of notions include: time; frequency; duration; causality.

목은 "유럽회의 프로젝트"에서 출발된다. 이것은 1971년 일련의 언어학자들이 성인의 언어학습에 대한 보다 효과적인 상황을 만들어 내려는 목적에서 출발하였다. 그들은 폭넓고 일관성 있는 연구를 해서 영어교육 분야에 많은 공헌을 했으며, 그 중에서 가장 대표적인 학자들은 트림, 리히터리히, 윌킨스, 반 엑 등이다.

반 엑(1976)이 주장한 입문단계[4]란 초보자로 들어온 학습자가 반드시 통과해야 하는 단계를 의미하고, 그 내용은 다음의 6가지 부분 - 상황, 언어 활동, 언어 기능, 개념, 언어형태, 구체적인 행동 - 으로 구성되어 있다.

기능 - 의미적 교수요목은 언어구조나 화행의 목록에서 교육적인 교수요목의 형성으로 진행시키는 방법에 초점을 맞추는데, 이런 점에서 입문단계가 언어기능, 표현법의 항목만을 나열한 목록의 집합이라는 점이 비판점으로 지적되기도 하지만, 기능 - 의미적 교수요목의 주창자들은 기능 - 의미적 교수요목이 다음과 같은 사항에서 영어교육에 효과적이라고 주장한다.

① 현실적인 학습과업을 정해준다.
② 매일의 일상적인 실제 세계의 언어를 가르친다.
③ 미숙한 언어발달을 강조하기 전에 수용적 언어기술을 강조한다.
④ 학습자들이 말해야 하는 실제적 목표를 갖고 있어야 한다는 점을 인식하게 한다.
⑤ 의사소통은 기초적인 의사소통 기능을 표현하기 때문에 내재적으로 동기화가 강하다.
⑥ 교사들로 하여금 건전한 심리언어학적, 사회언어학적, 언어학적, 교육적 원칙들을 탐구하도록 한다.
⑦ 현존하는 교수방법을 활용하여 자연적으로 발달할 수 있다.
⑧ 문법, 주제, 문화적 자료를 재도입하게 해주는 선형 교육과정을 허용해 준다.
⑨ 학과목이 융통성 있게 운영되도록 허용해 준다.
⑩ 외국어 과목의 폭넓은 발달을 허용해 준다(Finocchiaro & Brunmfit, 1983, p.17).

4) "입문단계"에 대해서 van Ek은 "a minimum level of foreign language competence"라고 정의한다. "The Council of Europe Project"에서 실시하는 프로그램의 단계는 Threshold Level-Basic Level-General Competence Level-Advanced Level-Full Professional Standard Level로 전개된다 (K. Johnson(1982), p. 51).

그러나 기능-의미적 교수요목을 채택할 경우에는 다음과 같은 문제점을 반드시 고려해서 그 해결책을 모색해야 한다.

(1) 기능항목을 등급화하기가 어렵다(Fionocchiaro & Brumfit, 1983; P. R. Furey, 1984).

위의 내용은 기능-의미적 교수요목에서 가장 본질적인 문제점으로 지적되는 내용인데, 이 문제점을 해결하기 위하여 존슨(K. Johnson, 1982)은 기능적 교수요목을 기초로 교재를 작성하는 단계를 다음과 같이 제시하였다.

첫째, 기능적 항목의 목록이 제시된다.
둘째, 항목 밑에 제시될 표현을 적용한다.
셋째, 동일한 항목 밑에 대체 가능한 표현을 구분한다.
넷째, 기능적 항목의 범주화를 의사소통적인 상황에서 연습하는 기술이 필요하다.

둘째와 셋째 단계에서 원어민 화자의 경우에는 직관에 의존할 수 있으나, 외국인 화자의 경우에는 이 작업이 어렵다. 따라서 기능항목에 대한 표현을 선정하여 등급화하는 것이 기능-의미적 교수요목에서 어려운 작업이다.

기능의 체계가 비제한적이어서 개별적인 개념과 기능을 규정하거나 구분하기가 어렵고 기능중심의 교수요목은 심리적인 기반이 부족하다. 즉 습득이론에 주의를 기울이지 않고 경험에 근거하기보다는 순수한 이성에 기초했다. 습득이론에서는 학습자가 한 번에 하나씩 한 가지 개념이나 기능을 학습한다는 증거를 제시하지 못한다.

(2) 한 가지 기능에 대해서 이용되는 표현이 다양하다(K. Johnson, 1982).

한 가지 기능에 대해서 발생하는 표현의 다양성의 예를 들어보면,

function-apology
exponents-"I really am sorry that George has behaved so badly."
"I am terribly sorry that George has behaved so badly."
"I really must apology about George's behaviour."

이렇게 한 가지 기능에 대한 표현들이 다양하기 때문에 이러한 표현들 사이에 등급화의 문제가 발생한다.

(3) 한 가지 기능에 부속되는 표현의 문체적인 변이형과 적절성을 지도하는 것이 어렵다(K. Johnson, 1982).

예를 들어서 "동의"를 구하는 표현은 "Great, I really think that…" 등 다양하지만 이런 다양한 표현들은 의미적으로 대단히 미묘한 차이점을 지니고 있으며 쓰이는 상황에 따라서도 암시적인 의미가 다르다. 따라서 상황적 연습도 학습자들에게 함께 제시해야 하는 문제점을 가지고 있다.

(4) 기능-의미적 교수요목이 의사소통 능력을 발생시키지 못한다(K. Johnson, 1983).

기능-의미적 교수요목은 언어체계에 대한 지식과 의미 잠재력과는 별도로 의사소통적 행동을 발달시키려고 한 시도인데, 이러한 시도는 부적당하다고 지적했다. 왜냐하면 학습자들이 실제로 학습하는 것은 언어기능에 대한 목록이 아니라, 실제적인 의사소통 능력이기 때문이다.

또한 기능-의미적 교수요목은 구조적 교수요목과 본질상 차이가 없고, 의사소통 능력은 교실수업 내의 다양한 활동을 통해서 획득될 수 있다(Widdowson, 1987).

프라부(1984)는 구조주의적 교수요목과 기능주의적 교수요목의 공통점을 언어습득이란 가르치는 것이 곧 학습되는 것이란 등식으로 표현하면서 다음과 같이 문제점을 제시했다. 학습자에게 요구되는 언어적 입력이란 여전히 분리된 모국어 화자와 같은 구조를 입력으로 제시하고 있고, 기능주의적 교수요목은 연습문제 유형, 형식, 항목이 구조주의적 교수요목과 질적으로 다르지 않다는 점을 지적하고 있다.

기능-의미적 교수요목이 우리의 영어교육 현실에 더욱 중요한 의미를 부여하는 이유는 교육과정사에서 개혁이라고 명명되는 제6차 교육과정이 의사소통 능력의 지향성을 추구하면서 제일 먼저 변화를 시도한 부분이 구조주의적 교수요목에서 기능-의미적 교수요목을 결합하여 구조-기능적 교수요목을 채택했기 때문이다. 따라서 기능-의미적 교수요목의 장·단점과 구조주의적 교수요목과 결합되었을 때의 문제점을 충분히 인식해야만 한다.

기능-의미적 교수요목에서 가장 큰 문제점은 존슨(1982)이 지적했듯이 기능-의미적 교수요목을 채택하여 교재를 작성하는 단계는 의사소통기능 항목의 목록을 작성하고 그 밑에 제시될 표현을 적용하고, 또 대체 가능한 표현을 제시해야 하는데 바로 이 작업이 비모국어 화자들에게는 어렵다는 점이다. 또한 의사소통 기능 항목을 의사소통적 상황에서 연습시키는 기술이 후속되어야 기능-의미적 교수요목을 효율적으로 이용할 수 있다. 우리나라에는 제6차 교육과정부터 기능-의미적 교수요목을 처음으로 도입하여 학습자들의 의사소통 능력 향상을 위한 영어교육 정책을 수립하였다. 그러나 우리나라 학습자들의 의사소통 능력을 향상시키려는 본래의 목적을 달성하기 위해서는, 기능-의미적 교수요목이 단순한 의사소통기능 항목 목록이 되지 않도록 의사 소통적 상황에서 충분히 연습할 수 있는 기회를 동시에 제시해야 한다.

3) 상황-주제적 교수요목

상황-주제적 교수요목이란 상황적 요구사항에 대해서 사회적 문맥 내에서 "언어사용"에 대한 관심에서 출발한 교수요목이다(Yalden, 1983). 상황-주제적 교수요목은 언어가 사용되는 상황과 말하고, 읽고, 쓰는 기능에서 지도내용이 제시된다는 점에서 교수요목의 본질을 정의하고 있다. 또한 상황적 교수요목의 내용을 구조-상황적 교수요목(structure+situational syllabus)으로 변형하여, 일상적인 상황의 연속으로 언어를 제시하지만 때때로 상황에 따라서 등장하는 언어구조를 등급화하여 지도하는 방법으로 다양화시킬 수 있다(Long & Crooks, 1993).

그러나 상황-주제적 교수요목의 문제점은 다음과 같다.

첫째, 상황과 주제를 정의하고 구분하기가 어렵다. 둘째, 상황과 하위상황을 구분하는 데 정확성이 부족하다. 예를 들면 "At the railway station"이란 제목에서는 a traveller asking the way, buying things, decoding station announcement, reading timetables and train departure boards 등 세부상황으로 제시될 수 있다. 이러한 상황과 세부상황은 너무 유사해서 정확하게 구분하기가 어렵다. 셋째, 상황의 등급화 문제가 상황-주제적 교수요목의 문제점으로 지적될 수 있다(Long & Crooks, 1993).

4) 어휘적 교수요목

1920년대와 1930년대에 어휘선택에 대한 연구가 많이 이루어졌다. 그 후로 어휘 빈도수에 대한 연구는 학습자들이 가장 중요한 어휘를 먼저 학습한다는 사실을 전제로 어휘적 교수요목을 탄생시키게 되었다.

어휘적 교수요목에서 대표적 역할을 한 윌리스(D. Willis, 1993)는 언어교수에서 중요한 요소를 세 가지로 지적했는데, 그 첫째는 학습자의 능력을 장려하는 방법론이 정의되어야 한다는 것이고, 둘째는 학습자들이 노출되는 언어의 종류에 대해서 신중하게 고려해야 한다는 점, 셋째는 언어교수요목이 항목화될 수 있는 방법론이 마련되어야 한다는 점이다. 윌리스는 세 번째로 지적한 언어교수요목의 항목화 문제에 입각해서 콜린즈 코빌드 영어과정(Collins COBUILD English Courses)에서 채택한 어휘적 교수요목이 언어교육의 방법론적인 측면에서 통찰력을 부여해 준다는 사실을 주장했다. 콜린즈 코빌드 영어과정은 구어와 문어의 7천3백만 단어의 분석으로 이루어졌는데, 이런 단어의 광대한 분석이 어휘적 교수요목의 기초를 형성한다. 어휘적 교수요목은 가장 흔하게 사용되는 단어의 "이용가능성"을 이론의 근거로 설정하여 다음과 같은 3단계의 구성을 설정했다.

- 1단계: 가장 흔하게 사용되는 문형과 700단어를 사용법과 더불어 제시한다.
- 2단계: 700단어+800단어를 합하여 1,500단어를 제시한다.
- 3단계: 1,500단어+새로운 1,000단어를 제시한다.

또한 어휘적 교수요목의 각 학과는 어휘적 항목+문법과 화용론적 항목+과업 항목으로 구성되어 있는데 어휘적 교수요목은 어휘를 한 가지 "콘텐츠"로 설정하는 것을 합리화시키고, 어휘항목을 학습하고 기억할 수 있는 심리적인 기제에 기초하여 어휘지도를 하는 것을 이론적 기초로 삼고 있다(Long & Crooks, 1993). 어휘적 교수요목의 주장자들은 어휘는 가장 흔하게 사용되는 언어요소이기 때문에 가장 중요한 어휘를 먼저 학습한다는 사실을 옹호한다. 그러나 어휘적 교수요목의 구체적인 사항에 대해서는 아직까지 연구가 미비한 상태에 있다.

7.1.2 분석적 교수요목

종합적 교수요목과 분석적 교수요목은 종합적 교수요목이 언어학적 내용을 대상으로 하고, 분석적 교수요목은 언어학습을 경험적 과정으로 설정한다는 점에서 가장 큰 차이가 난다. 분석적 교수요목의 주창자인 윌킨스(1976)는 분석적 교수요목의 내용을 학습상황에 따른 언어학적 통제를 시도하지 않고, 언어의 구성성분을 점차적으로 축적할 수 있는 것으로 간주하지 않는 것으로 정의했다.

즉, 분석적 교수요목에서는 한 번에 목표어 전체 덩어리를 제시하고 언어적 간섭이나, 통제를 하지 않는다. 이런 유형의 교수요목은 입력에서 규칙성을 발견하고 규칙을 인식하고 규칙을 추론할 수 있는 학습자의 능력에 이론의 바탕을 둔 것이다. 종합적 교수요목이 가르쳐야 할 언어구조에 주로 관심을 가지는 반면에 분석적 교수요목은 학습자의 언어학습 측면에서 관심을 둔다. 즉 분석적 교수요목에서는 언어적 축적에 의해서 형성되는 것이 아니라, 전체적인 언어자료를 학습자들이 분석함으로써 언어적 보편성과 언어의 변화방식에 대한 지식을 재활성화되고 습득된다는 사실을 강조한다. 이러한 분석적 교수요목은 제2언어습득 연구에 그 이론적 근거를 두고 있으며, 교수요목의 구성에서 언어적 구성부분이 아니고, “과업”을 분석의 단위로 채택하여서 “과업중심적 교수방법(Task-Based Language Teaching: TBLT)”으로 분류된다. 분석적 교수요목에는 “과업순서화 교수요목(Procedural Syllabus)”, “과정중심적 교수요목(Process Syllabus)”, “과업중심적 교수요목(Task-Based Syllabus)”이 포함된다. 이 세 가지 교수요목의 공통점은 “과업”을 중심으로 구성되었다는 점이고, 과업을 정의하는 방식, 형식적인 요구분석의 존재 여부, 과업의 선택과 등급화의 문제, 방법론적 문제에 있어서는 각각 교수요목의 특징이 다르다.

분석적 교수요목의 문제점은 Long & Crooks(1993)에 의해서 다음과 같이 지적되었다.

① 과업을 정의하기가 어렵다. 과업, 하위 과업(Sub-Task)을 구분하는 데 과업의 유한성 문제가 발생한다.
② 과업의 순서화, 등급화의 문제가 발생한다
③ 과업중심적 교수방법의 연구영역에 대한 평가가 부족한 형편이다.

언어구조의 각 부분들이 분리되어서 언어입력으로 제시되는 종합적 교수요목과는 달리 분석적 교수요목은 언어구조의 한 덩어리가 언어입력으로 제시되며, 이러한 언어자료를 분석함으로써 언어의 규칙성을 추론해 내는 학습자의 능력을 강조하고 언어입력은 “과업”이라고 구분되는 특징을 가지고 있다.

다음에서는 분석적 교수요목으로 분류되는 과업순서화 교수요목, 과정중심적 교수요목, 과업중심적 교수요목의 개별특징에 대해서 고찰하고자 한다.

1) 과업순서화 교수요목

과업순서화 교수요목은 교실수업에서 학습자들이 참여하는 과업과 활동이 구체화 과정을 통해서 교수요목의 내용이 결정된다. 이 교수요목에 대한 최초의 연구는 프라부가 시행한 방갈로 프로젝트[5]에서 출발하였다. 프라부(1987)는 교수요목을 수업시간

5) 방갈로 프로젝트(Bangalore Project)는 1972년 인도 남부에서 프라부(N. S. Prabhu)에 의해서 실시된 프로젝트이다.
- 실험대상: 13세 학습자들. 3년 동안 영어를 학습해 온 학습자들이고 실험은 대규모로 진행되었다.

에 발생되는 교수활동을 지지해 주는 한 형태로서 적절한 수업계획을 형성하는 지침서의 한 형태라고 규정하였다. 한 선생님에게서 다른 선생님에게로 수업계획을 전이시키는 매우 구체적인 형태이며, 일반화시킬 수 있는 유일한 단계로, 서로 다른 과업에 대한 기술적인 명칭이며 경험과 사고에 의해서 제시되는 순서도, 과업의 목록을 작성하는 것이다. 이것을 "과업순서화 교수요목"이라고 부르는데, 이것은 "교실수업에서 행해질 수 있는 내용의 구체화 항목"일 뿐이다. 즉 이것은 단순한 조작적 구성인데, 이 교수요목에서 과업의 난이도를 결정하는 것은 다음과 같은 요인이다.

(1) 제공되는 정보의 양

제공되는 정보의 양이 과업을 다소 어렵게 만든다. 정보의 유형이나 원천의 다양성도 과업을 다소 어렵게 만든다. 규칙의 수가 증가되면 과업보다 어려워지고, 또한 다른 종류의 규칙이 존재할 때도 과업이 어려워진다.

(2) 요구되는 추론

제공된 정보와 결과로 나타난 정보 사이의 거리가 멀어질수록 과업이 어려워진다. 유추, 추론, 계산 등에 포함된 단계의 숫자가 커질수록 과업이 어려워진다.

(3) 요구되는 정교화

동일한 정보가 서로 다른 과업에 대해서 다소 정확하게 해석될 필요가 있고 또한 결과도 정확하게 표현될 필요가 있는데, 요구되는 정확성의 정도에 따라 어려운 정도가 증가된다. 언어적인 정확성의 차원, 정확한 해석은 언어의 정확한 이해의 문제와 직결된다.

- 프라부의 가설: 문법구조는 의미에 초점을 두었을 때 가장 학습이 잘된다. 즉, 과업을 수행하는데 필요한 언어에 대해서보다는 과업의 수행 자체에 초점을 맞춘다. 따라서 수업내용을 결정하는데 구조주의적 교수요목을 채택하지 않고, 유사성에 의해서 개념화되고 집단화되는 과업으로 대체한다. 이때 이용되는 과업이란 "지도 보기, 시간표를 보고 이해하기, 간단한 문제를 해결하기 등"으로 교사는 매 수업시간에 하나의 과업을 이용하고, 교실수업의 언어를 자유롭게 통제, 지휘한다.
- 결과: 처음 수개월 동안은 많은 문제점이 노출되었으나, 그 해의 마지막 부분에서는 학습자들이 이전에 사용하지 않았던 문법구조가 사용되기 시작했다.

프라부에 의한 방갈로 프로젝트는 그 후 영어교육 분야에서 과업중심적 교수방법론 발달에 핵심적인 역할을 하게 되었다.

(4) 제한점과의 친밀성

세상에 대한 학습자 자신의 지식은 과업의 모호성과 제한성에 얼마나 친숙한지의 여부에 따라서 쉬워지거나 어려워진다. 예를 들면 미국문화에 익숙하지 않은 학습자들에게 check-in baggage와 baggage의 개념은 익숙하지 않아서 어려운 과업이 될 수 있다.

(5) 추상성의 정도

개념에 대한 과업은 사물이나 행동의 이름에 대한 직업보다 더 어렵다. 예를 들면 세대에 따라서 친척관계를 구분하는 것은 매우 어려운 일이다. 초기단계에는 정보 간격을 사용하는 과업이 등장하다가 추론 간격이 요구되는 논리성의 정도에 따라서 구분될 수 있다.

과업순서화 교수요목들은 교실수업의 활동을 도와주기 위한 것을 목표로 정하기 때문에 일반적이고 또한 구체적일 필요가 있다. 즉, 언어와 언어사용의 측면을 두 가지 이상 이용하면서 개념(notion)/기능(function)/배경(setting)/화역(register)/담화(discourse)의 측면을 모두 포함하는 교수요목을 구성하는 것이다. 이러한 교수요목으로 교재를 제작하여 사용할 경우에 교사는 학습자의 능력과 도움의 정도와 필요에 따라서 변화를 추구할 수 있다. 비교적 자유롭게 구성된 교재는 특수한 교실수업에 적용이 쉬울 뿐만 아니라 교사의 전문성을 발달시켜 주는 장점이 있다. 교실수업 과업이 학습자 능력에 따라서 보다 복잡하게 되면 과업의 복잡성이 증가함에 따라서 언어적 복잡성도 증가한다. 교실에서의 언어학습은 언어의 특별한 교수의 결과로서 학습되기보다는 의미교환의 대치연습에서 생겨난 우연한 결과이다 그러나 과업순서화 교수요목은 교육영역에서의 특별한 변화의 추세를 반영한 것이다. 교육적인 개념이 전문가와 교수들 사이에서 변화한다는 사실이 교육의 절충주의를 만들어 낸다.

이러한 절충주의를 옹호하는 이론적 근거는 다음과 같다.

① 개인의 생각에 만족스러운 균형을 발견하는 개념과 절차가 결합되는 문제이다.
② 세계적인 지혜의 한 표현이다. 많은 위험 중에서 가장 안전한 길을 모색하는 것이다.
③ 삶의 바람직한 원천이다.
④ 새로운 각도와 새로운 관계에서 이전의 개념을 바라보게 해주는 새로운 개념 발달이다.

과업순서화 교수요목에서 "과업"이란 주어진 지시사항을 통해서 학습자들이 결과에 도달하도록 요구되는 활동이라고 정의하고, 이용되는 과업에는 지도 보기, 계획표를 해석하기, 방향을 결정하기, 올바른 서술이나 행동을 결정하기, 여행계획 세우기, 지시사항대로 그림 그리기, 물건을 더 싸게 구업하는 곳에 대해서 결정하기 등과 같이 매우 단순하면서도 다양한 활동 모두를 "과업"의 개념으로 정의하고 있다(Prabhu, 1987).

과업중심적 교수방법의 최초시도로 평가되는 프라부의 방갈로 프로젝트는 영어교육에 많은 시사점을 주었지만 과업을 학습자의 요구분석에 의해서 결정하는 것이 아니라, 미리 결정된 과업을 이용하고 과업의 난이도와 순서를 결정하는 것이 임의적이라는 비판을 받고 있다(Long & Crooks, 1993).

2) 과정중심적 교수요목

과정중심적 교수요목은 과업중심적 교수방법의 두 번째 유형의 교수요목이다.

과정중심적 교수요목은 학습과정에서 교사와 학습자 사이의 대화과정을 교수요목에 결합시키는 것이 그 특징이다. 어떤 유형이라도, 그 내용이 미리 결정된 교수요목 내용에 대해서 지속적인 교사와 학습자들 사이의 대화과정을 통해서 그 내용을 분명하고 서로가 이해할 수 있을 정도로 학습자가 재해석하는 과정을 강조한다. 또 과정중심적 교수요목은 교육의 전반적인 영역에 관해서 관심을 갖는 교수요목이다(Breen, 1984).

과정중심적 교수요목은 대화과정을 학습과정에 결합시키는 것으로 과정을 구성하는데 다음과 같은 요소로 구성된다.

① 교실수업에서 진행되는 언어학습에 대한 일반적 결정, 즉 학습자가 학습해야 하는 내용, 방법, 이유 등
② 이런 결정을 위한 대안적 절차
③ 대안적 과업: 교사가 인도·주도하는 수업, 집단 활동, 실험 등

그러나 과업중심적 교수요목은 그 영역에 대한 실험적 평가가 부족하고, 교실수업 내의 교사와 학습자 사이의 역할에 대한 재정의가 너무 급진적이라는 비판을 받고 있다. 또한 과업을 학습자들의 요구분석에 기초해서 설정하지 않은 점과 과업의 난이도와 등급화를 정하는 기준이 제시되지 않았다는 점이 문제점으로 지적된다.

즉, 과정중심적 교수요목은 과업선정이 학습자의 요구분석에 기초하지 않아서 과업의 선택이 임의적이고, 과업의 난이도를 결정하는 순서화에 대한 뚜렷한 기준이 마련되지 못했다. 또한 언어형태에 대한 초점이 언급되지 않았고 과업중심적 교수요목과 제2언어습득 이론의 연관성이 입증되지 않았다는 점이 문제점으로 지적된다(Long & Crooks, 1993). 과정중심적 교수요목은 과업중심의 교육에 대한 두 번째 유형으로 과업에 대한 학습자의 분명한 이해가 교사와 학습자의 대화과정을 통해서 재정의된다는 특징을 지닌 교수요목이다.

3) 과업중심적 교수요목

과업중심의 분석적 교수요목의 세 번째 유형이 과업중심적 교수요목이다. 과업중심적 교수요목에서는 학습자들이 실생활에서 필요한 요구분석을 통해서 과업이 결정되고 이것은 교사와 학습자가 수업시간에 실제로 행하는 과업의 내용을 결정한다. 과업중심적 교수요목은 제2언어 학습과정(Hatch, 1983, Ellis, 1985)과 제2언어 교실연구(Chaudron, 1988)이론에 그 이론적 바탕을 두었다.

과업중심적 교수요목에서는 "과업"의 개념을 다음과 같이 정의한다.

① 단순한 연습문제어서부터 복잡한 문제 해결에 이르기까지 학습을 촉진시키는 목적을 지닌 모든 목적을 지닌 모든 작업의 영역을 지칭한다(Breen, 1987).
② 과업이란 다양하고 순서화가 가능하고, 문제해결을 위한 활동이며, 목적지향적인 활동이다(Candlin, 1984).

즉, 과업이란 사회적 상황에 적합한 기술의 습득에 관련된 인지적이고 의사소통적인, 절차상의 영역에 행해지는 다양하고 순서화가 가능한 목적지향적인 활동체계이다.

과업에 기초한 교육과정에서 정책결정 과정은 기존의 교육과정과 다르다. 기존의 교육과정에서는 지도할 문법적, 음운론적, 어휘적 항목을 먼저 구체화한 후 교실수업 활동의 선택기준을 결정하는데, 과업중심의 교육과정에서는 접근방식이 다소 다르다. 누난(1991)은 정책결정이 두 가지의 다른 경로를 통해서 이루어진다는 사실을 다음과 같이 표현하고 있다. 즉, 학습자가 목표어로 잠정적, 실제적으로 필요성이 있는 과업을 구체화하는 경로와 제2언어 학습의 기저에 있는 심리언어학적 기제를 파악하고, 이것이 교실에서 활성화될 수 있는 방법에 대한 고찰을 통해서 과업이 결정된다.

과업중심적 교수요목은 의사소통 능력을 지향하는 현재의 영어교육 추세에 매우 획기적인 영향을 주었고, 현재에도 매우 활발하게 응용되고 있는 분야이다.

그러나 최근에는 이에 대한 많은 비판점도 제기되고 있다.

즉, 과업중심적 교수요목에 대한 심리언어학적 연구가 충분하지 않았고, 과업의 난이도와 순서를 결정하는 것이 어려우며, 과업유형과 학업과업 유형을 구분하는 문제가 존재한다. 또한 과업이 미리 결정되고 지도된다는 점에서 "구조화"된다고 볼 수 있고, 과업중심적 교수요목에 대한 완전한 프로그램이 완성되지 않았다(Long & Crooks, 1993).

또 다른 비판점은 과업중심적 교수요목으로 지도할 경우 중간언어가 성숙되기 전에 더 즉각적인 의사소통에 대한 압력을 강요한다는 점이다. 따라서 학습자들로 하여금 의사소통을 미숙하고 과도하게 사용하도록 부추기고, 따라서 과업중심적 교수요목에서도 언어구조, 과업 중 무엇을 먼저 가르쳐야 하는지의 문제가 여전히 남는다(Peter Skehan, 1994).

과업중심적 교수요목과 교수의 관계에 대한 문제점은 쉰(R. Sheen, 1994)에 의해서 지적되었다. 쉰은 과업중심적 교수요목이 교수방법론 비교, 연구를 통해서 과거의 교수방법론이 모두 비슷한 결과를 초래한다고 주장하여 방법론의 선택이 중요하지 않다는 점과 "교수"의 형식에 대해서 필요성을 강조하지 않는다는 점을 지적하였다. 즉 과업중심적 교수요목은 과업 내부에 포함된 "의사소통을 위한 상호작용"을 핵심적 요소로 설정한다는 점을 지적하면서 교수방법론에 있어서는 문맥의 특수성에 의해서 잘 정의된 다양한 학습활동과 학습의 연관성과 "교수"를 구체화하는 작업이 필요하다는 점을 주장했다.

쉰은 과업중심적 교수요목의 문제점을 해결하기 위해서 첫째, 과업이 언어습득과 학습에 실제적으로 영향을 끼친다면 과업이 언어의 수용적, 발화적 기술에도 동일한 효과를 갖고 있는지와 둘째, 과업중심적 교수요목에서 "지도"의 역할에 대한 연구가 후속되어야 한다는 점을 지적하고 있다.

지금까지 분석적 교수요목에 해당되는 "과업순서화 교수요목", "과정중심적 교수요목", "과업중심적 교수요목"의 각각의 특징과 장·단점을 고찰해 보았다. 분석적 교수요목은 언어가 축적에 의해서 형성되는 과정이 아니고, 전체적인 언어자료들을 학습자들이 분석함으로써 언어적 보편성과 언어의 변화방식에 대한 지식을 활성화하여 습득한다는 이론에 기초를 둔 교수요목이다. 그러나 "과업"의 정의를 내리기가 어렵고, "과업 - 하위과업"을 구분하기가 어려우며, 과업의 난이도를 결정해서 등급을 정하는 문제 등이 분석적 교수요목의 문제점으로 지적되고 있다.

7.1.3 교수요목 모형 개발

종합적 교수요목과 분석적 교수요목의 이론적 배경과 개별유형에 대한 장·단점을 토대로 다변하는 영어교육 상황에 부응하고 기존 교수요목의 문제점에 대한 대안으로 새로운 교수요목 모형–"다중 교수요목 모형(Multi-syllabus Model)"[6] 제안이 필요하다. "다중 교수요목"이란 하나의 교수요목 내에 기능, 의미, 상황, 주제, 발음, 구조, 어휘의 내용 모두 포함되는 교수요목이다. "다중 교수요목"에 대한 개념은 1970년대부터 의사소통적 언어교육 이론에서 탄생되었는데 존슨(1982)은 "multi-dimensional syllabus, uni-dimensional syllabus"란 용어를 사용하고 "multi-dimensional syllabus"를 "various units of organization are used"로서 정의하였다. 즉, 기능중심적 교수요목을 채택한다고 해서 단순한 언어기능만을 나열하는 것이 아니고 개념, 주제, 상황, 역할, 활동 구조를 모두 고려해야 한다는 것이다.

장복명(1995)은 "다중 교수요목"의 한 모형으로 〈그림 1〉을 제시하였다. 〈그림 1〉에서 제시된 모형은 교수요목 범주를 크게 "언어사용 측면"과 "언어의 형식적 측면"으로 구분하고, "언어사용 측면"의 비중을 강화시키고 그 중에서도 "기능주의 교수요목"이 핵심적 작용을 한다. "기능주의 교수요목"에서 결정된 기능에 따라서 구체적인 과업이 형성되고, 구체적인 과업을 수행하는 데 필요한 언어의 형식적 지식은 학습자의 발달단계에 따라서 문법, 어휘, 발음 지도 내용을 선정하여 제시한다.

이러한 다중 교수요목을 기초로 영어교재가 작성될 때는 다음의 단계를 따른다.

① 상황–주제적 교수요목: 상황–주제적 내용을 결정한다.

---

6) "다중 교수요목"의 타당성에 대해서 Jo MacDonough & Christopher Shaw는 다음과 같이 주장하였다(Jo MacDonough & Christopher Shaw(1993), p. 47).

Swan justifies this approach in the following terms, "When deciding what to teach to a particular group of learners, we need to take into consideration several different meanning categories and several different formal categories. We must make sure that our students are taught to operate key *functions* ··· to talk about basic *notions* ··· to communicate oppropriately in specific *situations* ··· to discuss the *topics* which correspond to their main interests and needs ··· At the same time, we shall need to draw up a list of *phonological* problems ··· of high priority *structures*, and of the *vocabulary* which our students will need to learn. In addition, we will need a syllabus of *skills*······."

즉 한 가지 교수요목의 내용에는 Functions, Notions, Situations, Topics, Phonological problems, Structures, Vocabulary, Skills의 내용이 모두 포함되는 것이 학습의 결과에 효과적이라는 점에서 "다중 교수요목"의 타당성이 입증된다.

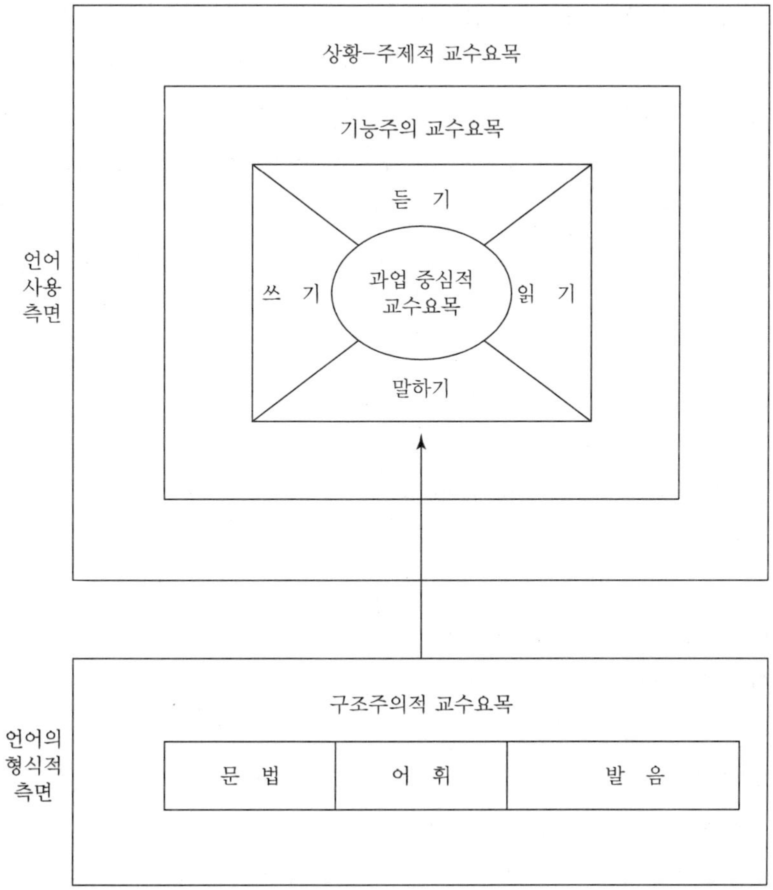

출처: 장복명(1995), p. 155. / 박경자 외(2002), p. 84.

〈그림 1〉 다중 교수요목

② 기능주의 교수요목: 상황-주제를 배경으로 의사소통 기능 항목을 선정한다.

③ 과업중심 교수요목: 선정된 의사소통 기능 항목을 중심으로 4가지 언어기능에 대한 구체적인 과업을 결정한다.

④ 구조주의적 교수요목: 기능주의 교수요목에 의해서 결정된 과업을 수행하는 데 필요한 문법, 어휘, 발음 등 언어의 형식적인 내용을 지도한다.

"다중 교수요목"과 기존 교수요목과의 차이점은 의사소통 기능을 항목별로 제시하는 데서 그치지 않고, 상황-주제적 내용과 의사소통 기능 항목을 밀접히 연관시키고 "과업중심적 교수요목"을 도입하여, 각 언어기능 지도내용을 "과업"을 통하여 통합시켜서 지도할 수 있고, 다양화시키는 방법을 제시했다는 점이다.

또 다른 유형의 다중 교수요목은 주된 교수요목 하에 제2 또는 제3의 교수요목이 겹쳐서 사용되는 경우가 있다. 다음에서 그 구체적인 예들을 소개하고자 한다.

① 실제로 대부분의 교재는 주된 교수요목 하에 몇 종류의 구조주의적 교수요목으로 이루어져 있다.
예를 들면, 브리톤과 뉴만(Brinton & Neuman, 1982)의 저서의 경우:

Instrucitons
Nouns
Cardianls Numbers
The Present Tense of The Verb Be: Statement Form
Subject Pronouns
Contractions with Be
Article Usage: An Introduction
Basic Writing Rules, Part Ⅰ

② 기능중심, 개념중심, 과업중심, 언어기술 중심 교수요목들은 주제적 혹은 상황중심 교수요목이 하위요소를 구성하고 있다. 예를 들면 바, 크레그와 월리스(Barr, Clegg & Wallace, 1983)의 저서가 이 범주에 속한다. 전체적인 구성은 언어기술 중심 교수요목으로 이루어져 있고, 하나의 단원, 그 안의 장, 그리고 각 장 내의 절들을 구성하는 데는 보조적으로 주제적 교수요목이 이용되고 있다.

Scanning
Unit One A Place of your Own
Section 1 Leaving Home
Section 2 A Roof Over Your Head
Section 3 An Englishman's Home
Section 4 No Place Like Home

Key Words
Unit Two People Who Matter
Section 1 Falling in Love

Section 2 Problem Page
Section 3 For Better, For Worse
Part A-Marriage
Part B-Divorce
Section 4 A Death in The Family

여기서 논의된 교수요목들은 최근의 언어교수 과정에서 쓰고 있는 것으로, 거의 1980년대 및 1990년대에 출판된 교재에 등장하는 것들이다. 그러나 여기에 있는 교수요목 목록들이 최종적인 안이라고는 할 수 없으며, 앞으로도 교재를 조직화하고 가르치는 새로운 방법들이 연구되어야 할 것이다.

이제까지 영어교재의 골격을 구성해 주는 교수요목에 대한 이론을 고찰하였다. 우선 교수요목 유형을 종합적 교수요목과 분석적 교수요목으로 분리하고, 각 유형에 속하는 개별 교수요목의 특징과 장·단점을 고찰하고, 교수요목 설계의 새로운 대안으로 다중 교수요목 모형을 소개하였다. 교수요목에 대한 특징을 정확히 연구하는 것이 영어교재를 개발, 채택하고 분석하는 데는 간과할 수 없는 과업이라 할 수 있기 때문에 교수요목 설계 이론은 그 중요성을 아무리 강조해도 지나치지 않다고 하겠다.

7.2 영어교재 개발 및 활용 이론

영어과 교육과정에서 핵심적인 역할을 담당하는 영어교재를 구체적인 교육상황에 적합하도록 개발하여 사용하는 것은 매우 중요한 일이다. 교육과정이 결정되어서 학습자에게 실제적인 학습결과를 유발시키는 총체적 과정도 구체적 상황[7] 속에서 이루어

7) 영어학 사전(1990)에 따른 정의
① Context(문맥)
특정 언어단위 전후에 위치하여 그 언어단위의 용법에 제약을 가하거나 의미를 밝혀 주는 발화(Utterance)의 한 부분을 가리키는 용어이다. 발화가 일어나는 상황을 일컫는 상황의 맥락(Context of situation)과 구별하여 언어상의 맥락(linguistic context, literary context, co-text, environment)이라고도 한다.
② 상황의 맥락(Context of situation)
런던언어학파(London School of Linguistics)의 용어이다. 발화(Utterance)가 행해지는 상황(Situation), 즉 화자, 청자, 언어의 장(field), 언어적 행동, 비언어적 행동 등을 '상황의 맥락'이라 한다. 언어표현의 의미는 그 언어표현이 행해지는 상황에 의존하고 있는 부분이 많다.

지는 것이다. 따라서 상황에 맞는 영어교재를 제작하는 것이 영어교육에서는 매우 중요하다. 다음으로는 상황에 맞는 영어교재 개발의 중요성을 '상황에 기초한 언어교육' 이론과 '구조적 입력의 중요성'을 통해서 입증하고자 한다.

7.2.1 교재개발과 사회 · 문화적 상황

영어교육에서 상황의 중요성을 강조한 학자 중의 한 사람인 번스(Margie Berns, 1990)는 인도, 서독, 일본에서 영어교육에 대한 사회언어학적인 특징들을 조사하여 각 나라의 상황에 적합한 영어 교육을 주장했다. 즉, 영어에 대한 언어정책과 적응, 영어 교육의 특징(M. Berns, 1990, pp. 49-78)에 대해 나라마다 차이점을 조사한 후 이러한 차이점이 영어교육에 심각한 영향을 끼친다는 사실을 주장하고 영어교육에 있어서 의사소통 능력에 대한 다양한 모형을 설정해야 한다는 사실을 강조했다. 상황에 기초한 언어교육[8]의 이론을 수립하는 데 필요한 요소들을 학습자, 학습 목표, 교사 등 13가지로 제안했다. 번스(M. Berns, 1990, p. 78)는 언어교육에서 학습자들이 처한 사회적 환경 즉 상황의 중요성을 강조하여 영어는 사용자들의 특성에 속한 것이며, 영어교육은 영어사용자들의 선호도와 그들의 형식적이고 기술적인 적응과정에 대응적이어야 한다는 사실을 강조했다. 즉 '상황에 적합한 적응력'을 강조했다.

Malinowski(1923)는 이런 상황을 '상황의 맥락'이라 하여 언어구조 전후 관계를 일컫는 언어상의 맥락, 즉 문맥(Context)과 구별하고 있다.

이 책에서 논의된 "상황에 기초한 언어교육"에서 사용된 정의는 Context of Situation의 내용이다.

8) "상황에 기초한 언어교육"의 내용은 1994년 TESOL Institute에서 개설된 "상황에 기초한 언어교육"이라는 과목에서 번스가 수업시간에 제시한 내용인데, "상황에 기초한 언어교육"을 결정하는 요소들로 다음의 13가지 요소들을 제시했다.

① Who are the learners?
② Why are they learning English?
③ Who are the teachers?
④ Nature of teacher's preparation?
⑤ Why are they teaching English?
⑥ Why do ELT programs exist?
⑦ What are the official policies of ELT?
⑧ What are the reform in progress?
⑨ What kind of community, society support for ELT?
⑩ What are the local constraints and conditions?
⑪ What are beliefs about the language?
⑫ What are norms, models of English?
⑬ Which methodologies are used in ELT?

카추루(B. B. Kachru, 1992)는 전 세계적인 영어교육의 현상을 각 나라의 문화와 상황에 따라서 분석한 후 영어교육에 대한 획일화된 인식보다는 각 나라의 상황에 맞추어서 다양해져야 함을 강조했다. 카추루는 영어사용권을 내적 범주, 외적 범주, 확장 범주로 구분했는데 각각의 내용을 요약하면 다음과 같다.

① 내적 범주: 영어에 전통적으로 문화적, 언어학적 기초를 형성한 나라들(미국, 영국, 캐나다, 호주)
② 외적 범주: 오랜 식민지 통치기간을 통해서 제도화된 비원어적 다양성을 나타내는 나라들(인도, 말레이시아, 필리핀, 싱가포르, 방글라데시, 가나, 잠비아 등)
③ 확장 범주: EFL 상황에서 영어가 사용되는 나라들(중국, 일본, 한국, 이집트, 인도네시아. 이스라엘, 소련, 네팔, 사우디아라비아, 대만, 짐바브웨 등)(Braj B. Kachru, 1992, pp. 356-357)

이렇게 구분된 범주에 속하는 나라들은 영어의 확산유형, 영어 습득 유형, 다양한 문화적 상황에서의 영어기능에서 차이점을 나타낸다. 카추루의 구분에 의하면 우리나라는 확장 범주에 속한다. 따라서 우리나라의 영어교육 상황은 내적 범주나 외적 범주에 속하는 나라들과는 다르며, 이런 차이점이 영어 교육에 반영되어야 한다. 카추루는 영어교육에서 나라마다의 특성과 역사적, 문화적 배경의 다양성을 고려해야 한다는 점을 다음의 6가지 원칙으로 제시했다.

① 외적 범주와 확장 범주에 속하는 나라들의 경우에는 영어사용이 비원어적 사용자의 상호작용이 대부분을 차지하므로 반드시 원어민 화자들과의 상호작용을 모형으로 설정할 필요는 없다. 따라서 문화 기초적인 지역적 책략[9](예를 들면, 정중함, 설득하기, 인사하기 책략 등)을 효율적으로 지도하는 것이 문화적으로 바람직하다.
② 영어를 통해서 영어권 화자들의 문화를 전수시키는 것도 중요하지만 국부적인 다양성 속에서 영어는 '고등교육, 지역적 행정을 위한 언어, 국내적, 국제적

9) 카추루(1992)가 주장한 "문화 기초적인 지역적 책략"이란 언어를 가르칠 때 의사소통 기능과 책략이 다양하다는 사실을 반드시 고려해야 한다는 사실을 반영한 것이다. 예를 들어서 "정중함"을 가르치는 경우에 우리나라의 존대법이 영어에 모두 반영되어서 지도될 수는 없으나, 우리나라 문화에서 가장 중요한 척도가 "장유유서"라는 사실을 인식해서 영어교재 소재의 선택이나 내용제시에 반영해야 한다는 사실을 의미한다.

사업의 언어, 방어체계를 위한 연결언어, 매체언어, 문화적 창의성을 위한 언어'이기도 하다. 따라서 이런 다양한 기능 속에서 영어를 지도하는 것이 현실적이다.

③ 원어민 화자의 모든 기준이 전 세계적인 영어사용의 척도는 아니다.

④ 제2언어 습득에 대한 연구에서 영어의 국제적인 비원어적 다양성에 목표어를 향해서 발전해 가는 중간어의 개념으로 인식되는 경향이 있는데, 이는 재평가할 여지가 있다.

⑤ 외적 범주와 확장 범주에서는 원어민 화자가 교사나 교육 행정가, 교재 개발자로서의 충분한 입력의 구실을 하는 비중이 작다.

⑥ 외적 범주와 확장 범주에서 나타나는 다양성과 언어의 변이현상은 영어의 퇴화현상이 아니다. 이러한 다양성이 사회언어학적 문맥에서 언어기능상의 타당성을 부여해 준다.

위에서 제시한 6가지 원칙 중에서 ①, ②, ⑤의 원칙은 영어교재 개발 이론에서 충분히 타당성 있는 원칙이라고 생각한다. 즉, 영어교재를 개발하여 사용해야 할 경우에 우리나라의 문화 기초적인 지역적 책략을 고려해야 하고, 우리나라에서 영어를 학습하는 목적이 반드시 원어민 화자들의 문화를 전수시키는 것만이 아닌 다양한 목적을 반영하며, 교사나 교육 행정가, 교재 개발자에게 영향력을 행사하는 사람은 모국어 화자가 아니라 우리나라 사람이라는 점을 충분히 인식해야 한다.

그레이브스(Kathleen Grayes, 2000)는 '상황(context)'을 정의하는 데 고려할 사항으로 다음과 같은 요소들을 정의했다.

1) 사람

① 학습자: 학습자 수, 연령, 성(性), 문화, 언어적 배경, 학습의 목적, 교육 정도, 직업, 경험

② 기타: 학교 행정가, 부모, 재정 지원자, 공동체

2) 물리적 배경

① 학교의 위치: 편리함, 위치

② 교실: 크기, 가구, 조명, 소음, 항상 동일한 교실에서 수업하는가?

3) 과목과 교육기간의 특성

① 과목의 유형 및 목적, 수강이 의무적인가 선택적인가?

② 현재의 다른 과목이나 선수과목과 연관성이 있는가?

③ 교육과정이 규범적인가 아닌가?

④ 시험이 요구되는가의 여부

4) 교육자료 및 장비

① 교육자료: 교재가 이용가능한가? 자신이 직접 교재를 개발하는가?

② 교육장비: 컴퓨터, 인터넷, 비디오, 복사기, 조교의 도움이 가능한가?

5) 수업시간 수

① 교육과정 주기 내에 전체 몇 시간이 할애되는가?

② 얼마나 자주 수업에서 만나는가?

③ 한 시간이 몇 분 수업인가?

④ 주당, 일당 수업 시간 수는?

상황적인 요인을 고려할 때는 국가사회적인 넓은 범위 뿐만 아니라 그레이브스가 제시한 내적 요인을 반드시 고려해야 할 것이다.

이상에서 번스나 카추루가 주장하는 영어교육의 요점은 영어교육이 영어를 사용하는 나라의 역사, 정치적 배경, 영어에 대한 태도 등 다양한 상황을 바탕으로 지도되어야 함을 강조하는 것이다. 카추루의 모형에 따르면 우리나라는 확장범주에 속하는 나라로서 내적 범주에 속하는 나라들에게 모든 기준을 맞추기보다는 우리나라의 상황에 맞추어서 영어교육을 시도해야 함이 타당하다. 특히 카추루가 제시한 첫 번째 원칙에서 문화에 기초한 지역적 책략을 강조해야 한다는 점과, 두 번째 원칙에서 영어가 다양한 기능, 즉 고등교육, 행정·사법상의 용어, 문학상의 용어로서 지도되는 것이 현실적이라는 주장, 그리고 다섯 번째 원칙인 외적 범부에 속하는 나라에서는 원어민 화자가 교재 개발자로서 충분한 입력의 구실을 하는 비중이 작다는 사항은 우리나라에서 교재가 자체적으로 개발되어서 사용되어야 한다는 점을 뒷받침해 준다. 이러한 '상황에 기초한 언어교육' 측면에서 볼 때 영어교재는 우리나라 상황의 특수성을 충분히 고려하여 우리나라에서 직접 개발되어야 하기 때문에 영어교재와 이에 관련된 이론적 연구가 영어교육 상황에서는 대단히 중요하다.

7.2.2 교재개발과 언어적 입력

우리나라에서 영어교재가 개발되어야 한다는 사실의 중요성은 우리나라의 학습상황에서는 구조적 입력이 대단히 중요하며, 우리나라 영어학습 상황에서 주로 구조적인 입력의 역할을 하는 것이 영어교재라는 점에서도 입증될 수 있다. 해멀리(1982, 언어교수학(2011) 재인용)는 언어 습득·학습 상황을 6가지로 구분하고 각 유형별로 언어학습 요소가 장·단점으로 작용하는 측면을 〈표〉로 분류했다. 우리나라의 영어교육 상황은 크라센(1982)이 분류한 학습/습득 구분 가설[10)]에 따르면 학습 상황에 해당된다. 따라서 우리나라 영어교육 상황은 〈표 1〉에서 (3) 성인의 제2언어 습득과 (6) 아동의 제2언어 학습의 경우에 해당된다. 학습과 습득에 영향을 끼치는 다양한 요소 가운데 두 상황에 공통적으로 장점의 역할을 하는 것은 '입력의 구조화' 요인이다. 입력가설에 따르면 영어 습득과 학습 과정에 모두 다양한 입력이 중요한데, 우리나라와 같이 영어교육이 제2언어 학습인 경우에는 너무나 체계 없는 방대한 입력보다는 조직적인 입력이 효과적이다. '교재'는 그 특성 상 '조직적, 구조적' 입력을 제시한다는 사실을 고려할 때 우리나라 영어교육에서 교재가 얼마나 중요한 역할을 수행하는가를 다시 한 번 입증할 수 있다.

〈표 1〉 6가지 유형의 언어습득, 학습의 장·단점

	(1) NLA	(2) Inf. Bil.	(3) Adult SLL	(4) Adult SLA	(5) Child SLA	(6) Child SLL
동기	A	A/a	D/d	a/d	a	d
학습자의 시작상태	A	A	d	d	d	d
노출	A	a	D	a	a	D
언어적 간섭	A	a	D	D	d	d
언어자아, 불안감, 방해	A	A	D/d	D/d	a	a
뇌의 우연성	A	A	D	D	a	a
운동 기억력	A	A	D	D	a	a

10) 크라센(1982)은 5가지 가설로 그의 언어습득 이론을 제시하였는데, 그 중 하나가 '습득-학습 구분 가설(The Acquisition-Learning Distinction Hypothesis)'이다. 이는 그의 이론 중에서 가장 기본적인 것으로 성인의 경우 제2언어의 언어능력을 개발하는 데 독립적이고 분명한 가설이 두 가지 있음을 기술하고 있다. 이 두 가지 가설의 특징은 다음과 같이 구분될 수 있다.
습득과정: 아동이 모국어 능력을 발달시키는 과정, 무의식적인 잠재적인 과정, 학습 결과도 무의식적, 언어의 올바름에 대하여 '직관'을 갖고 있다,
학습과정 ; 의식적인 과정, 제2언어에 대한 의식적인 지식을 의미함, '문법', '규칙'을 알고 있다.

일반 기억력	d	d	A	A	a	a
철자 의존성	A	A	D	D	a	d
입력의 구조화	D	D	A	D	D	A
개념 체계	D	D	A	a	a	a
언어적 인식	D	D	A	a	D	a
언어적 정확성	D	D	A	a	d	a
학습자의 특징	D	D	A	A	d	d

주) (1) NLA(Natural Language Acquisition): 유아의 모국어 습득
(2) Inf. Bil.(Infant Bilingual): 유아의 이중/다중언어 습득
(3) Adult SLL(Second Language Learning): 성인의 제2언어 학습
(4) Adult SLA(Second Language Acquisition): 성인의 제2언어 습득
(5) Child SLA(Second Language Acquisition): 아동의 제2언어 습득
(6) Child SLL(Second Language Learning): 아동의 제2언어 학습
A=최대 장점, a=장점, D=최대 단점, d=단점,
자료: 박경자 외(2011), p.120.

이상에서 우리나라 영어교재를 개발하여 사용해야 하다는 가설의 당위성을 '상황에 기초한 영어교육'과 '구조적인 입력의 중요성'이란 측면에서 입증해보았다. 우리나라의 여려 가지 상황과 우리나라 학습자들의 요구조건을 고려하여 입력을 구조화하는 것이 영어교재 개발에 필수적이고 영어교재 개발 과정을 전문화시키는 것이 매우 중요한 당면과제라 할 수 있다.

7.2.3 영어교재 활용 방법

영어교재를 운용하는 데는 세 가지 방식이 존재한다. 즉, 기존의 교재를 채택(Adopting)하는 것과, 기존의 교재를 교과목의 성격에 맞도록 각색(Adapting)하는 것, 그리고 교과목의 목표와 성격에 적합한 교재가 없는 경우에 교사나 교재 개발자가 직접 교재를 제작하여 사용하는, 개발(Developing)하는 방식이다. 다음에는 이 세 가지 방식에 대하여 각각 살펴보고자 한다.

1) 채택하기

교재를 운용하는 방식 중에서 제일 손쉽고 흔히 이용되는 것은 기존의 영어교재를 채택하는 것이다. 교재를 채택하는 데에는 다음과 같은 상세한 단계를 거친다.

① 교재의 유형을 결정한다. 교재가 제작되는 데 기초가 된 다양한 이론적 접근법, 교수요목 설계, 교육매체를 고려하여 여러 가지 여건에 합당한 교재의 유형을 결정한다.

② 교재에 대한 다양한 정보를 입수한다. 수업시간에 활용할 수 있는 교재에 대한 정보는 출판사의 도서목록, 잡지에 나와 있는 서평, 그리고 교사가 소장하고 있는 도서들을 통하여 합당한 교재에 대한 정보를 입수한다.

③ 학습 프로그램에 교재가 적합한지의 여부를 평가하여 교재채택을 결정한다. 이 과정에서는 저자, 출판사에 대한 정보, 교육과정에의 적합성, 물리적 특성, 교수 가능성 등의 항목에 비추어서 교재의 적합성을 평가한다.

④ 채택된 교재를 수업 시간에 이용하면서 지속적으로 교재의 적합성을 평가한다.

2) 각색하기

영어교재를 운용하는 두 번째 방식은 기존의 교재를 각색하여 쓰는 과정인데, 이 과정 각각의 단계는 교재를 채택할 때와 비슷한 과정을 거친다. 즉 학습자와 학습 프로그램의 목표를 분석하고, 어떤 자료를 개발할 것인지를 결정하고 분석한 항목을 분류하고, 부족한 부분을 외부로부터 보충한다. 맥도너우와 쇼(J. McDough와 C. Shaw, 1993)는 교재각색의 방법을 다음의 5가지로 분류하였다.

① 첨가하기(Adding): 교재의 내용이 부족할 때 내용을 외부에서 첨가하여 보충하는 방식이다.

② 생략하기(Deleting): 첨가하기에 반대되는 방식으로 교재의 내용에서 일부를 생략하여 사용하는 방식이다.

③ 수정하기(Modifying): 수정하는 내용에는 다시 쓰는 방식과 재구성하는 방식이 있다. 다시 쓰는 방식은 교재의 내용에 대한 수정을 하는 것이고 재구성하는 방식은 교재를 수업에서 사용할 때 수업운용상 필요에 의해서 다시 구성하여 사용하는 방식이다.

④ 단순화하기(Simplifying): 수정하기와 비슷한 유형으로 인식할 수 있으나 단순화

하는 것 자체가 널리 이용되기 때문에 하나의 독립된 영역으로 분류한다.

⑤ 순서를 다시 정하기(Reordering): 이 과정은 교재의 내용을 다른 순서로 배열하는 방법을 의미한다. 서로 항목을 분류하여 다시 결합하는 방식을 포함한다. 교재각색은 이러한 방식을 통하여 교재의 연습, 본문, 기술, 수업통제 등의 여러 분야에 적용되는 교재 활용에 매우 유용한 방식이다.

그레이브스(2000)에 따르면 교재를 각색하여 이용하는 과정은 다음과 같은 4단계를 따른다. 첫 번째 단계는 교재를 어떻게 가르칠 것인가를 계획한다. 둘째는 교재를 이용하여 실제로 수업을 진행하는 과정인데, 이 과정에서 교사가 학습자들에게 교재가 얼마나 효율적인가에 대한 그들의 견해와 교재를 교사가 각색하는 방법이 학습자들의 요구와 목표 설정에 적절한가에 대해서 의견을 물어볼 수도 있다. 세 번째 단계는 교재와 교수 방법을 평가한 내용을 기초로 교재를 이용하는 방식을 재구성하는 단계이다. 네 번째 단계는 재구성된 계획에 의거하여 교재를 다시 가르치는 과정으로 끝이 난다. 이러한 각색의 과정은 교재의 기본 골격은 유지하되, 교사가 교육환경, 교육받는 학습자의 특성에 따라서 적절하게 적용될 수 있는 여지를 마련해주기 때문에 교재 운용 과정에서 매우 현실성 있는 방식이다.

3) 개발하기

영어교재 운용의 세 번째 단계는 학습자의 욕구, 목표, 평가에 의해서 학습 프로그램이 윤곽을 잡았는데도 그 프로그램에 적합한 교재가 없어서 채택이 실패했을 경우에 교재를 직접 개발하는 방식이다. 교재를 운용하는 세 가지 방법 중에서 마지막 방식인 영어교재를 개발해서 사용해야 할 경우에는 학습자, 학습과정, 언어에 대한 교사의 신념, 사회적 상황, 과업의 유형, 수업 자료에 대한 요인을 반드시 고려해야만 한다. 그레이브스(2000)는 이러한 교재개발 시 반드시 고려해야 하는 필수요소를 〈표 2〉와 같이 정리하고 있다.

〈표 2〉 교재개발 시 반드시 고려해야 하는 요소

1. 학습자	① 학습자의 배경과 경험을 고려 ② 학습자의 교실수업 밖에서의 현실적인 목표를 고려 ③ 학습자의 정의적인 요구를 고려
2. 학습과정	① 발견, 문제 해결, 분석과정을 연구 ② 특별한 기술과 책략을 개발
3. 언어	① 목표가 되는 관련요소를 고려(문법, 기능, 어휘 등) ② 말하기, 듣기, 읽기, 쓰기 등의 4가지 기술을 통합 ③ 사실적 자료를 이용하고 이해하기
4. 사회적 생활	① 문화적인 중점사항을 제공하기 ② 비판적 사회인식을 발달시키기
5. 과업 유형	① 실제적 과업을 목표로 함 ② 역할과 집단화를 다양화함 ③ 수업활동과 목표를 다양화함
6. 수업자료	① 실제자료를 이용함 ② 다양한 자료를 이용함(인쇄물, 시각자료, 청각자료)

또한 브라운(1995)은 교재를 개발하는 데 거쳐야 하는 기본과정을 점검하는 기준을 〈표 3〉으로 제시하고 있다.

〈표 3〉 교재개발의 기본과정 점검표

1. 전반적인 교육과정	① 이론적 접근법: 이론적 기초 점검, 수정 ② 교수요목: 구성원리 점검, 수정
2. 요구분석	① 교사의 자격, 수, 보유하고 있는 기술에 영향을 받음 ② 학습자들의 수, 연령, 특성에 영향을 받음
3. 목적·목표 설정	① 목적: 프로그램의 일반적인 목적-언어유형 및 일반적 목적 ② 목표: 프로그램이 달성하고자 하는 구체적 목표
4. 수준진단	① 능숙도 및 배치 평가: 전반적인 수준을 정함 ② 진단적 및 성취도 평가: 목표의 적합성을 정함
5. 교재집필	① 교재개발자로서 일할 의지가 있는 교사를 선별함 ② 교재개발자는 모든 관련된 자료를 소지하고 있다는 사실을 명확히 함 ③ 업무를 분장함 ④ 자료개발을 위해서 개별적 혹은 집단으로 작업함 ⑤ 관련자료 목록을 작성함 ⑥ 교재의 작성에서 각 부분별로 작업하는 것을 고려함

6. 교수과정	① 실험적으로 자료를 이용함 ② 자료의 효율성에 대해서 논의함 ③ 수정함
7. 평가과정	① 스스로의 자료를 평가함 ② 자료를 수정함 ③ 비교적 견고한 형태로 교재를 출판함 ④ 교재출판을 고려함 ⑤ 교재개발 작업은 지속적으로 이루어지고, 학습자의 요구 조건에 맞지 않는 경우에는 수정작업이 계속된다는 점을 명시함

위의 표에서 알 수 있듯이 교재집필의 단계에 이르기까지 전반적인 교육과정을 이론적 접근법과 교수요목 설계를 통하여 구성원리를 결정하고, 학습자들의 요구조건을 분석하여 교육목적과 목표를 설정하고 학습자들의 수준을 결정한다. 이러한 과정을 거친 다음에 교재집필 단계에 이르게 된다.

교재집필 과정에는 자료 개발자로 일할 수 있는 교사를 섭외하고 모든 자료 개발자에게 필요한 적절한 문서가 주어졌는지 확인하고 작업을 분배하여 교재집필을 위한 개인 작업이나 팀 작업을 진행한다.

집필된 교재를 수업현장에서 직접 가르쳐 봄으로써 교재의 교육적 효과에 대해서 토론하고 교육현장에서 가르치는 교사의 의견을 최대한으로 반영하여 수정하는 것이 필요하다. 교재개발 과정에서 반드시 필요한 과정은 교재를 평가하는 과정이다. 자료 개발자가 자료 평가가가 되어서 자료를 수정하고 연속성 있는 형태로 자료를 집필하는 것이 중요한다. 자료가 개발된 것 자체로 끝난 것이 아니고, 얼마만큼 학습자들의 요구를 충족시키고 있는 가의 관점에서 지속적인 수정과정이 필요하다.

이렇게 자료를 개발하는 것은 일정한 단계를 밟아서 진행되는 것이며 필요한 단계마다 충분한 준비작업과 토론과정이 필수적이다.

연구과제

study assignments

1. 교수요목 유형을 구분하는 데 있어서 사용되는 기준은 다양하다. 그 중에서 결과지향적 교수요목과 과정지향적 교수요목을 구분하는 기준에 대해서 설명하시오.

2. 본문에서 제시한 교수요목의 세 가지 역할을 설명하시오.

3. 다음 개별 교수요목들의 특징 및 장단점을 설명하시오.
   ① 구조주의적 교수요목
   ② 기능-의미적 교수요목
   ③ 상황-주제적 교수요목
   ④ 과업중심 교수요목
   ⑤ 다중 교수요목

4. 영어교재를 구성하는 기본 요소는 4가지로 정의할 수 있다. 이 4가지 구성 요소를 설명하시오.

5. 영어교육 과정을 학습-습득 과정으로 구분할 때, 이 두 과정을 어떻게 활용해야 한국의 영어교육에 효과적으로 작용하는지 그 방법을 논하시오.

6. 본문에서 사용하고 있는 "상황(context)"은 어떤 의미로 활용되고 있는지 그 내용을 정의하시오.

7. 영어교재를 활용하는 방식을 설명하시오.

제 8 장

한국 영어교육의 발전과제

본서는 한국에서 영어교육이 태동된 구한말 시기에서부터 가장 최근에 개정된 교육과정 시기에 이르기까지 영어과 교육과정의 변천사를 통해서 한국의 영어교육 발전과정을 조망하였다. 또한 교육과정의 기초 이론, 교육철학, 영어교재 이론, 영어교수·학습방법론에 대한 이론을 통해서 영어과 교육과정을 구성하는 기본 체제를 고찰하였다.

앞에서 살펴본 영어과 교육과정에 대한 이론적 고찰과 한국의 영어과 교육과정의 변천사를 토대로 향후 한국의 영어교육 발전방향을 모색해보고자 한다. 본 장은 세계영어로서 영어교육에 대한 중요성 인식, 아시아 상황에 적합한 영어교육 환경 구축, 이상적인 영어교사 교육이라는 주제를 통하여 앞으로 한국의 영어교육이 나아가야 할 방향을 제시해 보고자 한다.

8.1 세계어로서의 영어교육

17세기 초반의 엘리자베스 여왕 1세와 21세기가 시작되는 시기의 엘리자베스 여왕 2세의 통치 기간 사이에 영어를 사용하는 화자의 숫자는 500~700만 명에서 15억~20억 사이에 이를 정도로 증가하였다. 16세기 중반까지만 해도 영어는 영어를 모국어로 활용하는 사람들이나, 영국에 거주하는 사람들만 사용하는 언어였으나, 지금은 전 세계 거의 모든 국가에서 통용되고 있다.

세계 전역의 영어확산은 자주 아래의 뚜렷이 다른 3개의 영어를 사용하는 사용자 그룹에 관하여 논의된다.

- 모국어로서의 영어(English as a native language: EML)
- 제2언어로서의 영어(English as a second language: ESL)
- 외국어로서의 영어(English as a foreign language: EFL)

우리가 좀 더 가까이 이 3개의 범주로 분류된 것들을 살펴보게 되면, 특히 가장 영향력 있는 영어 사용에 관한 설명 및 그 모델들을 고려할 때에, 우리는 이런 범주들 간의 경계가 분명하지 않다는 것과 영어 화자들을 셋 중 어느 하나의 범주에만 속하도록 분류하기란 아주 어렵다는 것을 알게 된다. 그럼에도 불구하고 이 세 범주 모델은 더 복잡해진 현대의 상황에 맞게 대처하는 데 있어서 유용한 출발점을 제공한다.

모국어로서의 영어(또는 모어로서의 영어)는 영어가 역사적으로 제1언어의 역할을 담당한 나라들 중 한 곳에서 태어나고 자란 이들의 언어이다. 카추루(1992:356)는 이런 나라들(주로 영국, 미국, 캐나다, 오스트레일리아와 뉴질랜드)을 '영어의 전통적인 문화기지 및 언어기지들'이라 칭한다. 이 국가들의 영어화자는 약 3억 5천만 명 정도로 추산된다. 제2언어로서의 영어란 인도, 방글라데시, 나이지리아와 싱가포르처럼 한때 영국의 식민지였던 수많은 나라에서 사용되는 영어를 말한다. 이들 영어화자들 역시 3억 5천만 명 정도라고 추산된다. 외국어로서의 영어란 영어가 어떤 목적으로도 공식적으로 기능하지 못하는 나라에서 사는 사람들이 사용하는 영어를 말한다. 오늘날에 와서 보면 외국어로서의 영어를 말하는 사람들은 다른 비모국어 영어 화자들과 의사소통하기 위하여 영어를 사용하는 듯 보이지만, 역사적으로 볼 때, 그들은 미국과 영국의 모국어화자들과 의사소통하려고 영어를 배웠었다. 지금은 외국어로서의 영어를 말하는 사람들의 수를 가늠하기가 더 어려운 실정이다. 게다가 어떤 사람을 외국어로서의 영어 화자로 규정하기 위해 적용되는 능숙한 정도의 기준이 어떠냐에 따라 그 수가 큰 폭으로 변하는 어려움이 있다. 그렇다고 해도, 만일 적정한 능숙도를 기준으로 하여 추산한다면, (비록 이 숫자에 논쟁의 여지가 있다는 점은 밝혀두지만)그 수는 약 10억 정도가 될 것이다.

우리가 가장 최근의 수십 년 동안 일어난 변화들로 주제를 복잡하게 만들 필요도 없이, 이 세 범주 분류 방식은 이미 많은 어려운 점들을 이전부터 가지고 있다. 맥아더(A. McArthur, 1998: 43-6)는 아래에 요약한 바와 같은 여섯 개의 단서들을 난점으로 열거한다.

1. 모국어로서의 영어는 단일 품종으로서 존재하는 것이 아니라 영토에 따라 두드러지게 달라지고(예, 미국과 영국) 한 영토 내에서도 지역에 따라 달라진다. 게다가 표준으로 인정 받는 영어의 형태가 영어를 모국어로 하는 국가에 따라 서로 다르다.
2. 피진어와 크리올어들은 위의 3종류의 범주 중 어디에도 정확히 들어맞지 않는다. 예컨대, 그들은 카리브해 지역에서는 ENL 환경에서 사용되고, 서아프리카의 많은 나라들에서는 ESL 환경에서, 그리고 남북아메리카의 니카라구아, 파나마, 수리남, 등에서는 EFL 환경에서 각각 사용된다. 그리고 어떤 카리브해의 크리올어들은 영어의 표준 종류와 판이하게 달라서 많은 학자들에 의해서 다른 언어들로 여겨진다.
3. 식민정책의 결과로 인도나 홍콩 같은 일부 ESL 영토에는 거기에서 사는 규모가

큰 ENL 화자들의 그룹이 있다.

4. 또한 이민의 여파로, 특히 미국과 그보다 조금 작은 규모의 영국 같은 ENL 환경에서 사는 많은 ESL 화자들이 있다.
5. 3범주 분류방식은, 세계의 많은 나라가 이중 혹은 다중의 언어를 사용하고 있다는 사실과 영어가 자주 부호 혼합(미국에서의 '스페인식 영어'처럼 영어를 다른 언어와 혼합하는 것)과 부호 전환(영어와 다른 언어를 번갈아 사용하는 것)의 틀 안에서 사용된다는 사실을 감안하지 못하고 있다.
6. 기본적으로 모국어 화자와 비모국어 화자, 즉 태생적으로 영어를 할 줄 아는 사람들과 교육을 통해 영어를 배운 사람들로 나누고 있는데, 사용하는 언어의 질과 상관없이 첫 번째 그룹은 항상 두 번째 그룹에 비해 우월하다고 간주되어 왔다.

영어확산에 관한 설명 및 모델들

영어확산에 대한 설명 중 가장 영향력 있는 모델은 〈그림 1〉아래에 나와 있는 카추루(1992 : 356)의 것이라는 데 대해 지금까지 별다른 이의가 없었다. 앞 절에 기술된 삼자 범주화와 일치되게 카추루는 세계 영어를 중심이 같은 3개의 동심원, 즉 중심적 원, 외부의 원 그리고 확장된 원의 세 범주로 나누었다. 영어가 제1차 확산 때 영국으로부터 다른 영어 모국어 국가들(the Inner Circle; 내적 범주)로 전해지고 제2차 확산 때는 제2언어로서 영어를 사용하는 국가들(the Outer Circle; 외적 범주)로 전해지고 더욱 최근에는 외국어로서 영어를 사용하는 국가들(the Expanding Circle; 확장 범주)로 전해짐에 따라, 그 세 개의 원들은 언어 확산의 유형, 언어 습득의 틀 그리고 다양한 문화적 배경에서의 영어의 기능 배분을 나타내고 있다. 내적 범주에서 사용되는 영어는 규범 제시로 평해지고 외적 범주의 원에서 사용되는 영어는 규범 발전이라 평해지고 확장 범주에서 사용되는 영어는 규범 의존적이라 평해진다. 즉, 영어의 규범은 ENL 화자들에 의하여 결정되며, 영어의 ESL 품종은 제도화되어 그들 나름의 규범을 발달시키는 반면, EFL 품종은, 이 모델에서는, 아무런 공식적인 지위가 없는 운용실행 품종으로 간주되고 그래서 중심원의 모국어화자들에 의해 정해진 규범에 의존한다는 말이다.

카추루는 전 세계적인 영어 사용이라는 사회언어학적 현실의 영향은 인식되지 않았고 그 대신 그러한 태도와 힘과 경제가 영어 정책에 영향을 주도록 허용되어 왔다고 주장한다. 그의 주장에 의하면, 전 세계의 다양한 문화 속의 영어 사용자와 영어 사용에 대한 여러 가지 인식 오류들이 이 같은 상황을 조장하였다는 것이다.

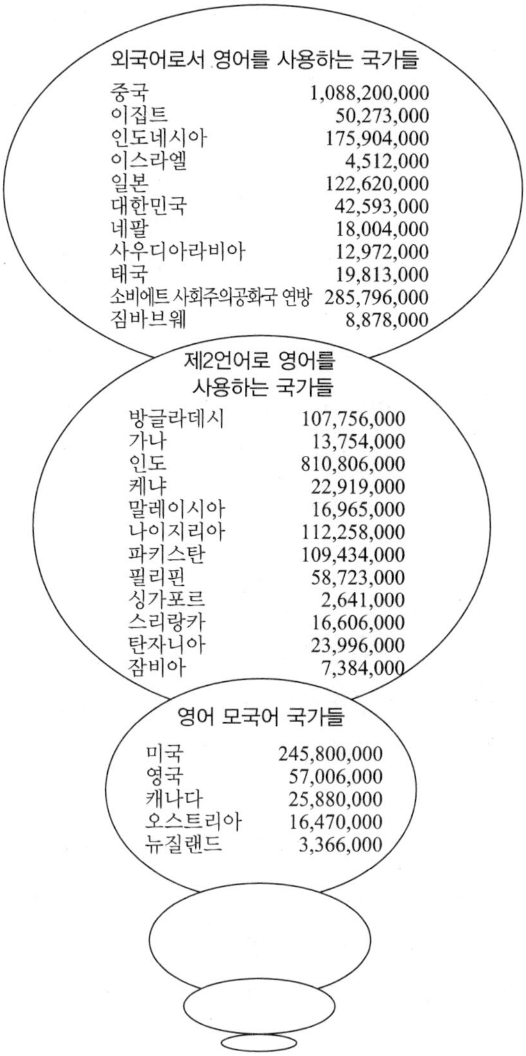

출처: 카추루(1992 : 356), 젠킨스(J. Jenkins, 2003, p. 16)

〈그림 1〉 카추루의 세계영어의 모형

카추루 자신을 포함한 많은 학자들이 아직도 21세기 초의 표준이라 일컬을 만큼 막강한 영향력을 가졌지만, 카추루의 모델에도 문제점으로 지적되는 것들이 있다. 그들 중 일부는 영어 사용과 사용자들을 3자 범주화하려는 의도와 관련되는 반면 또 어떤 것들은 최근의 영어 사용상의 변화와 관련된다. 가장 심각한 문제점들을 꼽아 본다면 다음과 같다.

- 이 모델은 화자들이 찾아내서 영어를 사용하는 방법에 근거하지 않고 지리학과 유전학에 근거한다. 어떤 외부 원 범주의 영어 사용자들은, 예를 들어 싱가포르의 영어 사용자 중 일부는 영어를 모국어로(가끔은 그들의 유일한 언어로) 사용한다. 한편으로는, 확장범주의 화자들 중 많아지고 있는 이들이, 영어 모국어 화자는 물론, 자신의 나라의 영어 비모국어 화자를 포함한 다른 언어 사용자들을 상대로, 자신의 국가 안이든 해외든 가리지 않고, 사회적 목적을 위시한 아주 다양한 목적으로, 영어를 사용한다.
- 내적 범주와 외적 범주 사이에 가끔 애매한 영역이 존재한다. 외적 범주의 나라들 중 어떤 나라에서는 영어가 많은 사람들의 모국어로 가르쳐지고 교육, 법률 및 행정같은 공식적 목적이 아니라 가정언어로 영어가 사용되기도 한다.
- 외적 범주와 확장 범주의 사이에서도 애매한 영역이 확장되어 가고 있다. 아르헨티나, 벨기에, 코스타리카, 덴마크, 수단, 스위스 등을 포함한 약 20개의 국가들이 EFL 국가에서 ESL 국가로 그 지위가 바뀌고 있다.
- 많은 세계 영어 화자들이 일상생활에서의 여러 기능들을 여러 가지 언어를 이용하여 수행하기 위해 이중 언어 또는 다중 언어를 사용한다. 이들에게는 어떤 하나의 언어를 그들의 언어 목록에서 모국어, 제2언어, 제3언어 등으로 규정하기가 어렵다.
- 이 모델을 가지고는 영어 숙달도의 면에서 화자들 사이의 분명한 경계를 짓기가 어렵다. 모국어 화자가 어휘력이 빈약하고 문법 실력도 약할 수 있는 반면에, 비모국어화자가 어휘력이 풍부하고 문법 실력이 우수할 수도 있다. 영어가 어떤 사람의 제2언어 또는 제3언어라는 사실만으로 그들의 능숙도가 모국어화자보다 못하다고 할 수는 없는 것이다.
- 이 모델은 특수목적의 영어(예: 과학영어와 공학영어)에는 들어맞지 않는다. 이런 영역 내에서는 화자가 어느 범주로부터 왔는지 상관없이 영어숙달도가 비슷할 것이다.

많은 다른 학자들이 영어의 확산에 대한 다른 설명 및 그 모델들을 제시했는데, 그 중 어떤 것들은 더욱 최근의 추이를 감안함으로써 카추루의 모델을 개선하려는 의도로 제시되었다. 야노(Y. Yano, 2001:122-4)는 외부 원의 많은 영어 품종들이, 자신들에게도 모국어화자들이 가진 직관이 있다고 여기는 사람들에 의하여 확립됐다는 사실을 감안하기 위하여 카추루의 모델은 수정돼야 한다고 제안한다. 그래서 그는 중심 원

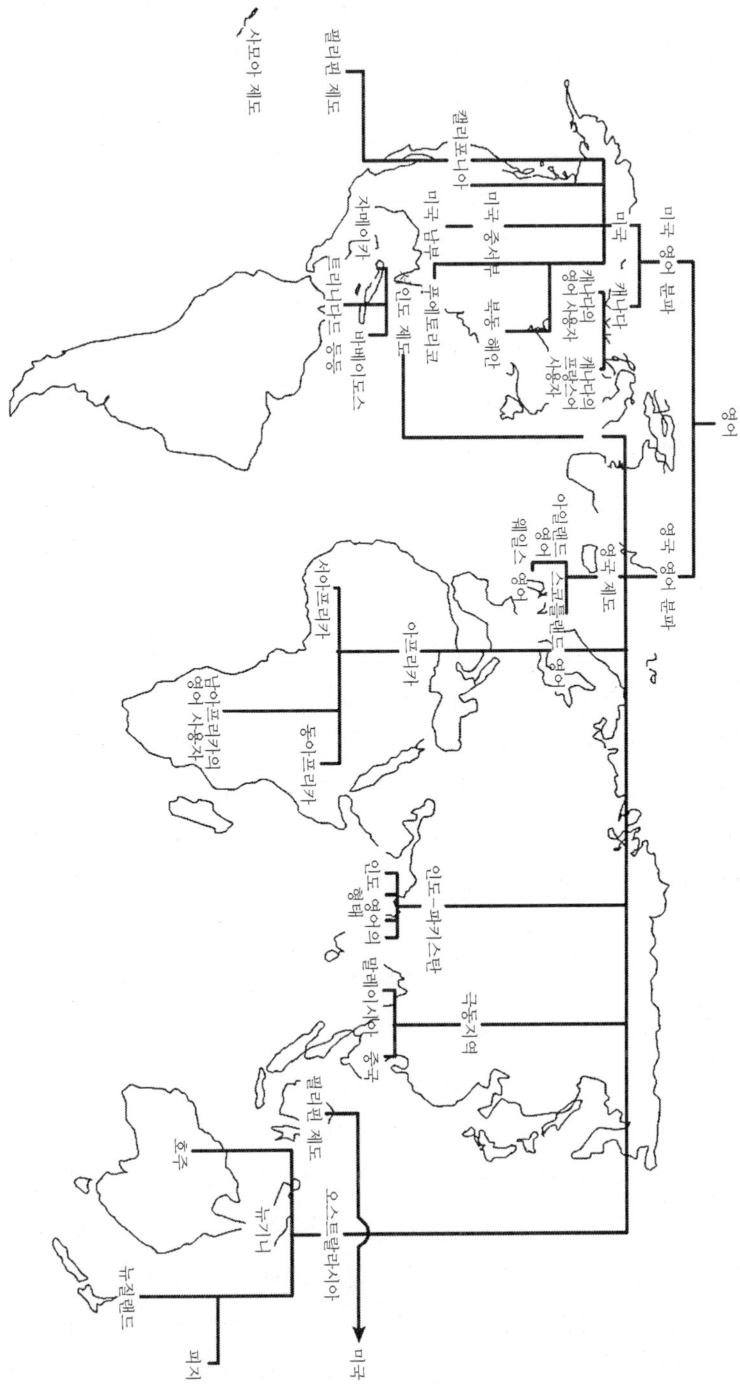

출처: 스트레븐스(P. Strevens, 1992, p. 33)

〈그림 2〉 스트레븐스의 영어 세계지도

은 '유전적인 모국어로서의 영어'로 그리고 외부 원은 '실용적인 모국어로서의 영어'로 주석을 붙이자고 제안한다. 또한 그의 모델은 상류언어는 국제적 의사소통과 의례적이며 공공적인 국가 내부적 대화를 위한 것이고 하층언어는 비공식적인 국내 대화를 위한 것이라면서, 영어의 상류층 언어(표준)와 하층 비어(구어체)라는 사회적 방언 개념을 감안하고 있다. 국제적 의사소통을 위한 하층 비어의 사용이 점점 더 일반화되고 있는데도 하층 비어의 국제적 사용의 가능성을 허용하지 않는다는 점에서 이것은 문제가 있어 보인다. 그 반면에 모국어화자의 정의 규정에서 유전적 요소를 배제한 시도는 환영받을만하다.

카추루의 세 개의 원보다도 앞서나온 가장 오래된 영어확산에 관한 모델은 스트레븐스(P. Strevens)의 것이다(〈그림 2〉 참조). 미국 영어는 영국 영어와 구별되는 이질적인 품종이 돼 버렸고, 이 둘을 뒤따라 나온 모든 영어는 둘 중 어느 하나와 밀접하게 연관되는 바, 1980년에 처음 발표된 스트레븐스의 영어 세계지도에는 이 두 주종 영어와 세계의 여러 영어들이 관계되는 방식을 보여주는, 나무를 뒤집어 놓은 것 같은 모양의 도표가 겹쳐 그려져 있다.

〈그림 3〉은 맥아더의 '세계영어의 원' 모델을 제시하고 있다. 맥아더의 '세계영어의 원' 모델에는 '세계표준영어'가 그 중심 원으로서 위치한다. 그 다음 바깥쪽의 원에는 표준형 또는 표준화하는 형태 모두가 포함된 한 무리의 지역별 기준 품종 영어들이 포진한다. 그리고 바퀴살 모양의 선으로 세계 영어 품종을 8개로 나눈 이 원 너머로 맥아더(1998:95)가 혼잡한 외변의 변종들이라고 기술한, 호주 원주민 영어, 흑인 사투리 영어(현재는 아프리카계 미국인 특유의 영어 또는 흑인영어라고 알려짐), 자메이카 국어, 싱가포르 영어와 북아일랜드의 스코틀랜드어 같은 말들이 배치되어 있다. 맥아더의 모델에 Korean English는 포함되어 있지 않다. 본서에서 한국의 영어교육 입장에서 동아시아 표준영어 범주 속에 Korean English도 향후 포함되어야 한다는 것을 주장하고 싶다.

모디아노(M. Modiano, 1999)의 모델은 훨씬 더 최근에 세계영어 확산의 발달상을 고려하여 시도된 것이다. 〈그림 4〉에서 알 수 있듯이, 그는 완전히 역사적·지리적 배경을 기초로 하여 분류하는데, 화자들이 모국어화자인가 아닌가는 상관하지 않고, 대다수의 능통한 영어 화자들이 상호 이해할 수 있는 바에 그의 모델 '국제 영어의 구심적 원들'의 기반을 두고 있다. 국제영어에 능숙한 사람들이 중심의 원을 구성하는데, 이 원을 구성하는 화자들은 영어가 국제어로서의 역할을 맡는 다문화 간의 의사소통에서 기능을 발휘하는 사람들이다. 그들은 영어의 원어민이면서도 비원어민 같다. 이

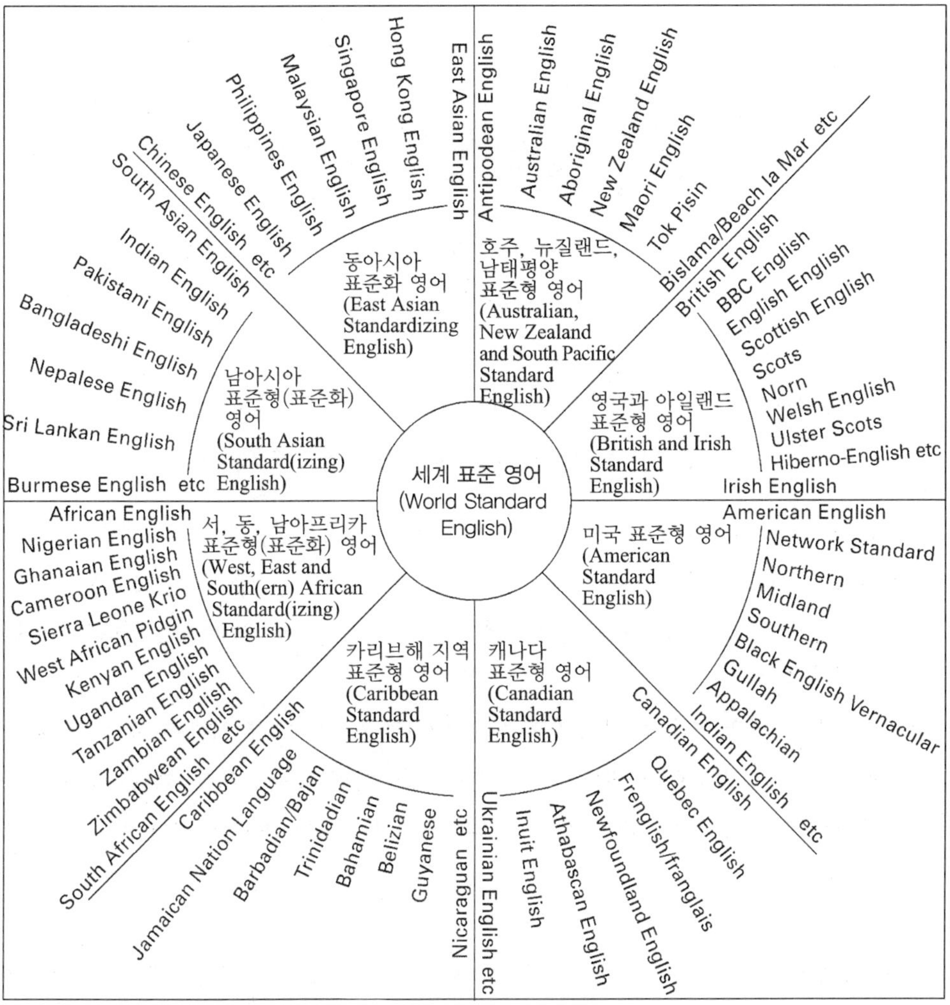

출처: 크리스탈(D. Crystal, 1995, p. 111) / 젠킨스(2003, p. 19)

〈그림 3〉 맥아더의 세계영어의 원

렇게 말할 수 있는 기준은 능숙함 자체에 있는 게 아니라 그들이 강한 지역 말씨나 방언을 사용하지 않는다는 데에 있다.

위의 절에서 살펴보았듯이 영어는 이제 모국어 혹은 외국어의 경계를 넘어서 명실공히 세계어로서 자리매김하고 있다. 브라운(H. D. Brown, 2007)은 영어의 확산이 영어교육 분야에서 함축하는 바를 다음 두 가지로 요약하고 있다.

1. 영어는 비모국어화자(nonnative speakers)들 사이의 의사소통 도구로 점점 활용

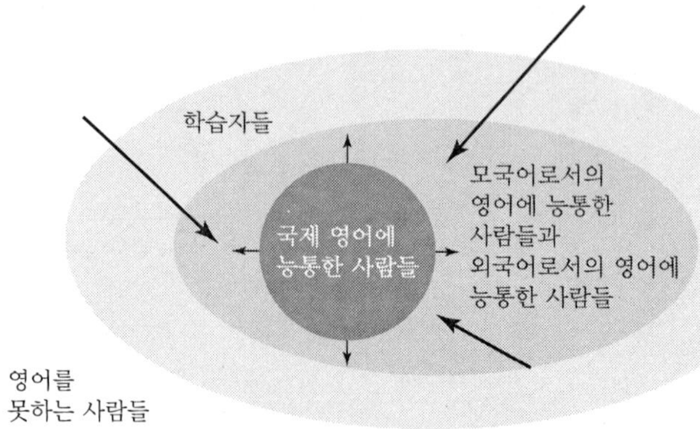

출처: 모리아노(1999, p. 25) / 젠킨스(2003, p. 20)

〈그림 4〉 모리아노의 국제영어의 구심적 원

되고 있다. 세계 10억 이상의 영어 화자들이 영어를 제2언어(혹은 외국어)로 학습하고 있다. 세계를 통틀어서 대부분의 영어 교사들은 비모국어 화자들인데, 이것은 영어교육의 기준을 단일언어뿐 아니라 이중언어로 확대해야 한다는 사실을 의미한다.

2. 영어가 미국과 영국의 문화적 가치를 이해하고 전수하기 위한 도구로 활용되지 않는 경우가 빈번하다. 대신에 영어는 교통, 상업, 금융, 여행, 기술, 외교, 그리고 과학적 연구 분야에서 국제적인 의사소통의 도구로 변화되었다(브라운, 2007, p. 136.).

따라서 한국의 영어교육 모델도 이러한 세계영어의 확산 추세와, 세계어로서의 영어(English as an International Language) 위상에 걸맞는 것으로 변화되어야 하겠다.

8.2 아시아 상황에 적합한 영어교육 환경구축

아시아 국가들은 카추루의 모델에 따르면 확장범주에 속하는 국가들이다. 확장범주에 속하는 국가들은 영어교육 상황에서 비원어민 화자들 간의 상호작용의 장점을 인식해야만 한다. 비록 개인 간의 능력 차이는 있을 수 있으나, 아시아 국가들의 화자가 모국어 화자들의 말하는 속도보다 더 느린 것은 사실이고, 이 사실은 비원어민 화자들

간의 대화가 서로에게 이해하기가 용이하게 만들어 준다. 야노교수는 비원어민 화자들 간의 상호작용의 장점을 다름과 같이 기술하고 있다. 첫째는 아시아 국가들의 비원어민 화자들 간의 대화는 원어민 화자에 대해서 가질 수 있는 열등의식을 완화시켜줄 수 있다. 둘째는, 비원어민 화자들 간의 의사소통에서 영어를 사용하는 것은 비원어민 화자들의 영어사용에 대한 지나친 자아의식을 경감시켜주고, 국제적인 의사소통 과정에 적극적이고 긍정적으로 참여하도록 격려시킨다. 비원어민 화자들은 영어로 자신을 표현하는 데 다소 어려움을 느낄 수 있고 때로는 문법적인 오류를 범하는 경우가 빈번한 것도 사실이다. 그러나 비원어민 화자들 간의 대화에서 더욱 중요한 것은 대화과정에 적극 참여하도록 격려하는 것이고, 자신의 생각이나 의견을 자신있게 표현해서 의사소통에 참여하게 만드는 것이다. 나가노(M. Nakano, 2006)는 비원어민 화자 간의 의사소통의 장점을 다음과 같이 제시하고 있다. 첫째 비원어민 화자들의 말하는 속도가 원어민 화자들보다 느리다. 이 점이 초보 학습자들에게 그들의 의사소통 내용을 이해하는 데 도움을 준다. 둘째는 아시아권의 영어화자들은 그들만의 문화적인 동질성을 공유하고 있어서, 서로간의 이해를 하는데 도움이 된다. 예를 들면 가족의 가치관, 연장자에 대한 존중, 유교사상 등을 공유함으로써 문화적인 체계와 의사소통을 이해하는 데 용이하다.

이러한 점에서 볼 때 확장범주에 속하는 한국의 영어 교육 상황에서도 영어를 통해서 비원어민 화자들 간의 의사소통을 장려하고, 일상생활에서 비원어민 화자들 간의 상호작용이 용이해질 수 있는 교육환경을 마련하는 것이 중요한 과제라 할 수 있다.

필자는 카츄루의 영어확산 모델에 기초하여 〈그림 5〉와 같이 세계어로서의 영어교육 환경모형을 제안하고자 한다. 현재 다변화되는 국제화시대에서는 원어민 화자와 비원어민 화자 간의 구분이 적어지고 있는 것이 사실이다. 문화 간의 배경이 상이한 사람들을 이해하기 위해서는 우리는 다양한 문화적인 배경을 가진 화자들과 자주 접촉할 필요가 있다. 이러한 문제를 가장 잘 해결할 수 있는 해결책은 원어민 화자뿐만 아니라 비원어민 화자들 간의 의사소통이 가능한 환경을 제공해주는 것이다.

향후 영어교육의 방향은 원어민 화자와 비원어민 화자들이 영어사용에 있어서 서로의 차이점을 인식할 뿐만 아니라, 인식된 차이점으로부터 서로를 배울 수 있는 양방향적인 모형을 지향해야 할 것이다. 성공적인 국제적인 의사소통은 국가적 문화적 장벽을 극복하고, 원어민 화자와 비원어민 화자의 사회적 위치와 신분의 동질성을 인식함으로써 가장 잘 달성될 것이다. 따라서 향후 한국의 영어교육의 방향은 원어민 화자와 비원어민 화자 간의 양방향적인 의사소통을 강조하는 것을 지향해야 할 것이다.

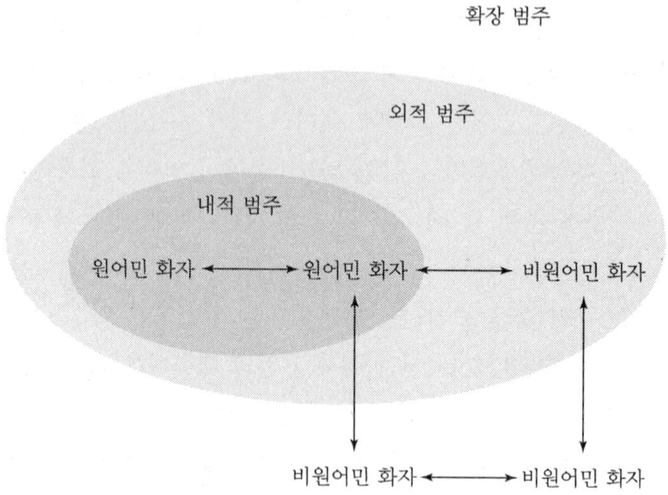

〈그림 5〉 세계어로서의 영어교육에 적합한 환경모형

8.3 이상적인 영어교사 양성

오랫동안 영어교육 영역에서는 모국어 화자만이 그들의 언어능력의 우월함 때문에 이상적인 영어교사가 될 수 있다고 생각해왔다. 그러나 요즈음 많은 학자들은 비원어민 화자가 영어교사로서 많은 장점을 보유할 수 있다는 점을 강조하고 있다. 일단 우리는 영어를 사용하는 화자들의 능숙도 수준을 간과하는 경향이 있다. 말하기나 구어체 능력은 언어의 네 가지 기능 중에서 단지 한 가지 기술일 뿐이다. 의사소통 능력이란 언어의 네 가지 능력에 걸쳐서 고루 발달되어야 하는 것이다. 원어민 화자는 영어교사로서 비원어민 화자 영어교사가 가지고 있는 문화적인 배경지식 면에서는 부족한 점이 많이 있다. 따라서 원어민 화자로서의 영어교사가 가장 최선의 선택은 아니다. 언어능력 면에서는 비원어민 화자도 훈련을 통해서 그 수준을 향상시킬 수 있다. 또한 이상적인 영어교사는 언어적인 능력뿐만 아니라 심리적인 혹은 사회적인 능력과 같은 언어 외적인 능력도 구비해야 한다. 훌륭한 영어교사는 학습자가 관심이 있는 영어학습 책략을 적용하고, 창의적이고 흥미있는 수업활동을 만들어내야 한다. 따라서 비원어민 화자로서의 영어교사는 학습자를 이해하는 측면에서는 원어민 화자 영어교사보다 더 우위를 점한다고 판단할 수 있다. 브라운(2007)은 비원어민 화자가 영어교사로서 역할을 수행할 때 원어민 화자에 비해서 어떠한 장점을 가지고 있는지, 다음과 같이 제시하고 있다. 첫째는 모국어 화자인 영어교사(native English-speaking teachers: NESTs)는 비모국어 화자인 영어교사(nonnative English-speaking teachers: NNESTs)보다 모든 면에서 우월한 것은 아니다. 영어교사로서 영어를 지도하는 데 가장 훌륭한 자질은 훈련과 경험이다. NNESTs가 학생들과 동일한 모국어 배경을 공유하기 때문에 교사로서 우월한 장점을 지닐 수 있다.

둘째는 만약 NNESTs가 영어교사의 역할을 수행할 때, 모국어 화자로서의 장점에 자신감을 갖고 열심히 훈련하면, 영어교사로서 우월한 위치를 점할 수 있다.

셋째는 당신이 NNESTs이기 때문에 영어를 가르치는 데 "발음" 면에서 당신이 만족스럽지 못하다면 멀티미디어 기자재 등을 활용하여 원어민 화자의 발음을 지도해주면 학생들로부터 만족스러운 결과를 얻어낼 것이다. 따라서 한국 영어교육의 당면 과제는 학교 현장에서 유능한 교사 역할을 수행 할 수 있는 비원어민 화자로서의 영어교사를 훌륭하게 양육하는 일일 것이다.

8.4 Smart 영어교육과 NEAT 평가

우리나라의 경우에는 1980년대 초기에 원시적인 286 XT 컴퓨터가 상용화된 이후, 2000년대에는 교육 분야에 데스크탑 컴퓨터를 활용한 영어교육이 한 시대의 패러다임으로 자리잡았다. 2001년도에는 초등학교 영어교육에 교사용 CD-ROM 타이틀과 학생들의 자율학습용 CD-ROM 타이틀이 보급되어 많이 활용되었다. 지난 10년간 인터넷을 활용한 온라인교육, blended learning 등이 주류였다면, 2010년대에는 모바일 기기를 활용한 모바일교육이 대세가 되었다. 교과부에서는 'CD-ROM 타이틀'이라는 용어를 'e-book'으로 대체하여 사용하게 하고 교사와 학생들은 유비쿼터스 환경이 구축된 교실환경에 교수학습이 수행되는 첨단 기술 기반 영어교육의 시대로 접어들었다고 해도 과언이 아니다. 더 나아가서 일반인과 대학생 대상의 1급 NEAT 평가와 고등학생 대상 2, 3급 NEAT 평가를 도입함으로써 인터넷 기반 영어평가(IBT)를 하는 국가영어능력평가(National English Ability Test: NEAT)제도 시행을 준비하고 있다.

오늘날 스마트 러닝이 영어교육분야에도 도입되고 있다. 스마트 러닝은 스마트 폰, 태블릿 컴퓨터, e-book 단말기 등 모바일 기기를 활용한 학습 컨텐츠와 솔루션

(solution)을 통칭한 개념이다. 다시 말해서, 학습 내용을 전자화함으로써 학습 컨텐츠를 구축하고 이러한 전자화된 컨텐츠를 전자화된 유비쿼터스 교실 환경에서 교사와 학생들이 전자 장비를 사용하여 교육을 하게 되는 것이다. 이 경우 교사와 학생들은 전자 기기를 공유해서 사용하게 됨으로써 상호작용이 긴밀하게 될 뿐만 아니라 교사와 학생들이 새로운 형태의 전자 지식을 생산하게 된다. 따라서 서책형 교과서에 제시된 학습 활동들이 모바일 전자 기기용 프로그램에서 잘 구현될 수 있는 전자화된 영어교육용 컨텐츠 개발이 매우 필요하게 되었다.

우리나라의 무선 이동 통신 기기 개발 기업들이 세계적으로 선호되는 첨단 기술을 구현한 스마트 폰이라는 모바일 폰을 내놓으면서 'SMART'교육이라는 개념을 정의하기에 이르렀다. 스마트한 디바이스들을 교육에 접목, 그 효과를 높이는 교육이라고 정의할 수 있다. 교육에서의 'SMART'라는 어두문자는 매우 포괄적인 의미를 내포하고 있다. S는 Self-directed(자기주도적), M은 Motivation(동기유발), A는 Adaptive(수준과 적성), R은 Resource-enriched(풍부한 자료), T는 Technology-embedded(기술 활용)을 각각 의미한다. 종합해보면, 스마트 교육은 학생 중심의 개별적이고 능동적인 맞춤형 방식의 교육 방식을 의미한다고 할 수 있을 것이다. 2012년 2학기부터 세종시의 초중고등학교를 비롯해 전국 여러 학교에서 스마트교육 시범학교를 지정하여 확대 운영되고 있는데 여러 광역자치단체들도 시범학교의 확대와 신설을 서두르고 있다. 이와 같은 스마트 기기 활용 영어교육은 기존의 ICT(정보통신기술)교육이나 CAI(컴퓨터보조학습)등을 넘어서는 새로운 교육의 조류로 자리잡는 것으로 보인다.

SMART기기라고 통칭되는 이러한 멀티미디어 기자재를 영어교육에 널리 활용하는 것은 최첨단기자재를 영어교육 현장에 접목시키는 점에서 그 교육적인 가치가 충분히 인정될 수 있다. 그러나 이러한 첨단의 멀티미디어 기자재를 영어교육에 활용하는 문제는 교수·학습 활동의 개념 정립 및 교육과정과의 연관성 등에 대한 이론정립이 이루어진 후에 현장 수업에 도입되는 것이 바람직하다고 생각한다. 그리고 무엇보다도 SMART기기를 활용하는 수업 방법에 대한 컨텐츠 개발이 우선되어야 한다고 생각한다.

영어교육의 또 다른 현안 과제는 국가영어능력평가시험(National English Ability Test: NEAT)을 통한 평가체제의 변화이다. 한국교육과정평가원(http://www.neat.re.kr)에 따르면 국가영어능력평가시험(National English Ability Test: NEAT)은 듣기 · 읽기 · 말하기 · 쓰기 기능에 대한 영어 활용 능력을 평가하는 클라우드컴퓨팅 방식의 인터넷 기반 검사(Internet-based Test)이다. 다음에서는 현재 정부에서 추진 중인 NEAT 시험에 대한 간략한 소개를 함으로써 현재 우리나라의 영어교육이 지향하고 있는 방향을 고찰해보고자 한다.

✤ 추진목표

① 기본 목적 : NEAT시험은 국제화 시대가 요구하는 실용영어 중심의 의사소통 능력 향상

② 기본 목표

- 직업 현장에서 공통적으로 필요한 기본 영어의사소통 능력 배양 (1급: 한국의 직업 현장에서 요구하는 평기시험을 개발하여 고등학교 이후 단계에서 실용영어교육의 변화 유도)
- 고등학교만 졸업하면 기본적인 영어 의사소통 능력 구비 (2 · 3급: 효율적 개발 시행 체제를 구축하고, 사교육 없이 시험에 대비할 수 있도록 학교 영어교육의 변화 유도)

✤ 기본 방향

① 1급(성인용)

- 산업현장에서 필요한 영어역량을 평가하는 차별화된 시험 개발
- 2012년 안정적인 본 시행으로 시험의 내실화 기반 구축
- 2013년 이후 대규모 시행·활용을 위한 현장 착근 기틀 마련
- 중장기적으로 시험의 활용도를 제고하여 독립 채산제 운영 기반 구축
- 장기적으로 국제 통용성 확보 추진하여 해외 수출 등 수익 창출

② 2·3급(고등학생용)

- 시험 시행 관리 체제 정비를 통한 효율적인 시험 시행
- 채점 위원 인증 강화, 동등화 및 수준 설정 고도화를 토아여 시험에 대한 신뢰도 확보
- 학교 현장의 요구를 반영하고, 교원의 전문성 향상을 위한 지원 확대
- 학부모·학생 대상 홍보 강화로 시험 이해도 제고 및 사교육 의존 차단

✤ 평가틀 개발

현재 2급(기초학술영어)과 3급(실용영어)의 성격을 특성화한 평가틀의 주요 특징은

다음과 같이 요약할 수 있다.

〈2급 · 3급 시험 비교〉

구분	2급	3급
주요 평가내용	• 기초 학술 주제와 관련된 정보를 이해하고 활용하는 능력 • 학업과 관련된 소재나 상황에 맞게 표현하는 능력	• 실용적 주제와 관련된 정보를 이해하고 활용하는 능력 • 일상생활에서 상황에 맞게 표현하는 능력
언어형식 (문법)	• 읽기에서는 문법 지식을 묻는 문항 배제 • 말하기, 쓰기에서는 의사소통 능력에 초점을 두어 자연스러운 표현 능력을 중심으로 평가	• 읽기에서는 문법 지식을 묻는 문항 배제 • 말하기, 쓰기에서는 의사소통 능력에 초점을 두어 자연스러운 표현 능력을 중심으로 평가
어휘수준	• 교육과정 기본어휘를 모두 포한한 3,000개의 어휘	• 현행 교육과정에서 제시하는 2,000여 개의 어휘
소재	• 기초학술 소재 및 일상 소재 • (듣기) 기초 학술 40%, 실용 60% • (읽기) 기초 학술 70%, 실용 30% • (말하기) 학업 관련 70%, 실용 60% • (쓰기) 학업 관련 50%, 실용 50%	• 일상 소재 중심 • (듣기) 100% • (읽기) 기초 학술 30%, 실용 70% • (말하기) 실용 100% • (쓰기) 실용 100%

〈국가영어능력평가시험과 수능 영어 비교〉

구분	국가영어능력평가시험	수능 영어
평가영역	• 듣기, 읽기, 말하기, 쓰기	• 듣기, 읽기 (간접) 말하기, (간접)쓰기
응답형태	• 듣기, 읽기: 4지선다형 • 말하기, 쓰기: 직접 수행형	• 5지 선다형
시험방식	• 컴퓨터(인터넷 기반)	• 종이와 펜
응시기회	• 2회	• 1회
평가방법	• 절대평가 (절대적인 기준에 도달한 정도에 따라 성적 부여, 지나친 경쟁 완화)	• 상대평가 (응시자와 상대적인 순위에 따라 성적 부여, 과도한 경쟁 유발)
성적산출	• 영역별(듣기, 읽기, 말하기, 쓰기) 4개 등급(A,B,C,D)	• 듣기 · 읽기 통합, 표준점수 및 9개 등급

위에서 기술한 평가 목표 및 평가 틀 위에서 개발되고 있는 국가영어능력평가시험은 학교교육 현장에서 활용될 수 있도록 현장 준비도 및 수요자의 수용도를 제고하는 방향으로 시행을 준비하고 있다. 우선 학교 현장의 영어 4기능 균형 교육 및 평가 활성화를 통하여 수능 영어 대체 추진을 위한 기반을 조성하고 있으며, 영어 교육 정책 수요자(학생, 학부모, 교사)의 인식 전환 및 수능 영어 대체 찬성 비율을 제고하는 방향으로 정책을 추진 중이다. 이상의 논의에서 알 수 있듯이 향후 한국의 영어교육은 실용성을 강화하는 방향으로 평가방식도 전환되고 있고, 최첨단 멀티미디어 기자재를 활용한 수업 학습 방법을 강조하고 있다. 그러나 이러한 정책이 교육현장에서 실효성을 거두어 국제화 시대가 요구하는 실용영어 능력을 갖춘 진정한 인재를 양성하기 위해서는 보다 충분한 이론적인 고찰과, 내용 개발, 현장 준비성 등을 검증하여 그 실제적인 효과를 제고하는 방향을 모색해야 할 것이다.

한국의 영어교육은 근대화와 격동기를 거치면서 성장한 한국의 역사와 그 궤를 같이 한다. 본서는 한국의 영어교육의 역사적 변천과정과 아울러 영어과 교육과정의 기초이론을 통찰함으로써, 한국의 영어과 교육과정의 이론적 토대와 발전과정을 조망해 보았다. 한국의 영어교육은 발전 과정에서 시행착오를 거치고 많은 문제점에 직면하면서, 또 그 문제점을 바람직한 방향으로 해결하려는 노력을 기울이면서 발전해왔다.

그러나 21세기의 영어는 그 이전의 어떤 시기보다도 지구촌 곳곳의 의사소통을 전달하는 소통의 도구로서의 기능과 역할이 강화될 것이다. 이러한 시대적 흐름을 적극적으로 받아들이면서 세계의 흐름에 뒤처지지 않고, 또한 변화를 선도하는 한국의 영어교육이 되기 위해서, 사회의 다양한 면에서 노력을 기울여야 할 것이고, 본서가 그러한 발전과정에 미력이나마 도움이 되리라고 확신하는 바이다.

연구과제

study assignments

1. 카주루가 제안한 세계영어의 모형을 설명하시오.

2. 세계어로서의 영어교육을 지도하기 위해서는 한국의 영어교육이 어떠한 방향을

지향해야 하는지 기술하시오.

3. 영어의 비원어민 화자들 간의 의사소통이 영어교육 영역에 끼치는 중요성을 설명하시오.

4. 한국의 영어교육을 발전시키기 위한 당면 과제 중에서 본인이 가장 중요하다고 판단되는 과제를 논하시오.

부 록

부록 1 제5차 영어과 교육과정(중학교) 문법사항과 예시문 (문교부고시 제87-7호)

■ 1학년

1. 문장의 구조

가) 문형

- 주어+be+보어

  Tom is a student.

  Tom is tall.

  Who is he?

- 주어+be+부사(부사구)

  Tom is there.

  The book is on the desk.

- 주어+동사+(부사 및 부사구)

  Birds sing.

  He lives here.

  He lives in Seoul.

- 주어+동사+목적어

  I like Tom.

- There+be+주어+부사구

  There is a book on the desk.

- Here+be+주어

  Here is a book.

- 주어+동사+간접 목적어+직접 목적어

  He gave me a book.

나) 위에 제시한 문형의 성분 및 구조는 각각 다음과 같다.

(1) 주어 및 목적어

- (한정사)+명사
- (한정사)+형용사+명사
- (한정사)+명사+명사
- (한정사)+명사+형용사구

  The book on the desk.

- 지시 대명사
- 인칭 대명사의 주격 또는 목적격
- 소유 대명사
- 비인칭 'it'

(2) 보어

- '주어 및 목적어'에 사용된 성분과 구조
- 형용사의 원급
- '부사+형용사'의 원급

(3) 동사

- 현재형
- 현재 진행형
- 과거형
- 2어 동사

  can / do / be going to } + 동사 원형

(4) 한정사

the, a/an, every, each, this/these, that/those, my, your, his, her, our, their, its, many, much

2. 문장의 종류

가) 단문

(1) 평서문

- 긍정문
- 부정문(no와 not 사용)

(2) 의문문

- be, do, can으로 시작되는 의문문
- who, whose, whom, what, when, where, how로 시작되는 의문문
- or를 포함하는 의문문
- be, do, can을 쓰는 부가 의문문

(3) 명령문

- 긍정 명령문
- 부정 명령문
- let's로 시작되는 명령문

(4) 감탄문

- what, how로 시작되는 감탄문
- ah, oh 등 감탄사로 시작되는 감탄문

나) 중문

and, or, but로 연결되는 대등절을 포함하는 중문(한 문장 안에 포함되는 절은 2개 이내로 한다.)

3. 어형 변화

- 명사의 복수형
- apostrophe로 표시한 소유격
  Tom's father
- 동사의 3인칭 단수형
- 현재 분사(단, 진행형에서 쓰임)
- 동사의 과거형
- 줄임말
  can't, don't, I'm, you're 등

■ 2학년

1. 문장의 구조

가) 문형

- Here+동사+주어
  Here comes Tom.
- 주어+동사+형용사
  This flower smells good.
- 주어+동사+목적어+to/for+목적어
  He gave it to me.
  I bought a book for Tom.
- 주어+동사+(that) 절
  I think (that) he is nice.
- 주어+동사+to-부정사(명사적 용법)
  He wanted to go.
- 주어+동사+목적어+to-부정사
  I met him to talk about it.
  I asked him to help me.
- 주어+동사+목적어+부정사
  I heard him sing.

I made him do it.

• 주어+동사+목적어+부사구

I put the book on the desk.

• 주어+동사+동명사

I like swimming.

나) 위에 제시한 문형의 성분 및 구조는 각각 다음과 같다.

(1) **주어 및 목적어**

• (한정사)+형용사+형용사+명사

• (한정사)+명사+관계사절

(2) **보어**

• 비교급, 최상급의 형용사

• as+형용사+as~ 및 not+as(so)+형용사+as~

(3) **동사**

• 현재 완료형

• 과거 진행형

• 조동사+동사 원형(단, 조동사는 may, must, will, shall, have to)

• 수동형(be+과거 분사)

(4) **부정사**

• 단순 부정사(명사, 형용사, 부사적 용법으로 난해하지 않은 부정사)

(5) **동명사**

• 단순 동명사

(6) **한정사**

all, both, some, any, no, few, a few, little, a little

2. 문장의 종류

가) 단문

(1) **평서문**

• never, seldom 등을 사용하는 부정문

• 'no+주어'로 된 부정문

(2) **의문문**

• why, which로 시작되는 의문문

• may, will, shall, have로 시작되는 의문문

• 부가 의문문

나) 복문

다음과 같은 절을 포함하는 복문(한 문장 안에 포함되는 절은 2개 이내로 한다.)

(1) **명사절**

• that으로 유도되는 절(단, 목적어로 쓰이는 것)

• 직접 화법의 응용문

(2) **형용사절**

관계 대명사 who(m), which, that으로 유도되는 절

(3) **부사절**

if, after, because, before, until, than, when으로 유도되는 절

3. 어형 변화

• 동사의 과거 분사형

4. 화법

직접 화법 및 that으로 유도되는 피전달문을 가진 간접화법

5. 비교 구문

- 형용사, 부사의 비교급 및 최상급
- as ~ as 및 not'as(so) ~ as를 사용한 동등 비교

■ 3학년

1. 문장의 구조

가) 문형

- 주어+동사+목적어+not to-부정사
  He told me not to be late.
- 주어+동사+목적어+(to be)+형용사
  They believed him(to be) right.
- 주어+동사+목적어+현재 분사
  He kept me waiting.
- 주어+동사+목적어+형용사
  The sun keeps us warm.
- 주어+동사+목적어+과거 분사
  She had a new dress made.
  I got my arm broken.
- 주어+동사+목적어+명사
  They elected him president.
- 주어+동사+목적어+that절
  I told the man that he was mistaken.
- 주어+be+형용사+that절
  I am glad that you are here.
- 주어+동사+wh-word+to-부정사
  I don't know how to swim.
- 주어+동사+목적어+wh-word+to-부정사
  I told her what to do.
- 주어+동사+목적어+wh-절
  He told me what time it was.
- It+be+형용사+(not) to-부정사
  It is easy to make plans.
- It+be+형용사+for+명사(대명사)+(not) to-부정사
  It is natural for him to say so.
- It+be+형용사+of+명사+(not) to-부정사
  It was very kind of you to say so.
- It+be+형용사+that절
  It is true that he has changed his mind.
- It+be+보어+that절
  It was here that I met him.

나) 위에 제시한 문형의 성분 및 구조는 각각 다음과 같다.

(1) 주어, 목적어, 보어

- (한정사)+(형용사)+명사+to-부정사

(2) 동사

- 과거 완료
- 수동형['have(get)+과거 분사' 및 이와 유사한 것]
- 조동사+동사 원형
  (단, 조동사는 had better 및 강조의

뜻으로 쓰인 do)

(3) **한정사**

such, more, most

2. 문장의 종류

가) 복문

다음과 같은 절을 포함하는 복문(한 문장 안에 포함되는 절은 3개 이내로 한다.)

(1) **명사절**

- if, whether로 유도되는 절
- where, when, why, how, what, who, which로 유도되는 절

(2) **형용사절**

- whose로 유도되는 절
- '전치사+관계 대명사'로 유도되는 절
- where, when, why, how로 유도되는 절

(3) **부사절**

- as if, as, unless, while로 유도되는 절

3. 어형 변화

어간의 의미와 기능을 변화시키는 여러 가지 접두사와 접미사

4. 화법

피전달문이 1개이고, 종속절을 포함하지 않은 것

5. 분사 구문

- 단순 분사 구문
- 일반 인칭에 관한 절대 분사 구문

6. 가정법

- if ~로 시작되는 가정법
- I wish ~로 시작되는 가정법
- as if, as though의 가정법

7. 비교 구문

- 최상급의 의미로 쓰이는 as~as 구문
- 최상급의 의미로 쓰이는 비교급의 구문

부록 2 제6차 영어과 교육과정(중학교) 의사소통 기능과 예시문 (교육부고시 제1992-11호)

1. 이 표에 제시된 의사소통 기능을 중학교에서 이수하도록 권장한다.
2. 문장의 구조, 종류 및 기타 문법에 관한 사항은 이 표에 제시된 의사소통 기능 예시문을 참고하도록 권장한다.

■ 1학년

〈생각의 표현〉

- 가능성

I can do it.

He can't swim well.

- 소망·의지

What are you going to do?

I'll start tomorrow.

〈느낌의 표현〉

- 희로애락

I'm happy.

- 감각적 느낌

it's cold.

- 좋거나 싫음

You like apples, don't you?

- 정서적 느낌

It wasn't a great game, was it?

〈친교 활동〉

- 인사

How are you?

How do you do?

(I'm) Glad to meet you.

- 초청

Will you come to my house?

- 만날 약속

What time can we meet?

- 칭찬이나 책망

What a nice dress!

How kind (you are)!

- 격려

Don't worry.

- 대화의 끝맺음

See you again.

〈대인 관계 형성〉

- 소개

My name's Mary.

This is my English teacher.

- 전화

Is Bill at home?

Who is this, please?

- 감사

Thank you very much.

You're welcome.

• 사과나 변명

Excuse me.

〈부탁〉

• 요청

Can you open the door, please?

Pass me the salt, please.

• 승낙과 거절

(Will you come with me?)

Yes, I will.

I'm sorry, but I can't.

〈지시〉

• 주의나 경고

Watch out.

• 충고나 지시

Wash your hands.

• 제안과 설득

Let's play outside.

〈정보 교환〉

• 사실 확인

Whose book is this?

The book on the desk is mine.

• 설명

What are you doing?

• 묘사

There are many children in the park.

• 경험

I had a good time there.

〈의견 교환〉

• 의견묻기

What do you want?

• 동의나 반대

That's right.

No, I don't think so.

〈문제 해결〉

• 물건사기

How much is it?

Here you are.

• 안내

How do I get to the station?

It's on the first floor.

■ 2학년

〈생각의 표현〉

• 가능성

She could move it.

• 소망·의지

I want to watch the game.

I hope I can go out with you.

• 추측

It may rain.

When he grows up, he will be a good teacher.

• 확신

It must be true.

I believe that his answer is right.

〈느낌의 표현〉

• 희로애락

He feels happy to be here.

• 감각적 느낌

He's too tired to walk.

• 좋거나 싫음

Which do you like better, soccer or tennis?

I really enjoyed swimming.

• 정서적 느낌

I'm worried about his health.

〈친교 활동〉

• 인사

How have you been?

It's good to see you again.

• 초청 및 대접

Would you like to come to my house?

How about coming to my birthday party?

Help yourself, please.

Will you have some more cake?

• 만날 약속

Let's meet at six at my house, shall we?

Shall we make it at six?

• 칭찬이나 책망

I'm so happy to hear about that.

• 격려

Don't be shy.

• 소원의 말

Give my love to your sister.

• 대화의 끝맺음

I really have to go now.

〈대인 관계 형성〉

• 소개

Let me introduce myself to you.

Why don't you meet my brother?

• 전화

May I speak to Mr. Kim, please?

• 감사

Thank you for helping me.

• 사과나 변명

It doesn't matter at all.

Excuse me for being late.

• 대화 시작

Sorry, but isn't that your book?

〈부탁〉

• 요청

Put the book on the desk, will you?

Will you help me carry this box?

• 약속이나 맹세

I will have him do it.

• 승낙과 거절

I'm sorry, but I have something to do.

〈지시〉

• 주의나 경고

Be careful.

You won't be late, will you?

• 허락

I'll let you have my book.

May I come to see you tomorrow?

• 충고나 지시

If you get up early, you will not be late.

Get up early, or you will be late.

• 제안과 설득

Let's not waste time.

How about taking a walk?

〈부탁〉

• 의무

We should respect our parents.

You must do your homework.

〈정보 교환〉

• 사실 확인

How long does it take to go to school?

I beg your pardon?

• 설명

Tom is the boy who(m) everybody likes.

The book was written by him.

• 묘사

She wore a white dress (that was) made in Korea.

• 경험

I've heard her play the piano every night.

Have you ever been to London?

• 비교

Mary is as busy as Jane.

This is much better than that.

〈의견 교환〉

• 의견묻기

Did you find the play interesting?

What do you think of those girls wearing shorts?

• 의견발표

I think that it is a very good idea.

• 동의나 반대

That sounds good.

So do I.

Neither did I.

〈문제 해결〉

• 물건사기

Is there any other size?

May I try this on?

• 안내

Where's the nearest mail box?

• 말 전하기

She said (to me), "Do you like swimming?"

English is easy to learn.

■ 3학년

〈생각의 표현〉

• 가능성

It's not easy for me to get there on time.

• 소망·의지

I want you to help me with this.

I wish I had more friends.

• 추측

It seems that people will elect him to be their president.

• 확신

They believe him (to be) right.

It is certain that he has changed his mind.

〈느낌의 표현〉

• 희로애락

It's pleasant to talk with you.

• 감각적 느낌

It's so cold that we can't play outside.

The stove will keep you warm.

• 좋거나 싫음

I'd rather stay in the house.

What I like most is reading stories.

• 정서적 느낌

It is a pity that she got her arm broken.

〈친교 활동〉

• 인사

It's a long time since I saw you last.

What have you been doing lately?

• 초청 및 대접

I'd like you to come to my house for dinner.

How would you like it?

Would you like something cold to drink?

• 만날 약속

I'm afraid I can't because I am busy.

• 칭찬이나 책망

You do look pretty.

I'm afraid this watch I bought here doesn't work.

• 격려

I'm sure you'll do better this time.

Take it easy.

• 소원의 글이나 말

With best wishes.

• 대화의 끝맺음

I must be going now.

I'm afraid I must say good-bye.

〈대인 관계 형성〉

• 소개

I'd like you to meet my father.

• 전화

Tell her that I'll call again.

• 감사

It's so kind of you to help me.

I don't know how to thank you.

• 사과나 변명

I'm sorry (that) I kept you waiting.

〈부탁〉

• 요청

I wonder if you could show me the picture.

• 약속이나 맹세

I'll do the work unless I'm busy.

I promise I will be back by eight.

• 승낙과 거절

Sure, I'd like to.

〈지시〉

• 주의나 경고

She told us not to tell lies.

• 허락

You can have what you want.

• 충고나 지시

You don't need to come if you don't want to.

You had better hurry up.

• 제안과 설득

If I were you, I wouldn't do it.

It might be a good idea to read such a book.

• 의무

It is necessary to help the old man.

〈정보교환〉

• 사실확인

I'm not sure whether she is home or not.

Isn't she the woman whose son you have just met?

• 설명

To tell the truth, the story was made up.

It was here that I met him.

Being a driver, he has to get up early.

• 묘사

He looks as if he knew the truth.

London is the city in which he was born.

• 경험

I have never seen such a wonderful picture.

I used to hear him play the piano.

• 비교

Tom is taller than any other boy in his class.

Nothing is more important than time.

〈의견 교환〉

• 의견묻기

Can you tell me the reason why you did it?

Who do you think is right?

What makes you think so?

• 의견 발표

Generally speaking, Koreans work hard.

• 동의나 반대

I certainly find it easy.

I don't think he was wrong.

〈문제 해결〉

• 물건사기

I'd like to have this wrapped, please.

• 안내

Could you tell me where his office is?

• 말 전하기

I told her what to do next.

He asked me how old I was.

• 이해 점검

Do you know what I mean?

Does that seem to make sense?

부록 3 | 제7차 영어과 교육과정(중학교) 의사소통 기능과 예시문 (교육부고시 제1997-15호)

1. 음성 언어 활동을 위하여 아래의 의사 소통 기능과 예시문을 활용할 것을 권장하나, 그 밖의 기능이나 문장도 사용할 수 있다.

2. △로 표시된 예시문은 초등학교에서 사용하기를 권장한다.

〈친교 활동〉

• 인사

-만나고 헤어질 때 인사하기

△ Hello! (Hi!)

△ Good morning/afternoon/evening.

△ Good-bye(Bye-bye).

△ So long.

△ See you later.

△ Take care.

△ Have a nice day.

Long time, no see.

I haven't seen you in ages.

Take it easy.

- 안부 묻기
  - △ How are you?
  - △ How's it going?
  - △ How's your family?
  - △ How are things?

    How's everything?

    How are you doing?

    How have you been?

    What's up?
- 안부 묻기에 답하기
  - △ Fine, thanks.
  - △ I'm okay, thanks.
  - △ Not (too/so) bad, thanks.
  - △ Not (too/so) good.
- 안부를 제3자에게 부탁하기

  Say hello to your father (for me).

  Please give my regards to your parents.

• 소개

- 자기 소개하기
  - △ I'm Chi-young.
  - △ My name's Chi-young.

    Let me introduce myself (to you).
- 다른 사람을 소개하기
  - △ This is my friend, Min-ho.

    I'd like you to meet my father.

    I'd like to introduce my friend to you.
- 소개에 답하기
  - △ Nice to meet you.

    I'm glad/pleased to meet you, Mr. Kim.

    It's a pleasure meeting you.

    I've been looking forward to meeting you.

• 감사

- 감사 표현하기
  - △ Thank you (very much).
  - △ Thanks a lot.

    I am very grateful.

    I appreciate your help.

    It was very nice of you to help me
- 감사 표현에 답하기
  - △ Sure.
  - △ You're welcome.
  - △ (It's) My pleasure.

    Don't mention it.

    I was delighted to be able to help.

• 주의 끌기

- △ Look.
- △ Listen.
- △ Excuse me.
- △ Pardon me.
- △ Hello, can you help me?

  You know what?

• 칭찬, 축하, 감탄

- 칭찬하기

△ (Very) Good (for you)!

△ Well done!

Terrific!

Excellent!

That's neat.

(You did a) Good job.

– 축하하기

△ Happy birthday (to you)!

△ Congratulations!

– 칭찬, 축하에 답하기

△ How nice (of you)!

△ You're so kind.

(It's) Nice of you to say so.

I'm glad you like it.

– 감탄하기

△ What a nice bag!

△ How pretty she is!

– 격려하기

△ Good luck!

△ Don't worry.

Cheer up.

I'm sure you will do better next time.

• 약속

– 약속 제안하기

△ How about tomorrow?

Shall we meet at the library at ten?

What time shall we make it?

Can you make it at ten?

Where shall we meet tomorrow?

What place is convenient for you?

– 제안에 답하기

△ Sure.

△ No problem.

△ Sorry, I can't.

Sorry, I have an appointment.

I'm afraid not.

I'd love to, but I can't.

• 기원

△ Good luck!

All the best!

I wish you well.

Keep your fingers crossed!

I hope everything goes well.

• 음식 권유, 응답

– 음식 권하기

△ Go ahead. Help yourself.

△ Do you want some more cake?

△ What will you have?

Would you like some drink?

What would you like to drink?

– 승낙, 거절하기

△ Yes, thank you.

△ Yes, please.

No thanks. (I've had enough.)

No, thank you. (I'd rather have some apples.)

• 대화의 시작, 끝맺음

Excuse me. Are you Mr. Kim?

Excuse me. Haven't we met before?

Sorry, but I have to go now.
Nice talking to you, but I'm afraid I must be going.

〈사실적 정보 교환〉

• 사실적 정보

△ How many apples (are there)?
△ Do you have a pen?
△ What time is it?
△ Does he work in a store?
△ Whose pencil is this?
What time do you usually get up in the morning?
Could you tell me where Mr. Lee's office is?

• 사실확인

–확인하기, 확인에 답하기

△ Is this your book?
△ Aren't you Mr. Lee?
△ Yeah, that's meine.
△ No, it's on the third floor.

• 사실 묘사하기

△ She has big brown eyes.
△ My mother is a teacher.
He is wearing a blue shirt.
There are many children in the park.

• 습관

△ I get up at seven everyday.
He takes a walk every morning.

• 경험

–경험 묻기 및 말하기

△ What did you do yesterday?
Have you ever seen a rainbow?
△ I met Su-mi yesterday.
I had a good time at the party.
I've never seen such a beautiful film.
My brother has told me about it.

• 계획

△ I'll play baseball tomorrow.
I hope to visit Hawaii next summer.
I'm planning to take a math course.

• 수정

That's not quite right.
You've made a mistake.
I'm afraid you are wrong.
Sorry, you're mistaken.
Let me put it this way.

• 비교

△ I'm taller than you.
She is your age.

〈지적 태도 표현〉

• 동의나 반대

–동의를 묻거나 말하기

Do you think so, too?
Do you agree?
△ Me, too.

△ Same here.

△ That's right.

△ That's a good idea.

That's a good point.

I couldn't agree more.

That's just what I was thinking.

–반대하기

△ I don't think so.

I can't agree with you.

I'm afraid I can't accept that.

• 제의, 초대

–제의, 초대하기

△ Can you join us?

△ Would you like to come?

△ Will you help me with my homework?

–제의, 초대 수락하기

△ OK.

△ Yes, I can.

△ Yes, I'd love to.

△ (That) Sounds good.

That's very kind of you.

–제의, 초대 거절하기

△ (I'm) Sorry, I can't.

Not this time, thanks.

Maybe next time.

I'd love to, but I've got another plan.

• 제안

–제안하기

△ Let's go swimming.

Shall we spend the weekend in Seoul?

How about going to the park?

Why don't you see a/the doctor?

–승낙하기

△ Great.

△ Sounds good.

△ Sure, you can.

△ Of course, (you may).

Why not?

Yes, that's a good plan.

That's fine with me.

–거절하기

△ Sorry, I can't.

△ I'm sorry, but I have other plans.

No. I'm afraid you can't.

• 기억

–기억 여부 묻기 및 답하기

Do you remember your first day at school?

Don't I know you?

Did you forget that?

Yes, I remember it well.

I forgot about that.

• 가능, 불가능

–가능성 묻기 및 표현하기

△ Can you swim?

Will you be able to go to the concert next Sunday?

△ Sure, I can.

△ He can swim.

I might be able to go with you.

－불가능 표현하기

△ Sorry, I can't.

That's impossible.

I'm not sure if I can do that.

• 확신하기

－확신 여부 묻기

△ Are you sure?

Are you sure that you will pass the exam?

Do you think Korea will win the next World Cup?

－확신, 불확신 말하기

I'm sure/confident that we will win.

He will probably come.

Yes, it is likely.

△ I'm not sure (about that).

I doubt if he will.

Well, I don't think it's possible.

• 의무

You must talk to your teacher right away.

She has to study English now.

You're supposed to do your homework.

• 허락

－허락 요청하기

△ May I go now?

△ Can I have some more?

May I see you next Monday?

Is it OK if I open the window?

Would you mind if I sit here?

• 지시, 금지

－지시하기

△ Open your book.

You should come home by six.

－금지하기

△ No, don't do that.

You shouldn't go down there.

• 의견 표현

－의견 묻기

△ What do you want (to do)?

What do you think of this picture?

Did you find the book interesting?

－자신의 의견 말하기

I think it's a very nice bike.

To me, it's the best in the world.

△ I have no idea.

I really don't know what to say.

I have nothing to say right now.

〈감정 표현〉

•좋아함, 싫어함

－좋아하고 싫어하는 것에 대해서

묻기

△ Do (Don't) you like pears?
You don't like bananas, do you?
What's your favorite song?
What do you like doing on Sundays?

– 좋아하고 싫어하는 것 말하기

△ I (don't) like apples.

△ I like to play baseball.
I hate tomatoes.
I like *kimch't* most.
There's nothing I like more than soccer.

• 희로애락

– 기쁨, 슬픔 표현하기

△ I'm happy.

△ I'm sad.
I'm glad to hear that.
She is very pleased with the restaurant.

– 슬픔을 위안하기

Cheer up.
Don't take it so hard.
Look on the bright side

– 화난 것 표현하기

△ He is angry.
I'am very unhappy about this.
I'm very upset.
It really makes me mad.

– 놀람 표현하기

△ What a surprise!
It's surprising.
I just can't believe this.
That's incredible!
I'm surprised you feel that way about it.

• 원하는 것

– 원하는 것 묻기

△ What do you want?
Do you want to eat out?
Would you like to go home now?

– 원하는 것 말하기

△ I want a new cap.
I'd like to go to sleep.
He wants to buy a computer.

• 동정

– 동정 표현하기

△ That's too bad.
It's a pity.
We're sorry to hear the bad news.
Our thoughts are with you.
I know how it feels.

• 소망, 의지

– 소망, 의지를 묻고 말하기

When are you going to get married?
Do you intend to go abroad?
I hope that she likes the present.
I'm dying to see that movie.

– 기대 표현하기

It will be nice to swim in the river.

I'm sure/certain that we'll have a good time.

I'm looking forward to the party tonight.

• 불평

That's not fair.

I want to complain about this dress.

This is most unsatisfactory.

〈도덕적인 태도표현〉

• 사과, 변명

– 사과하기

△ Sorry (about that).

△ Excuse me.

It's all my fault.

I owe you an apology.

I can't tell you how sorry I am.

– 변명하기

I'm (terribly/awfully) sorry, but it wasn't my fault.

– 사과, 변명에 답하기

△ That's OK.

△ That's all right.

△ Don't worry (about it).

Never mind.

No problem.

Don't mention it.

It really doesn't matter at all.

• 후회

I wish I'd listened to my father.

I wish I'd acted differently.

• 관심

– 관심묻기

Are you interested in Korean history?

What are you interested in?

– 관심, 무관심 말하기

I enjoy swimming.

My main interest is collecting stamps.

I'm not interested in sports.

I don't have much interest in pop music.

〈설득과 권고〉

• 설득

Let's do it this way.

Let's not waste time.

Please let me try. I think I know how it works.

• 요청

– 요청하기

△ Help me, please.

Mail this letter for me, will you?

Can you open the window, please?

Would you do me a favor?
Could you give me a hand?
Would you please help me move the desk?

– 요청에 답하기

△ Sure, I can.
△ I'm sorry I can't.
I'm afraid I can't because I have to leave now.

• 충고

– 충고 요구하기

Do you think I should buy it?
What would you advise me to do?
What would you do if you were in my shoes?

– 충고하기

I think you should see a/the dentist.
If I were you, I'd walk.
You'd better not go there.
I suggest you go and see a/the doctor.

• 경고

△ Be careful!
△ Watch out!
Stay away from that.
Never do that again!

〈문제해결〉

• 원인, 결과

Why do you think the book is interesting?
Can you tell me the reason why you said so?
(It's) Because I was sick.
I got up late, so I missed the school bus.

• 길안내

△ Is this Main Street?
△ Where's the bus stop?
△ Turn right.
△ It's over there.
Go straight.
How do I get there from here?
Excuse me. Could you show me the way to Seoul Station?
It's five blocks from here.

• 물건사기

△ How much is it?
△ May I help you?
△ I'll take it.
I'm looking for a blouse.
Do you carry umbrellas?
Do you have these in size ten?
Can I have it wrapped?

• 음식 주문

May I take your order?
Are you ready to order?
Here or to go?
I'd like to have a hamburger and milk.

• 되묻기

△ Excuse me?

△ What (did you say)?

△ Pardon (me)?

△ I'm sorry?

You did what?

You went where?

I don't understand.

I beg your pardon.

Would you mind repeating that?

Could you say that again, please?

• 이해점검

Is that clear?

Are you with me?

Are you following me?

Do you know what I mean?

Does that make sense?

• 전화하기 및 받기

△ Hello?

△ Is Min-ho there?

△ This is Mi-na speaking.

May I speak to Tom?

Can I leave/take a message?

Sorry, he is out.

Who's calling, please?

May I ask who's calling?

부록 4 개정 영어과 교육과정(중학교) 의사소통 기능과 예시문

1. 아래에 제시된 의사소통 기능과 예시문을 음성 언어 활동 및 문자언어 활동의 필요에 따라 선별하여 활용할 것을 권장하며, 그 밖의 기능이나 문장도 사용할 수 있다.
2. △로 표시된 예시문은 초등학교에서 사용하기를 권장한다.
3. ( ) 안에 제시된 낱말이나 구는 생략이 가능한 것을 나타낸다.
4. X, Y 또는 …은 상황에 맞게 쓸 수 있는 낱말이나 구를 나타낸다.

〈정보 전달하기와 요구하기〉

• (정체) 확인하기와 상술하기

△ That's/It's/They're ….

△ Is this your …?

The man over there is Mr. Kim.

The small one (with the blue buttons).

Ms. Anderson is the owner of the restaurant.

- 진술하기와 보고하기
  - △ My sister is a nurse/….
  - △ It's on the right/left.
  - △ I'm taller than ….
    She runs as fast as ….
  - △ I met … (yesterday).
    There is a store on the corner.
    The train has left.
  - △ They will ….
    He said the shop was closed.
- 수정하기
  - △ No, it isn't.
  - △ (Sorry.) That's/It's not right.
  - △ (No,) this is MY bag.
    (I think) you've made a mistake.
- 질문하기
  - △ Do you have …?
  - △ She's a teacher, isn't she?
  - △ Who is she?
  - △ What do you like?
  - △ Where do you live?
  - △ When is your birthday?
  - △ How much is it?
  - △ Whose notebook is this/that?
    Which movie do you want to see?
- 질문에 답하기
  - △ Yes, I do./No, I don't.
  - △ Yes, she is./No, she isn't. She's a ….
  - △ She's my friend.
  - △ I like ice cream.
  - △ In Busan.
  - △ August 15th.
  - △ It's two dollars.
  - △ It's Nancy's.
    I want to see ….
    (Because) ….

〈사실에 대한 태도 표현하기〉

- 동의하기
  - △ Me, too.
  - △ Same here.
  - △ Okay!/Good!/Fine!/Great!
    (Yes,) I agree.
    That's a good idea.
- 이의 제기하기
  - △ I don't think/believe so.
    I don't agree/disagree (with you).
    I'm against ….
- 동의나 이의 여부 묻기
  - △ What do you think?
    Don't you agree?
    Would/Do you agree with me?
- 부인하기
  - △ (No,) I didn't.
  - △ That isn't true.
  - △ That's not right/correct.

〈지식, 기억, 믿음 표현하기〉

• 알고 있음 표현하기

△ I know (about) ….

I heard/have heard (about) ….

I've been told (about) ….

I'm aware (of) ….

• 알고 있는지 묻기

△ Do you know (about) …?

Have you heard (about) …?

You know … (, don't you)?

Are you aware (of) …?

• 궁금증 표현하기

I'm curious about ….

I wonder ….

I'd be (very) interested to know ….

Can someone tell me about …?

• 모르고 있음 표현하기

△ I don't know.

△ I have no idea.

I haven't got a clue.

• 기억이나 망각 표현하기

I (don't/can't) remember ….

I (nearly/completely) forgot (about that).

I'll never forget ….

• 기억이나 망각 여부 묻기

(Do/Don't you) remember …?

I wonder if you remember ….

You haven't forgotten about …, have you?

• 상기시켜 주기

Remember to ….

Remind me to ….

Don't forget to ….

• 확실성 정도 표현하기

△ I'm sure.

Are you sure/certain about …?

I have no doubt.

I'm (not) (quite/fairly/absolutely) sure/certain ….

How sure are you that …?

〈양상 표현하기〉

• 가능성 정도 묻기

May/Can John …?

Is Mary likely to …?

Is it probable/likely/possible/impossible that …?

• 가능성 정도 표현하기

… may/can be changed.

Perhaps/Possibly/Maybe they will ….

They should/ought to ….

It is probable/likely/possible/impossible that ….

• 의무 여부 묻기

Must I …?

Do I (really) have/need to (…) ?

Is it necessary to …?

• 의무 표현하기

You have to/must ….

You should/ought to ….

It is required to ….

You're expected to ….

- 의무 부인하기

I don't have to ….

I don't need to ….

There's no reason why I should ….

- 허가 여부 묻기

△ May/Can I …?

Is it all right/okay if …?

Do you mind if …?

I wonder if I could ….

- 허가하기

△ (Yes,) you may/can ….

△ Of course.

△ Sure./Okay./All right.

I don't mind (at all).

- 불허하기

△ No, you can't.

You must not/may not ….

(I'm afraid) it's/that's not possible.

You're not allowed/supposed to ….

- 능력 여부 묻기

△ Can you …?

Do you know how to …?

Are you good at …?

- 능력 표현하기

△ (Sure/Yes,) I can ….

I was able to ….

I know how to ….

I'm (pretty) good at ….

- 능력 부인하기

△ I can't ….

I don't know how to ….

I'm not good at ….

〈의지 표현하기〉

- 바람, 소원, 요망 표현하기

△ I want (to) ….

△ I'd like ….

I look/am looking forward to ….

I wish I could ….

- 바람, 소원, 요망에 대해 묻기

△ Do you want (to) …?

△ Would you like …?

Do you wish (you could) …?

Are you looking forward to …?

- 의도 표현하기

I'll ….

I'm going to ….

I'm thinking of ….

I'm planning to ….

- 의도 묻기

Will you …?

Are you going to …?

Are you thinking of …?

Are you planning to …?

〈감정 표현하기〉

• 기쁨 표현하기

△ That's great!

△ I'm/I feel (very/so) happy/glad.

I'm (very) glad/delighted to ….

• 슬픔 표현하기

△ How sad.

△ I'm/I feel (very/so) sad/unhappy.

That makes me (really) sad.

• 기쁨이나 슬픔에 대해 묻기

△ Are you happy/sad?

△ Are you all right?

How are you feeling?

• 슬픔, 불만족, 실망의 원인에 대해 묻기

△ What's wrong?

What's the matter?

Why are you sad/disappointed?

• 낙담 위로하기

△ Don't worry.

△ (Come on!) Cheer up!

Things will be better (soon).

Don't be disappointed/discouraged.

• 유감이나 동정 표현하기

△ That's too bad.

I'm (so/very) sorry to hear ….

That's a pity/shame.

• 희망, 기대 표현하기

I hope ….

I'm looking forward to ….

I can't wait for ….

• 실망 표현하기

I'm/I feel (very) disappointed.

That's very disappointing.

What a pity/shame!

• 걱정, 두려움 표현하기

I'm worried (about …).

I'm (rather) worried/anxious (about …).

I'm scared/frightened/terrified (to …).

• 걱정, 두려움 묻기

Are you afraid/scared/frightened of …?

Are you worried/concerned/anxious about …?

• 안심시키기

Don't be frightened.

(I'm sure) everything will be okay/all right.

• 안도감 표현하기

That's a relief.

What a relief!

Thank goodness.

I'm relieved/glad to hear ….

• 좋아하는 것 표현하기

△ I like/love (to) ….

I enjoy … (very much).

… is (very) good/nice/pleasant.

• 싫어하는 것 표현하기

△ I don't like (to) ….

I hate (to) ….

• 좋아하는 것 또는 싫어하는 것 묻기

△ Do you like …?

△ What do you like?

What's your favorite …?

• 선호 표현하기

I prefer X to Y.

I('d) prefer (to) … (if possible).

I think X is better than/preferable to Y.

• 선호에 대해 묻기

Which do you prefer?

Do you prefer X to/or Y?

Do you like X better/more than Y?

• 만족 표현하기

△ Good!/Fine!/Excellent!

I'm (very) satisfied.

That'll do.

• 불만족 표현하기

I'm not satisfied/happy (with …).

That won't do.

This won't work.

• 만족이나 불만족에 대해 묻기

Are you satisfied/happy (with …)?

How do you like/find …?

Is this what you want(ed)/need/meant/had in mind?

• 불평하기

It's not fair.

I'm not happy about ….

I want to complain about ….

You can't possibly ….

• 화남 표현하기

△ I'm/I feel angry.

I'm (rather/quite/very) upset/annoyed (about …).

I can't stand ….

… is (very) annoying/irritating.

• 화냄에 응대하기

Calm down!

Don't get so angry/worked up!

There's nothing to get angry about.

• 관심 표현하기

I'm interested in ….

… interests me (a lot/greatly).

I'm fascinated by ….

How interesting!

• 무관심 표현하기

I'm not (very) interested in ….

I don't have any/much interest in ….

How boring!

• 관심에 대해 묻기

Are you interested in …?

What are you interested in?

Do you find X interesting?

• 놀람 표현하기

△ What a surprise!

That's/It's surprising!

I (just) can't believe this.

I'm surprised that ….

• 놀람 여부 표현하기

Were you surprised?

Does that surprise you?

Are you surprised that …?

〈도덕적 태도 표현하기〉

• 도덕적 의무 표현하기

You should/ought to ….

It's right/wrong to ….

You must ….

You have to/have got to ….

You're supposed to ….

• 승인하기

△ (Very) good.

△ That's fine/excellent.

△ Well done!

You were (quite) right to ….

• 거부하기

△ That's/It's not (very) good/nice.

You shouldn't/oughtn't to have done that.

I don't/can't approve (of …).

You ought to be ashamed (of yourself).

• 승인이나 거부 여부 묻기

△ How's this?

What do you think of …?

How do you find …?

Do you approve (of) …?

• 비난을 하거나 수용하기

It's (all) your fault.

You're to blame.

It's (all) my fault.

It's (all) because of you.

• 비난 거부하기

It isn't/wasn't my fault.

Don't blame me.

It was a(n honest) mistake.

• 사과하기

△ (I'm so/very) sorry (about that).

Please forgive me.

I apologize.

• 사과 수용하기

△ Not at all.

△ (That's/It's) okay.

△ Forget it.

△ It doesn't matter.

No problem.

Never mind.

〈설득·권고하기〉

• 제안 · 권유하기

△ Let's ….

△ What/How about …?

Why don't we/you …?

Can you make it (at ten)?

You'd better ….

(I think) you should/ought to ….

Would you like (me) to …?

I suggest (that) we ….

• 도움 제안하기

△ Can I help you?

Let me help you.

Can I give you a hand?

- 요청하기

  △ (Please,) open the door.

  Can you …(, please)?

  Could I ask you to …?

  Do/Would you mind closing the window?

- (도움) 제안, 권유, 요청에 답하기

  △ Yes!/Okay!

  △ Sure!/All right!

  △ No problem.

  △ (That) sounds good.

  △ Sorry …, but ….

  △ No, thank you.

  Thank you, but ….

  (I'm) sorry but I can't.

  I'm afraid I can't ….

- 충고하기

  (I think) you should/ought to ….

  Why don't you …?

  You'd better ….

  If I were you, I'd ….

- 충고 구하기

  Do you think I should …?

  Can I get your advice on …?

  What would you do if …?

- 경고하기

  △ Don't ….

  △ Be careful.

  △ Watch/Look out (for …)!

  Make sure you don't ….

- 허락 요청하기

  △ May/Can I … (, please)?

  Let me ….

  Do you mind if …?

  Would it be possible …?

  I was wondering if I could …?

- 허락 요청에 답하기

  △ Yes./Okay./All right.

  △ Sure./Of course.

  △ (Yes,) you can.

  △ (No,) you can't.

  Not at all.

  (I'm afraid) that's/it's not possible.

- 금지하기

  △ Don't ….

  You mustn't/can't/shouldn't ….

  You'd better not ….

〈사교활동 하기〉

- 주의 끌기

  △ Hey!

  △ (Oh,) look/listen.

  May I have your attention(, please)?

- 만날 때 인사하기

  △ Hi!/Hello!

  △ Good morning/afternoon/evening.

  Good/Nice to see you (again)!

  How do you DO?

  How do YOU do?

• 안부 묻기

△ How are you (today)?

△ How's it going?

How are you doing?

What's up?

How have you/things been?

• 안부 묻기에 답하기

△ (I'm) okay (, thanks/thank you).

△ (I'm) fine/very well (, thanks/thank you).

△ Not (too/so) bad (, thanks/thank you).

• 제삼자에게의 안부 부탁하기

Say hello to … (for me).

Please give my regards to ….

Remember me to ….

• 호칭하기

△ Mr./Miss/Mrs./Ms. …

Doctor/Professor/Director Brown.

How/What do you want me to call you?

• 자기 소개하기

△ I'm ….

△ My name is ….

Let me introduce myself (to you). I'm ….

• 다른 사람 소개하기

△ X, this is Y.

I'd like you to meet ….

I'd like to introduce ….

• 소개에 답하기

△ (It's) nice/good to meet you.

(I'm) (very) pleased to meet you.

It's a pleasure to meet/meeting you.

I've been looking forward to meeting you.

• 소개가 필요한지 묻기

Do you know each other?

Have you already met …?

I think you (two) know/have met each other, don't/haven't you?

• 환영하기

△ Welcome!

Glad you're here.

Glad you could come.

• 음식 권하기

△ (Please) help yourself.

△ Please go ahead.

Please try some ….

Would you like some …?

Do you want some more …?

• 음식 권유에 답하기

△ (Yes,) thanks/thank you.

△ Yes, please.

△ No, thanks/thank you. (I'd rather have some ….)

That would be very nice.

Thanks, it/everything looks delicious.

• 감사하기

△ Thanks (a lot)/Thank you (very/so much).

Thanks for ….

I (really) (do) appreciate your help/what you've done.

• 감사에 답하기

△ Sure.

△ You're welcome.

△ No problem.

△ (It was) my pleasure.

Don't mention it.

• 축하, 칭찬하기

△ Congratulations (on …)!

△ (Very) good!

△ Good (for you)!

△ What a nice … !

△ How … she is!

△ Great!/Excellent!

(You did a) good (work/job)!

How … she is!

• 격려하기

△ You can do it!

Don't give up!

That's all right. (You'll do better next time).

• 축하, 칭찬, 격려에 답하기

△ Thanks/Thank you (very much).

△ You, too!

I'm glad you like ….

How nice (of you)!

• 기원하기

△ Happy birthday/New Year/… !

△ Good luck (with your …/the …)!

△ Have a good/nice … !

I'll keep my fingers crossed!

I hope/wish ….

• 헤어질 때 인사하기

△ Bye(-bye).

△ Goodbye.

△ Take care.

△ (Have a) nice day/good night.

△ See you (later/again/tomorrow).

〈담화 구성하기〉

• 주제 소개하기

(Now) let's talk about ….

I'd like to say something about ….

I'd like to tell you what ….

• 의견 표현하기

△ (Well,) I think/feel/believe ….

It seems to me ….

In my view/opinion, ….

• 의견 묻기

What do you think (of/about …)?

How do you feel about …?

What is your view/opinion?

• 열거하기

First …. Second …. Third ….

First …, then …, then ….

• 예시하기

What do you want to do?

What do you think of/about …?

Did you find …?

• 강조하기

It is important to/that ….

I want to stress ….

• 정의하기

X/This means ….

The meaning of X/this is ….

• 요약하기

In short, ….

In brief, ….

To sum up, ….

• 주제 바꾸기

By the way, ….

Let's move on to ….

I'd like to say something else ….

• 이해 상태 나타내기

△ I see.

△ I (don't) understand.

It (still) isn't clear to me what this means.

• 대화에 끼어들기

△ Excuse me.

Can I say something?

Can I interrupt you for a moment?

• 전화를 하거나 받기

△ Hello?

(This is) … (speaking/here).

May/Can I speak to …, please?

Who's calling, please?

Could you put me through to …, please?

Just a moment, please.

Can I leave/take a message?

(Sorry, but) can I call you back?

〈의사소통 개선하기〉

• 천천히 말해 달라고 요청하기

△ Too fast.

△ Slow down (, please).

(Can you speak) more slowly, please?

• 반복 요청하기

△ (I'm) sorry?

△ What (did you say)?

△ (I beg your) pardon?

(Sorry/I'm afraid) I don't know what you mean/meant.

Would you say that again(, please)?

• 반복해 주기

△ (I said) X.

I said that ….

What I said was X.

• 확인 요청하기

△ Did you say X?

△ Are you sure?

Do/Did you mean …?

He lives in Seoul, doesn't he?

- 설명 요청하기

  △ What is X (exactly)?

  What do you mean by X?

  Could you explain …?

- 철자필기 요청하기

  △ How do you spell …?

  Could you spell that, please?

  Could you write that down (for me), please?

- 철자 알려주기

  △ B-A-G.

  'Bag' is spelt B-A-G.

  It's spelt with a capital 'P'.

- 표현 요청하기

  △ What is X (in English)?

  Do you say … (or …)?

  I don't know how to say it.

  How would/do you say this in English/Korean?

- 표현 제안하기

  △ X.

  Do you mean X?

  I think you mean …?

  In English/Korean we say ….

- 이해 점검하기

  △ Do you understand?

  Do you see/know what I mean?

  Is this/everything clear (now)?

- 오해 지적해 주기

  (No,) I mean Y (not X) ….

  (I'm afraid) that's wrong/not right.

  That's not (exactly) what I meant to say.

- 생각할 시간 요청하기

  Let me see/think.

  Just a moment (while I think).

  May I think about that for a moment?

참고문헌

고경석, 김혜련, 강성우, 고경희, 김재혁, 김정렬, 김영숙, 박선호, 원명옥, 윤여범, 이윤, 이의갑, 이재근, 이재희, 최희경, 홍경선. 2006. *초등영어교육의 이론과 실제*. 서울: 한국 문화사.

곽덕영. 1973. *개화기의 영어교육에 관한 연구*. 석사학위논문, 고려대학교 교육대학원.

교육과정·교과서연구회. 1990. *한국 교과교육과정의 변천-중학교 고등학교*. 서울-대한 교과서.

교육과정·교과서연구회. 1994. *학교 교육 과정 편성·운영의 실제*. 서울: 동아출판사.

교육과학기술부. 2008. *영어과 교육과정 및 교과용 도서 개선 방안 연구*. 정책연구개발사업. 2008-위탁-26.

교육과학기술부. 2008. *외국어과교육과정(I)*. 교육과학기술부 고시 제2008-160호.

교육과학기술부. 2008. *초등학교교육과정해설*. 교육과학기술부 고시 제2008-160호.

교육과학기술부. 2009. *2009 개정 초·중등학교 교육과정*. (총론) 시안 개발 연구.

교육과학기술부. 2011. *영어과 교육과정 개정안(시안) 개발 연구*. 서울: 범신사

교육과학기술부. 2011. *영어과 교육과정과 국가영어능력평가시험 연계 방안 연구*. 2010년 정책연구 개발사업 연구.

교육과학기술부. (2011). *초등학교 교육과정*. 교육과학기술부 고시 제 2011-361호.

교육과학기술부. 2008. *초중등학교 교육과정 개정 고시*(2008. 12. 26.).

교육과학기술부. 2011. *영어과 교육과정*. 교육과학기술부 고시 제 2011-361호 [별책 14].

교육과학기술부. 2011. *초·중등학교 교육과정 총론 영어과 교육과정: 교육인적자원부 고시제 2011-361호*. 서울: 과학기술부.

교육부. 1992. *제6차 교육과정: 고등학교 교육과정*. 서울: 교육부.

교육부. 1992. *제6차 교육과정: 중학교 교육과정*. 서울: 교육부.

교육부. 1995. *중학교 교육과정 해설(V)*. 서울: 대한 교과서 주식회사.

교육부. 1997. *외국어과 교육과정 해설(II)*. 서울: 대한 교과서 주식회사.

교육인적자원부. 2007. *외국어과 교육과정(I)*. 교육인적자원부 고시 제2007-79. [별책].
권오량. 1995. 한국의 영어 교수 방법과 교수 방법론 연구의 변천. *영어교육, 50(2)*, 107-131.
권오량·김정렬. 2010. *한국영어교육사*. 서울: 한국문화사.
김명배. 2006. *개화기의 영어이야기*. 서울: 국제영어대학원대학교 출판부.
김영서. 2009. *한국의 영어교육사*. 서울: 한국문화사
김진석. 2008. *영어과 교육과정 개선 방향 모색*. 한국영어교육학회.
김태환·김태한. 1978. *영어교수법의 이론과 실천*. 서울: 한신문화사.
대한교육연합회. 1969. *교육과정*. 서울.
문룡. 1976. 구한말의 영어교육고. *영어교육, 12(8)*, 1-12.
박경자. 1984. *심리언어학*. 서울: 고려대학교 출판부.
박경자·장복명. 2002. *영어교재론*. 서울: 박영사.
박경자·장복명. 2011. *언어교수학(개정판)*. 서울: 박영사.
유봉호. 1992. *한국 교육과정사 연구*. 서울: 교학 연구사.
이경섭. 1997. *한국 현대교육과정사 연구상*. 서울: 교학 연구사.
이재근. 1998. 제7차 교육과정에 따른 초등학교 3~4학년 영어 교과용 도서 편찬 방향. *교육과정평가연구: 창간호 Vol 1(1)*. 95-107. 서울: 선명인쇄.
이재근. 2002. 영어교과서 개발의 최근 동향. *영어어문교육, 8(1)*, 241-259.
이재근. 2004. 초등교사의 영어교육 개선방안. *초등영어교육학회 회보 16*, 9-14.
이재근. 2010. 초등영어 3, 4학년 영어교육에서 시수확대에 따른 차시 모형 개발. *외국어교육 제11집*. 한국교원대학교 외국어연구소.
이재근, 권민지, 정은숙, 김용호, 김은주, 김인숙, 김민경, 전영주, 이동욱, 박진영, 윤경진. 2011. *초등 학교 4학년용 영어교과서*. 서울: 대교.
이재근, 권민지, 정은숙, 김용호, 김은주, 김인숙, 김민경, 전영주, 이동욱, 박진영, 윤경진. 2011. *초등학교 3학년용 영어교과서*. 서울: 대교.
이재근, 김민경. 2008. 어휘접근법(Lexical Approach)을 활용한 어휘 지도가 초등학생 영어 의사소통능력에 미치는 효과. *영어교과교육 7(2)*. 한국영어교과교육학회. 서울: 한국 문화사.
이재근, 김은주. 2008. 연어(collocation)를 활용한 초등학교 영어 쓰기 향상 방안. *영어 교과교육 7(1)*. 한국영어교과교육학회. 서울: 한국문화사.
이재근, 정은숙. 2005. 초등학교 영어 학습자의 어휘력, 흥미도 및 자신감 향상을 위한

암시적/명시적 어휘 지도와 그 결과. *영어교과교육 4(1)*. 한국영어교과 교육학회. 서울: 한국문화사.

이정민·배영남. 1982. *언어학사전*. 서울: 한신문화사.

이종배. 1969. *한국 영학발달에 관한 연구*. 문학박사학위논문. 우석대학교.

이종배. 1978. 구한말 영어교육과 교수법. *영어교육. 15(2),* 1-29.

이흥수, 차경환, 이재희, 이재근, 윤유진. 2009. 영어교과서 개선 방안 연구. *응용언어학. 25(2)*.

이흥수, 차경환, 이재희, 이재근. 2009. 영어 공교육 강화를 위한 여건 개선방안. *영어교육 64(4)*, 417-436.

장복명. 2001. 한국과 일본의 영어과 교육과정에 대한 연구. *현대영어교육 2(1)*, 83-101.

장복명. 1985. *제2언어로서의 영어교육에 대한 역사적 고찰*. 고려대학교 석사학위 논문(미출간).

장복명. 1995. *제6차 교육과정과 영어교과서 연구*. 고려대학교 박사학위 논문(미출간).

장복명. 1998. 중학교 영어교재 개발. *영어교육입문*. 570-601. 박영사.

장복명. 1999. 표현기능 지도내용을 통한 현행 영어교과서 평가. *영어어문교육*, 5, 123-147.

장복명. 2000. 영어교재를 통한 화용론 지도 방안. *영어어문교육 6*, 180-197.

장복명. 2002. 영어교재 개발의 기초 이론. *영어교육의 이해*, 59-78. 한국문화사.

제6차 교육과정 외국어과 개발 연구위원회. 1992. *제6차 교육과정 중학교 영어과 개정시안*. 한국교원대학교.

조성식. 1975. *영어발달사*. 서울: 평화출판사.

한국교육개발원 교육과정개발연구위원회. 1997. *제7차 교육과정 개발 연구*. 한국교육개발원.

한국교육개발원. 1997. *제7차 영어과 교육과정 개발 연구*. 서울: 한국교육개발원.

한국교육과정평가원. 2010. *2009 개정 영어과 교육과정 기본 어휘 개선 연구*. 연구보고. RRC-18.

한국교육과정평가원. 2001. *제7차 교육과정에 따른 성취기준과 평가기준 개발 연구*. 서울: 한국교육개발원.

한국교육과정평가원. 2005. *대학수학능력시험 출제매뉴얼-외국어(영어)영역*. 서울: 한국교육 과정평가원.

함종규. 1983. *한국교육과정 변천사 연구(전편)*. 서울: 숙명여자대학교 출판부.

홍종선. 1993. 영어교육 발달사 비교. *영어교육연구, 13*, 105-141.

Alatis, J. E. (ed.), 1978. *International Dimension of Bilingual Education.* Washington, D.C.: Georgetown University Press.

Alatis, J. E., Altman, H. B., and Alatis, P. M.(eds.), 1981. *The Second Language Classroom: Directions for the 1980's.* Oxford: Oxford University Press.

Alatis, J. E., Stern, H. H., and Strevens, P.(eds.), 1983. *Applied Linguistics and the Preparation of Second Language Teachers: Toward a Rationale.* Washington, D.C.: Georgetown University Press.

Allen, H. B., and Campbell, R. N. 1972. *Teaching English as a Second Language* (2nd ed.). McGraw-Hill Inc.

Allen, J. P. B. 1983. A Three-Level Curriculum Model for Second Language Education. *Canadian Modern Language Review, 40(1):* 23-43.

Allen, J. P. B. 1986. Functional-Analytic Course Design and the Variable Focus Curriculum. In Brumfit, C.(ed.), *The Practice of Communicative Teaching,* 3-24. Oxford: Pergamon Books Ltd. and The British Council.

Allen, J. P. B. 1987. Variable Focus Curriculum Design: Some Considerations for the Eighties. In Tickoo, M. L.(ed.), *Language Syllabuses: State of the Art, Anthology Series, 18,* 50-64. Singapore: SEAMEO Regional Language Centre.

Allen, J. P. B., Baker, G., and Canale, M. 1985. Strategy-Oriented Activities in Language Learning Materials Development. Presentation at TESOL Convention, New York.

Allen, J. P. B.,and Swain, M. (eds.), 1984. Language Issues and Education Policies: Exploring Canada's Multilingual Resources. *ELT Documents, 119.* Oxford: Pergamon Press.

Allwright, R. L. 1981. What do We Want Teaching Materials For? *ELT Journal* 36, 5-18.

Allwright, R. L. 1983. The Nature and Function of the Syllabus in Language Learning and Teaching. Unpublished mimeo. Department of Linguistics and

Modern English Language, University of Lancaster.

Allwright, R. L. 1983. Classroom-Centered Research on Language Teaching and Learning: A Brief Historical Overview. *TESOL Quarterly, 17(2),* 191-204.

Altman, M. B. 1979. Foregn Lenguage teaehing: Focus on the learner. *AILA Conference Proceecdings*. Oxford: Pergamon Press.

Anthony, E. M. 1963. Approach, Method and Techniques. *English Language Teaching Journal, 17(2)*: 63-67.

Asher, J. J. 1966. The Learning Strategy of the Total Physical Response: A Review. *Modern Language Journal, 50(2)*: 79-84.

Asher, J. J. 1969. The Total Physical Response Technique of Learning. *Journal of Special Education 3*: 253-262.

Asher, J. J. 1977. *Learning Another Language Through Actions: The Complete Teacher's Guidebook.* Los Gatos, California: Sky Oaks Productions.

Asher, R. E. and Simpson, J. M. Y.(eds.), 1994. The Encyclopedia of Language and Linguistics. Oxford: Pergamon Press Ltd.

Austin, J. 1962. *How to Do Things with Words*. Oxford, England: Clarendon Press.

Bachman, L. F. 1990. *Fundamental Consideration in Language Testing.* Oxford: Oxford University Press.

Bailey, K., Curyis, A., & Nunan, D. 2001. *Pursuing Professional Development: The Self as Source.* Boston: Heinle & Heinle.

Barr, P., Clegg, J., and Wallace, C. 1983. *Advanced Reading Skills.* Harlow, England: Longman.

Berns, M. 1989. *Contexts of Competence.* New York: Plenum Press.

Berwick, R. 1989. Needs Assessment in Language Programming: from Theory to Practice. In Johnson, R. K. (ed.). *The Second Language Curriculum,* 48-62. Cambridge: Cambridge University Press.

Blair, R.(ed.), 1982. *Innovative Approaches to Language Teaching.* New York: Newbury House.

Bloom, B. S.(ed.) 1956. *Taxonomy of Educational Objectives Handbook 1: Cognitive Domain.* London: Longman.

Bloom, B. S. 1976. *Human Characteristics and School Learning.* New York:

McGrow Hill.

Bloom, B. S. 1978. Educational Leadership: New Views of the Learner. Paper presented at a General Session address at the ASCD Annual Conference, San Francisco, 1978.

Bowen, J., H. Madsen, and A. Hilferty. 1985. *TESOL Techniques and Procedures.* New York: Newbury House.

Braine, G. 1999. *Nonnative Educators in English Language Teaching.* Mahwah, NJ:Lawrence Erlbaum Associates.

Breen, M. P. 1984. Process Syllabuses for the Language Classroom. In Brumfit, C. J. (ed.), General English Syllabus Design. *ELT Document, 118*: 47-60. Oxford: Pergamon Books Ltd. and The British Council.

Breen, M. P. 1987. Contemporary Paradigms in Syllabus Design, Part 1. *Language Teaching, 20*: 81-82.

Breen, M. P. and Candlin, C. N. 1987. Which Materials? A Consumer's and Designer's Guide. In Sheldon, L. E. (ed.), ELT Textbooks and Materials: Problems in Evaluation and Development. *ELT Document, 126*. London: Modern English Publications.

Brindley, G. 1984. *Needs Analysis and Objective Setting in the Adult Migrant Education Program.* Sydney, Australia: Adult Migrant Education Service.

Brindley, G. 1989. The Role of Needs Analysis in Adult Programme Design. In Johnson, R. K. (ed.), *The Second Language Curriculum,* 63-78. Cambridge: Cambridge University Press.

Brinton, D., and Newmon, R. 1982. *Getting along: English Grammar and writing.* Book 1. Englewood Clitts, NJ: Prentice-Hall.

Brown, H. 1977. Some Limitations of CL/SLL Models of Second Language Teaching. *TESOL Quarterly,* 11: 365-72.

Brown, H. D. 2007. *Teaching by Principles*.(3rd ed.). White Plains, NY: Pearson Education.

Brown, J. D. (ed.), 1984. *General English Syllabus Design, ELT Documents, 118.* Oxford: Pergamon Books Ltd. and The British Council.

Brown, J. D.(ed.), 1986. *The Practice of Communicative Teaching, ELT Documents,*

124. Oxford: Pergamon Books Ltd. and The British Council.

Brown, J. D. 1988. *Understanding Research in Second Language Learning: A Teacher's Guide to Statistics and Research Design*. Cambridge: Cambridge University Press.

Brown, J. D. 1989. Language Program Evaluation: A Synthesis of Existing Possibilities. In Johnson, K. (ed.). *The Second Language Curriculum*. Cambridge: Cambridge University Press.

Brown, J. D. 1995. *The Elements of Language Curriculum*. Boston: Heinle and Heinle Publishers.

Brown, J. D., and Roberts, J.T. 1983. *A Short Introduction to Language and Language Teaching*. London: Batsford.

Bruder, M. N. 1978. Evaluation of Foreign Language Textbooks: A Simplified Procedure. In Madson and Bowen (eds.), *Adaptation in Language Teaching,* 209-218. Rowley: Newbury House Publishers, Inc.

Brumfit, C. J. 1980. From defining to designing: communicative specification versus communicative methodology in foreigm lasguage Tealhing. *Studies in language Acquisition, 3(1)*: 1-9.

Brumfit, C. J. 1984. *Communicative Methodology in Language Teaching: the Roles of Fluency and Accuracy*. Cambridge: Cambridge University Press.

Brumfit, C. J.(ed.) 1984. *General English Syllabus Design*. ELT Documents 118. Oxford: Pergamon Books Ltd. and The British council.

Brumfit, Christopher and Johnson, Keith. 1979. *The Communicative Approach to Language Teaching*. Oxford: Oxford University Press.

Brutt-Griffer, J. 2002. *World English*. A Study of Its Development. Clevedon, UK: Multilingual Matters.

Burns, A. 2005. Action Research. In E. Hinkel(Ed.), *Handbook of Research in Second Language Teaching and Learning*(pp. 241-256). Mahwah, NJ: Lawrence Erlbaum Associates.

Burstall, C., M. Jamieson, S. Cohew and M. Hargreaves. 1974. *Primary French in the Balance*. Slough: National Foundation for Educational Research.

Byrd, P., & Nelson, G. 2003. *Sustaining Professionalism*. Alexandria, VA:

Teachers of English to Speakers of Other Languages.

Canale, M. and Swain, M. 1980. Theoretical Bases of Communicative Approaches to Second Language Teaching and Testing. *Applied Linguistics, 1*: 1-47.

Candlin, C. N. 1984. Syllabus Design as a Critical Process. In Brumfit, C. J. (ed.). *General English Syllabus Design,* 29-46. Oxford: Pergamon Press Ltd., and British Council.

Carroll, J. B. 1963. A Model of School Learning. *Teachers College Record, 64*: 723-733.

Chang, Bok-Myung. 2002. The Development of English Educational Materials based on the 7th National Curriculum of Korea. *Journal of Pan-Pacific Association of Applied Linguistics*, *6(1)*: 15-29.

Chang, Bok-Myung. 2007. Historical Survey on the English Education Development in Korea in *World Englishes and Miscommunications(pp. 13-25)*. Toyko: Waseda University Press.

Chang, Bok-Myung. 2008. English Acquisition through NNS-NNS Interaction in EFL Context. *English Language & Literature Teaching, 13(2)*: 1-23.

Chang, Bok-Myung. 2009. Korea's Education Policy Innovations to Lead the Nation into the Globalized World. *Journal of Pan-Pacific Association of Applied Linguistics*, 13*(1)*: *83-97.*

Chang, Bok-Myung. 2010. Cultural Identity in Korean English. *Journal of Pan-Pacific Association of Applied Linguistics*, 14*(1)*: *131-145.*

Chang, Bok-Myung. 2011. The Roles of English Language Education in Asian Context. *Journal of Pan-Pacific Association of Applied Linguistics*: 15*(1), 191-206.*

Chaudron, C. 1988. Second Language Classrooms: Research on Teaching and Grammar. Cambridge: Cambridge University Press.

Clark, J. L. 1987. *Curriculum Renewal in School Foreign Language Learning.* Oxford: Oxford University Press.

Clark, D. F. 1989. Communicative Theory and Its Influence on Material Production. *Language Teaching, 22(2)*: 73-86.

Cook, G. 1989. *Discourse Analysis.* Oxford: Oxford University Press.

Cook, V. J. 1991. *Second Language Learning and Language Teaching.* London: Edward Arnold.

Corder, S. P. 1973. *Introducing Applied Linguistics.* Middlesex, England. London: Edward Arnold.

Corder, S. P. 1981. *Error Analysis and Interlanguage.* Oxford: Oxford University Press.

Cowles, H. M. 1976. Textual Materials Evaluation: A Comprehensive Checksheet. *Foreign Language Annals, 9*; 300-303.

Cromlie, W. 1985. *Discourse and Language Learning: A Relational Approach to Syllabus Design.* Oxford: Oxford University Press.

Crookes, G. and Gass, S.M.(eds.), 1993. *Tasks in a Pedagogical Context, Multilingual Matters, 94.* Clevedon: Multilingual Materials Ltd.

Crystal, D. 1995. *The Combridge Encyclopedia of the English Language*, Cambridge: Cambridge University Press.

Crystal, D. 1997. *English as a Global Language*, Cambridge: Cambridge University Press.

Cunningworth, A. 1984. Evaluating and Selecting ELT Materials. Oxford: Heinemann Educational Books Ltd.

Cunningworth, A. 1987. Coursebooks and Conversational Skills. In Sheldon, L. E.(ed.), ELT Textbooks and Materials: Problems in Evaluation and Development, *ELT Document, 126*: 45-54. Oxford: Northern English Publications.

Curran, C. A. 1972. *Couseling-Learning: A Whole-Person Model for Education.* New York: Grune and Stratoton.

Curran, C. A. 1976. *Counseling Learning in Second Languages.* Apple River, Ill.: Apple River Press.

Daoud, A. M. and Celce-Murcia, M. 1979. Selecting and Evaluating a Textbook. In Celce-Murcia, M. and McIntosh, L.(eds.), *Teaching English as a Second of Foreign Language, 302-307.* Rowley: Newbury House Publishers, Inc.

Das, B. K. 1988. Materials for Language Learning and Teaching. *Anthology Series, 22.* Singapore: SEAMEO Regional Language Centre.

Das, B. K. (ed.), 1985. Communicative Language Teaching. *Anthology Series, 14*. Singapore: SEAMEO Regional Language Centre.

Dearden, R. F., P. H. Hirst, and R. S. Peters. 1972. *Education and the Development of Reason*. London: Routledge and Kegan Paul.

Dougill, J. 1987. Not so Obvious. In Sheldon, L. E. ELT Textbooks and Materials: Problems in Evaluation and Development, *ELT Document, 126*: 29-36. Oxford: Modern English Publications.

Dubin, F. 1988. The Roels of L2 Teachers, Learners, and Materials Developers in the Context of New Technologies. In Das, B.K.(ed.), Materials for Language Learning and Teaching. *Anthology Series, 22*. Singapore: SEAMEO Regional Language Centre.

Dubin, F., and Olshtian, E. 1986. *Course Design*. Cambridge: Cambridge University Press.

Dulay, H., Burt, M., and Krashen, S. 1982. *Language Two*. Oxford: Oxford University Press.

Egbert, J. (ed.). 2003. *Becoming Contributing Professionals*. Alexandria, VA: Teachers of English to Speakers of Other Languages.

Ek, J. and L. Alexander. 1980. *Threshold Level English*. Oxford: Pergamon.

Ellis, B., and Sinclair, G. 1989. *Learning to Learn English*. Cambridge: Cambridge University Press.

Ellis, R. 1985. *Understanding Second Language Acquisition*. Oxford: Oxford University Press.

Ellis, R. 1993. The Structural Syllabus and Second Language Acquisition. *TESOL Quarterly, 27*: 91-113.

Ervin, G. L. 1991. *International Perspectives on Foreign Language Teaching*. Illinois: National Textbook Company.

Finocchiaro, M. 1979. The Functional-Notional Syllabus: Problems, Practice, Problems, *English Teaching Forum,* 17.

Finocchiaro, M. and Brumfit, C. 1983. *The Functional-Notional Approach: From Theory to Practice*. Oxford: Oxford University Press.

Freeman, D. 2002. The Hidden Side of the Work; Teacher Knowledge and

Learning to Teach. *Language Teaching, 35*: 1-13.

Furey, P. R. 1984. Considerations in the Assessment of Language Syllabuses. In Read, J.A.S. (ed.), Trends in Language Syllabus Design, *Anthology Series, 13*: 3-27. Singapore: SEAMEO Regional Language Centre.

Gattegno, C. 1972. *Teaching Foreign Language in Schools: The Silent Way* (2d ed.). New York: Educational Solutions.

Glaser, R. 1963. Institutional Technology and the Measurement of Learning Outcomes: Some Questions: *American Psychologist, 18*: 519-521.

Graves, K. 2000. *Designing Language Courses*. Boston: Heile and Heile Publishers.

Gronlund, N. E. 1973. *Preparing Criterion-Referenced Tests for classroom Instruction*. New York: Macmillan.

Halliday, M. 1973. *Explorations in the Functions of Language.* London: Deward Arnold.

Halliday, M. 1975. *Learning How to Mean*. London: Edward Arnold.

Halliday, M. 1978. *Language as Social Semiotic.* London: Edward Arnold.

Halliday, M. A. K., A. McIntosh, and P. Strevens. 1964. *The Linguistic Sciences and Language Teaching*. London: Longman.

Halliwell, S. 1992. *Teaching English in the Primary Classroom.* London: Longman.

Hammerly, H. 1982. *Synthesis in Second Language Teaching: An Introduction to Languistics.* Blaine, Wash.: Second Language Publications.

Hawkes, N. 1983. Some Aspects of Communicative Course Design. In Johnson, K. and Porter, D.(ed.), *Perspectives in Communicative Language Teaching*, 103-108. London: Academic Press Inc., Ltd.

Heilenman, L. K. 1991. Material Concern: Textbooks and Teachers. In Siber, E. S.(ed.), *Critical Issues in Foreign Language Instruction*, 104-130. Corland Publishing Inc.

Holemes, J. 1988. *Doubt and Certainty in ESL Textbooks*. Applied Linguistics, 9: 21-44.

Howatt, A. P. R. 1984. *A History of English Language Teaching.* Hong Kong:

Oxford University Press.

Hutchinson, T. 1987. What's Underneath?: An Interactive View of Materials Evaluation. In Sheldon, L. E. (eds.), ELT Textbooks and Materials: Problems in Evaluation and Development, *ELT Document, 126*: 37-44. Oxford: Modern English Publications.

Hutchinson, T. and Torres, E. 1994. The Textbook as Agent of Change. *ELT Journal, 48*: 315-328.

Hymes, D. H. 1972. On Communicative Competence. In J. Pride and J. Holmes (eds.), *Sociolinguistics: Selected Readings.* Harmondsworth, Middlesex: Penguin Books.

Jenkins, J. 2003. *World Englishes*. London: Routledge.

Johnson, R. K. 1982. *Communicative Syllabus Design and Methodology.* Oxford: Pergamon.

Johnson, R. K. 1978. Syllabus Design and the Adult Beginner. *Modern English Teacher,* 6(2): 19-22. In Johnson K. and Porter, D. (eds.), *Perspective in Communicative Language Teaching,* 47-68. London: Academic Press Inc., Ltd.

Johnson, R. K. (ed.), 1989. *The Second Language Curriculum.* Cambridge: Cambridge University Press.

Judd, E. L. 1987. Language Policy, Curriculum Development, and TESOL Instruction: A Search for Compatibility. In Long , M. H. and Richards, J. C. (eds.), *Methodology in TESOL,* 3-9. New York: Newbury House Publishers.

Kachru, B. B. 1988. *The Other Tongue: English Across Cultures (2nd ed.).* Urbana, IL: University of Illinois Press.

Kachru, B. (ed). 1992. *The Other Tongue: English Across Cultures (2nd ed.).* Urbana IL: University of Illinois Press.

Kachru, Y. 2005. Teaching and learning of World Englishes. in E. Hinkel(Ed.), *Handbook of Research in Second Language Teaching and Learning*(pp. 149-173). Mahwah, NJ: Lawrence Erlbaum Associates.

Kennedy, C. and R. Bolitho. 1984. *English for Specific Purposes.* London:

Macmillan.

Krahnke, K. 1987. *Approaches to Syllabus Design for Foreign Language Teaching.* New Jersey: Prentice-Hall, Inc.

Kramsch. C. 1993. *Context and Culture in Language Teaching.* Oxford: Oxford University Press.

Krashen, S. and T. Terrell. 1983. *The Natural Approach: Language Acquisition in the Classroom.* Oxford: Pergamon Press.

Krashen, S. D. 1981. *Second Language Acquisition and Second Language Learning.* Oxford: Pergamon Press.

Krashen, S. D. 1982. *Principles and Practice in Second Language Acquisition.* Oxford: Pergamon Press.

La Forge, P. 1983. *Counseling and Culture in Second Language Acquisition.* Oxford: Pergamon.

Larsen-Freeman, D. 1986. *Techniques and Principles in Language Teaching.* Oxford: Oxford University Press.

Littlewood, W. T. 1981. *Communicative Language Teaching.* Cambridge: Cambridge University Press.

Littlewood, W. T. 1984. *Foreign and Second Language Learning.* Cambridge: Cambridge University Press.

Long, M. (1985). Input and Second Language Acquisition Theory, in S. Gass and C. Madden (eds.), *Input in Secondary Language Acquisition.* Rowley, MA. Newbury House.

Long, M. H., and Crookes, G. 1993. Limits of Analysis in Syllabus Design: The Case for Task. In Crookes G. and Gass, S. M. (eds.), *Tasks in a Pedagogical Context, Meltilingual Matters, 94: 9-54.* Clevelon: Multilingual Matters Ltd.

Long, M. H., and J. Richards (eds.), 1987. *Methodology in TESOL: A Book of Readings.* New York: Newbury House.

Long, M. H. 1984. Process and Product in ESL Program Evaluation. *TESOL Quarterly, 18(3)*: 409-425.

Lozanov, G. 1978. *Suggestology and Outlines of Suggestopedy.* New York: Gordon and Breach Science Publishers.

Long, M. H. and Crookes, g. 1993. Limits of Analysis in Syllabus Design: The Case for Task. In Crookes G. and Gass, S. M. (eds), Tasks in a Pedagogical Context, *Multilingual Matters, 94: 9-54.* Clevelon: Multilingual Matters Ltd.

Madsen, H. S., and Bowen, J. D. 1978. *Adaptation in Language Teaching. Rowley,* MA: Newbury House Publishers, Inc.

Mager, R. F. 1962. *Preparing Instructional Objectives* for Programmed Instruction. Belmont, CA: Fearon-Pitman.

Mager, R. F. 1975. *Preparing Instructional Objectives*. Belmont, CA: Fearson-Pitman.

MaKay, S. 2002. *Teaching English as an International Language: Rethinking Goals and Approaches*. Oxford, UK: Oxford University Press.

Mann, S. 2005. The Language Teacher's Development. *Language Teaching, 38:* 103-118.

McArthur, A. 1987. The English languages?, *English Today11*: 9-13.

McCarthy, M. 1991. *Discourse Analysis for Language Teachers.* Cambridge: Cambridge University Press.

McDonough, J. and Shaw, C. 1993. *Materials and Methods in ELT*. Oxford: Blackwell Publishers.

McDonough, Steven H. 1981. *Psychology in Foreign Language Teaching.* London: George Allen & Unwin Publishers.

Mckay, S. 1978. Syllabuses: Structural, Sitautional, Notional. *TESOL Newsletter, 12(5):* 11.

McKay, S. L. 2002. *Teaching English as an International Language.* Oxford: Oxford University Press.

Modiano, M. 1999. International English in the Global Village, *English Today 15(2)*: 22-34.

Modiano, M. 2000. Rethinking ELT, *English Today, 16(2)*: 30-34.

Morrow, K. 1981. *Principles of Communicative Methodology*. In Johnson and Morrow (eds.), 59-66.

Morrow, K. 1987. Language Teaching Syllabuses: Fact or Fiction? In Tickoo, M. L.(ed.), Language Syllabuses: State of the Art, *Anthology Series, 18:* 33-43. Singapore: SEAMEO Regional Language Centre.

Munby, J. 1978. *Communicative Syllabus Design.* Cambridge, England: Cambridge University Press.

Munby, J. 1984. Communicative Syllabus Design: Principles and Problems. In Read, J. A. S. (ed.), Trends in Language Syllabus Design, *Anthology Series, 13:* 55-67. Singapore: SEAMEO Regional Language Centre.

Murphey, T. (ed.). 2003. Extending Professional Contributors. Alexandria, VA: Teachers of English to Speakers of Other Languages.

Murphey, T., & Sato, K. 2005. *Communities of Supportive Professionals.* Alexandria, VA: Teachers of English to Speakers of Other Languages.

Nakano, M. 2006. *CCDL Teacher's Manual-I.* Toyko: Waseda University Press.

Nunan, D. 1985. *Language Teaching Course Design: Trends and Issues.* Adelaide, Australia: National Curriculum Resource Centre.

Nunan, D. 1986. Communicative Language Teaching: The Learner's View. Paper Presented at the RELC Regional Seminar. Singapore, April 1986.

Nunan, D. 1987. *The Teacher as Curriculum Developer.* Adelaide, Australia: National Curriculum Resource Centre.

Nunan, D. 1988. *The Learner-Centered Curriculum.* Cambridge: Cambridge University Press.

Nunan, D. 1991. *Language Teaching Methodology.* New York: Prentice Hall International Ltd.

Nunan, D. 1991. *Syllabus Design.* Oxford: Oxford University Press.

Nunan, D.(ed.). 2003. Practical English Language Teaching. New York: McGraw Hill Contemporary.

O'Neill, R. 1982. Why Use Textbooks?, *ELT Journal*, 36(2): 104-11.

Olshtain, E. 1979. A Theoretical Model for Developing the Teaching of a Language of Wider Communication on a National Scale. Los Anglels: UCLA Ph.D. dissertation.

Omaggio, A. 1986. *Teaching Language in Context.* Boston: Heinle and Heinle

Publishers.

Paulston, C. B. 1971. The Sequencing of Structural Pattern Drills. *TESOL Quarterly,* 513: 197-208.

Pennington, M. C. 1983. ESL Administration and Teachers: Getting Together on Curriculum. *TESOL Newsletter, 17:* 30-31.

Prabhu, N. S. 1980. Teaching English as Communication. Proposals for Syllabus Design, Methodology and Evaluation. *Newsletter 1/4.* Regional Institute of English, South India, Bangalore.

Prabhu, N. S. 1985. Communicative Teaching: 'Communicative' in What Sense? In Das, B. K. (ed.), Communicative Language Teaching, *Anthology Series, 14:* 32-40. Singapore: SEAMEO Regional Language Centre.

Prabhu, N. S. 1987. *Second Language Pedagogy.* Oxford: Oxford University Press.

Prabhu, N. S. 1992. The Dynamics of the Language Lesson. *TESOL Quarterly, 26:* 225-241.

Pratt, D. 1980. *Curriculum Design and Development.* New York: Harcourt Brace Jovanovich.

Read, J. A. S. (ed.), 1984. Trends in Language Syllabus Design. *Anthology Series, 13.* Singapore: SEAMEO Regional Language Centre.

Richard Amato, P. 1988. *Making It Happen.* New York: Longman.

Richard, J. C. 1984. Language Curriculum Development. *RELC Journal, 15:* 1-29.

Richard, J. C. 1985. The Contexts of Language Teaching. Cambridge: Cambridge University Press.

Richard, J. C. and Nunan, D. 1990. *Second Language Teacher Education.* Cambridge: Cambridge University Press.

Richards, J. C, and Rodgers, T. S. 2001. *Approaches and Methods in Language Teaching (2nd ed.),* Combridge, UK: Cambridge University Press.

Richards, J. C. (eds.), 1987. *Methodology in TESOL: A Book of Readings*. New York: Newbury House.

Richards, J. C. and Rodgers, T. S. 1986. *Approaches and Methods in Language Teaching.* Cambridge University Press.

Richards, J., & Farrell, T. 2005. *Professional Development for Language Teachers:*

Strategies for Teacher Learning. Cambridge, UK: Cambridge University Press.

Richterich, R. 1973a. *Comment Définir des Besoins de Communication.* Paper given at AILA/BAAL seminar, Lancaster March/April 1973.

Richterich, R. 1973b. *Definition of Language Needs and Types of Adults.* In Trim, Richterich, van Ek, and Wilkins (eds.), 1973.

Richterich, R. 1978. The Analysis of Language Needs: Illusion—Pretext—Necessity in Council of Europe: *A European Unit/Credit System for Modern Language Learning by Adults*. Strasbourg: Council of Europe.

Rivers, W. and Temperley, M. 1978. A *Practical Guide to the Teaching of English as a Foreign or Second Language.* New York: Oxford University Press.

Robinson, P. 1980. *ESP(English for Specific Purposes).* Oxford: Pergamon.

Rogers, T. S. 1984. Communicative Syllabus Design and Complementation: Reflection on a Decade of Experience. In Read, J.A.S.(ed.), Trends in Language Syllabus Design, *Anthology Series, 13:* 28-47. Singapore: SEAMEO Regional Language Centre.

Rogers, T. S. 1989. Syllabus Design, Curriculum Development, and Polity Determination. In Johnson, R.K.(ed.), *The Second Language Curriculum,* 24-34. Cambridge: Cambridge University Press.

Rossett, A. 1982. A Typology for Generating Needs Assesment. *Journal of Instrctional Development, 6(1):* 28-33.

Savignon, S. J. 1983. *Communicative Competence: Theory and Classroom Practice.* Reading: Addiosn-Wesley Publishing Company.

Scovel, T. 1979. Review of Suggestology and Outlines of Suggestopedy. *TESOL Quarterly,* 13: 255 66.

Sheen, R. 1984. A Critical Analysis of the Advocacy of the Task-Based Syllabus. *TESOL Quarterly, 28:* 127-151.

Sheen, R. 1988. Evaluating ELT Textbooks and Materials. *ELT Journal, 42:* 237-246.

Sheldon, L. E. (ed.), 1987. ELT Textbooks and Materials: Problems in Evaluation and Development. *ELT Document, 126.* Oxford: Modern English

Publications.

Skehan, P. 2003. Task-Based Instruction. *Language Teaching, 36(1)*: 1-14.

Skilbeck, M. 1982. Three Educational Ideologies in T. Horton and P. Raggat (eds.), *Challenge and Change in the Curriculun.* Sevenoaks: Hodder and Stoughton.

Slobin, D. I. 1979. *Psycholinguistics 2nd ed.* Glenview, Illinois: Scott, Foresman and Company.

Stenhouse, L. 1975. *An Introduction to Curriculun Research and Development.* London: Heinemann Educational.

Stern, H. H. 1983. *Fundamental Concepts of Language Teaching.* Oxford: Oxford University Press.

Stern, H. H. 1987. Directions in Syllabus Design. In Tickoo, M.L.(ed.), Language Syllabuses: State of the Art, *Anthology Series, 18:* 19-32. Singapore: SEAMEO Regional Language Centre.

Stevick, E. 1976. *Memory, Meaning, and Method; Some Psychological Perspectives on Language Learning.* Rowley, Mass.: Newbury House.

Stevick, E. W. 1967. UHF and Microwaves in Transmitting Lanuage Skills. *IRAL, 32:* 84-93.

Stevick, E. W. 1971. *Adapting and Writing Language Lesson.* Washington, D.C.: U. S. Government Printing Office.

Stevick, E. W. 1972. Evaluating and Adapting Language Materials. In Allen and Campbell(eds.), *Teaching English as a Second Language,* 101-120. McGraw-Hill Inc.

Strevens, P. 1992. *English as an International Language: directions in the 1990s.* In B. Kachru(ed.), 1992.

Swain, M. 1979. *What Does Research Say About Immersion Education? So You Want Your Child to Learn French.* Ottawa: Canadian Parents for French.

Taba, H. 1962. *Curriculum Develepment: Theory and Practice.* New York: Harcount, Brace and World.

Terrell, T. 1977. A Natural Approach to Second Language Acquisition and Learning. *MLJ,* 61: 325 37.

Tickoo, M. L.(ed.), 1987. Language Syllabuses: State of the Art, *Anthology Series 18*. Singapore: SEAMEO Regional Language Centre.

Trim, J. L. M., R. Richterich, J. A. van Ek, and D. A. Wilkins. 1973. *Systems Development in Adult Language Learning*. Strasbourg: Council of Europe.

Tucker, C. A. 1978. Evaluating Beginning Textbooks. In Madson and Bowen (eds.), *Adaptation in Language Teaching,* 219-237. Rowley: Newbury House Publishers, Inc.

Tumposky, N. R. 1984. Behavioral Objectives, the Cult of Efficiency and Foreign Language Learning: Are They Compatible?, *TESOL Quarterly, 18(2):* 295-310.

Tyler, R. W. 1949. *Basic Principles of Curriculum and Instruction*. Chicago: University of Chicago Press.

Valette, R. M. 1980. Evaluating the Second Language Learning Program. In Grittner, F. M. (ed.), *Learning a Second Lauguage*. Chicago: University of Chicago Press.

van EK, J. A. 1976. *The Threshold Level*. London: Longman Group Ltd.

van EK, J. A. 1977. *The Threshold Level for Modern Language Learning in Schools*. London: Longman.

Welford, A. T. 1968. *Fundamentals of Skill*. London: Methuen.

White, R. V. 1988. *The ELT Curriculum*. Oxford: Blackwell.

Widdowson, H. G. 1978. *Teaching Language as a Communication*. Oxford: Oxford University Press.

Widdowson, H. G. 1987. Aspects of Syllabus Design. In Tickoo, M. L.(ed.) 1987. Language Syllabuses: State of the Art, *Anthology Series, 18*. Singapore: SEAMEO Regional Language Centre.

Wilkins, D. A. 1972. *Grammatical, Situational and Notional Syllabuses,* a Paper Presented to the 3rd International Congress of Applied Linguistics, Copenhagen.

Wilkins, D. A. 1976. *Notional Syllabuses: A Taxonomy and Its Relevance to Foreign Language Curriculum Development*. Oxford: Oxford University Press.

Wilkins, D. A. 1981. Notional Syllabuses Revisited: a Further Reply. *Applied Linguistics, 2/1: 96-100.*

Wilkins, D. A. 1983. Developing Criteria for Textbook Evaluation. *ELT Journal, 37:* 251-255.

Willis. D. 1990. *The Lexical Syllabus.* London: Collins E.L.T.

Yalden, J. 1983. *The Communicative Syllabus.* Oxford: Pergamon Press.

Yalden, J. 1985. *Principles of Course Design for Language Teaching.* Cambridge: Cambridge University Press.

Yano, Y. 2001. World Englishes in 2000 and beyond. *World Englishes, 20(2)*: 119-31.

찾아보기

영어과 교육과정 입문

지은이 박경자 · 이재근 · 장복명
펴낸이 박문규
펴낸곳 경문사
펴낸날 2013년 3월 5일 1판 1쇄
등 록 1979년 11월 9일 제313-1979-23호
주 소 121-818, 서울특별시 마포구 와우산로 174
전 화 (02)332-2004 팩스 (02)336-5193
이메일 kyungmoon@kyungmoon.com

값 16,000원

ISBN 978-89-6105-638-0